VISTA HIGHER LEARNING

AP®
SPANISH

Language and Culture Exam Preparation

Jorge Frisancho

María T. Redmon

Marta Lucía Restrepo Bravo

VISTA®
HIGHER LEARNING

Boston, Massachusetts

Publisher: José A. Blanco

President: Janet Dracksdorf

Vice President, Editorial Director: Amy Baron

Senior National Language Consultant: Norah Lulich Jones

Executive Editor: Sharla Zwirek

Editorial Development: Diego García, Erica Solari

Project Management: Maria Rosa Alcaraz, Elvira Ortiz

Technology Editorial: Lauren Krolick, Paola Ríos Schaaf

Art Director: Robin Herr

Senior Creative Designer, Print & Web/Interactive: Susan Prentiss

Production Manager: Oscar Díez

Design and Production Team: Liliana Bobadilla, Michelle Groper, Mauricio Henao, Jhoany Jiménez, Jennifer López Gallo, Erik Restrepo, Andrés Vanegas, Nick Ventullo

AP and Advanced Placement Program are registered trademarks of the College Board, which was not involved in the production of, and does not endorse, this product.

Printed in the United States of America

ISBN: 978-1-61857-225-7

6 7 8 9 BB 17 16 15 14

Table of Contents

Integrated content means a better student experience.

• My Vocabulary for compiling, saving, and organizing words
• Virtual Chat for simulating the Interpersonal Speaking: Conversation format with timed, recordable exchanges
• Record & Submit activities for practice and assessment of oral presentations
• Write & Submit activities for practice and assessment of written presentations
• Strategies provide a step-by-step way of approaching all activity types
• Auto-graded, multiple-choice activities

Specialized resources ensure successful implementation.

• Scoring guidelines (Rubrics)
• All audio files on MP3
• Audio and video scripts with English translations
• Answer keys

Online tools facilitate effective instruction.

• Course management system
• Gradebook with control of grading options
• Auto-grading for close-ended activities
• A feedback tool to help pinpoint errors
• In-line voice commenting and editing for quick, detailed feedback
• Reporting tools for summarizing student data
• Voiceboards for announcements,threaded discussions, pronunciation examples, and explanations
• Tool to load, share, and assign teacher-graded documents

The **AP® Spanish: Language and Culture Exam Preparation** Supersite is available for purchase in two ways:

1. Packaged with new print workbooks, or
2. Standalone (without the print workbook)

Districts/schools contact your Modern Language Specialist for additional information (vistahigherlearning.com/contact-a-rep). Students and parents may purchase directly from vistahigherlearning.com/store.

Lighten backpacks! The Supersite is iPad® friendly.†

AP and Advanced Placement Program are registered trademarks of the College Board, which was not involved in the production of, and does not endorse, this product.

†Record & Submit, Oral Presentation, and Virtual Chat activities must be completed on a computer.

Temas

If you are looking for another source for structured practice of each of the themes and recommended contexts for AP® Spanish Language and Culture, consider adding *Temas* to your book bag.

Temas offers authentic selections organized around the integrated themes and developed in conjunction with the College Board's recommended contexts for each theme. These selections offer an extraordinary wealth of authentic source material for study and discussion. Rather than simply learning *about* the Spanish language, students can use these genuine sources to experience real-world issues *through* the Spanish language. Pre- and post-reading and listening activities guide classroom discussion to promote a deeper understanding of culture, especially through cultural comparisons within the Spanish-speaking world and with students' own life experiences.

Temas provides additional exam preparation through the inclusion of many activities that mimic the exam format. Used together, these two titles form a winning combination for the advanced Spanish classroom.

Preparing for the Exam

To prepare for the AP® Spanish Language and Culture Examination, you will want to use a variety of tools, most importantly the worktext you hold in your hands. This text provides all the practice and strategies you need to gain both the skills and the confidence for success.

The exam has been redesigned to incorporate a broad variety of authentic materials, and to assess both communicative and cultural competency in a more holistic way. Tasks are drawn from six diverse content areas, or themes, which provide the framework for your AP® study.

Thematic Approach Your course of study will focus on six broad-based themes that provide a meaningful context for the communication tasks you will face on the exam. This visual representation† shows the overlapping nature of the topics—separately and in combination, they form the basis of the thematic content you will be asked to address.

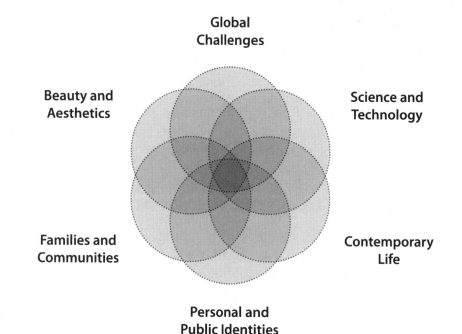

Global Challenges

Beauty and Aesthetics

Science and Technology

Families and Communities

Contemporary Life

Personal and Public Identities

In this worktext, all the practice selections are clearly labeled with a particular theme, as well as one of the contexts recommended by the College Board for that theme. Since the themes are interrelated, you may find activities on one theme useful to help you develop your vocabulary for another theme. As you complete the exercises in this text, you will expand your knowledge of the contemporary Spanish-speaking world and improve your ability to communicate both orally and in writing about practices and perspectives.

†AP® Spanish Language and Culture Exam Curriculum Framework 2013–2014, p. 27. © 2012 by The College Board. NB: The authors and developers of *AP® Spanish: Language and Culture Exam Preparation* used this as a guide to provide selections that mimic the exam format. We encourage all students and teachers to download and review the Curriculum Framework for complete details on both the course philosophy and exam details.

Exam Structure The exam consists of two sections: a multiple-choice section and a free-response section. In the multiple-choice sections, you will respond to authentic print and audio texts using your interpretive communication skills. In the free-response sections, you will speak and write freely in response to both print and audio text prompts to demonstrate your interpersonal and presentational speaking and writing skills. Please see the chart[†] below for a breakdown of exam formats:

	Section	Number of Questions	Percent of Final Score	Time
Section I: Multiple Choice				**Approx. 95 minutes**
Part A	Interpretive Communication: Print Texts	30 questions	50%	Approx. 40 minutes
Part B	Interpretive Communication: Print and Audio Texts (combined)	35 questions		Approx. 55 minutes
	Interpretive Communication: Audio Texts			
Secction II: Free Response				**Approx. 85 minutes**
Interpersonal Writing: E-mail Reply		1 prompt	50%	15 minutes
Presentational Writing: Persuasive Essay		1 prompt		Approx. 55 minutes
Interpersonal Speaking: Conversation		5 prompts		20 seconds for each response
Presentational Speaking: Cultural Comparison		1 prompt		2 minutes to respond

Vista Higher Learning's *AP® Spanish Language and Culture Exam Preparation* offers many opportunities to practice each exam question type. In addition, the beginning of each section of practice selections offers extensive strategies. These strategies outline general tips for test-taking success with multiple-choice and free-response sections, and they provide detailed suggestions for how to approach each question type on the AP® Spanish Language and Culture Exam. You will want to read through these strategies early, then apply them to sample exam questions and to other assignments as you prepare for the exam. A key strategy that we suggest you apply throughout your studies is the memorization of direction lines for each question type. Understanding what to expect now will allow you to focus on the content presentation and the question prompts for each individual selection when you are taking the exam in May.

[†]AP® Spanish Language and Culture Exam Curriculum Framework 2013–2014, p. 35. © 2011 by The College Board.

Acknowledgments

On behalf of its authors and editors, Vista Higher Learning expresses its sincere appreciation to the many educators who contributed their ideas and suggestions to this project. Their insights and detailed comments were invaluable to us as we created this book.

Contributing Writers:

Parthena Draggett
Jackson High School
Massillon, OH

Jan Underwood
Portland Community College
Portland, OR

Consultants:

Mark Cutler
Phillips Andover Academy
Andover, MA

Genevieve Delfosse
Thomas Jefferson High School
    for Science and Technology
Fairfax County Public Schools
Alexandria, VA

Brian Scott
Lake Zurich High School
Lake Zurich, IL

Michael Verderaime
Thomas B. Doherty High School
Colorado Springs, CO

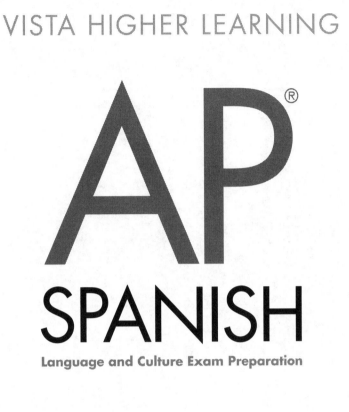

VISTA HIGHER LEARNING

AP®

SPANISH

Language and Culture Exam Preparation

SECTION I
Multiple Choice

Strategies | Multiple Choice

The Multiple Choice section of the *AP® Spanish Language and Culture Exam* focuses on your Interpretive Communication Skills. See the chart below for the number of questions in each section and the time allotted.

Section		Number of Questions	Percent of Final Score	Time
Section I: Multiple Choice				Approx. 95 minutes
Part A	Interpretive Communication: Print Texts	30 questions	50%	Approx. 40 minutes
Part B	Interpretive Communication: Print and Audio Texts (combined)	35 questions		Approx. 55 minutes
	Interpretive Communication: Audio Texts			

You can improve your performance on the exam by using the following strategies:

1. **Understand the format** The Multiple Choice section represents 50% of your overall grade on the exam. You will encounter 65 questions in approximately 95 minutes. Section I consists of 9 activity "sets," broken down as follows:
   - 4 sets of print (reading) activities
   - 2 sets of print and audio (reading and listening combined) activities
   - 3 sets of audio (listening) activities

2. **Preview the questions** Before you read or listen to each selection, skim the multiple choice questions to see what will be asked. Being familiar with the questions will help you anticipate what the selection is about and will help guide your reading/listening.

3. **Read the questions carefully** Pay close attention to what each question is asking. If you are asked for the main idea, your answer choice will be a broad statement; if asked for a supporting detail, look for specific information. If there is more than one source, make sure you know which source is being referenced.

4. **Look for key words** Key words in the question stem and/or answer choices may give you clues. If you are asked to identify the purpose of the selection and the answer choices include different verbs, such as *analizar*, *resumir*, *presentar* and *criticar*, use these key words to help you make your selection.

5. **Anticipate the response** Before reading the answer choices, try to articulate what the correct response should be or contain. If you see the response that you anticipated, circle it and then check to be sure that none of the other responses is better.

6. **Eliminate illogical answers** Every question has four answer choices. If you can eliminate one or two choices quickly, your chances of choosing the correct answer increase.

7. **Compare answer choices** If two alternatives both seem correct, compare the answer choices for differences. Then, check the question stems to determine the best answer.

8. **Be careful of distractors** Vocabulary may be used in an answer choice to "trick" or distract you by appearing to be the correct answer. Just because language from the text is used in an option does not mean that it is the correct answer.

9. **Pace yourself** Do not spend too much time on any one question. If you can't answer, choose an answer at random, but circle the question number so you can come back to it if you have extra time.

10. **Answer every question** Do not leave any questions blank.

11. **Don't be afraid to change an answer** If, after answering other questions, you begin to think you may have made a mistake on a previous question, don't be afraid to go back and change your answer.

12. **Review your answers** Try to leave time to review your answers.

PART A
Interpretive Communication: Print Texts

Strategies | **Print Texts**

Section I, Part A requires you to interpret meaning from a variety of print materials. You will be asked to identify main points and significant details, evaluate the author's purpose, and make inferences and predictions. To be successful, you should employ a variety of reading strategies:

1. **Understand the format** You will encounter 4 activity sets that address print texts and answer a total of 30 questions. The types of texts you will be asked to interpret vary, as do the number of questions that accompany them. These are the text types:
   - Advertisement: 5 questions
   - Literary text: 7 questions
   - Article and chart: 11 questions
   - Letter: 7 questions

2. **Preview the entire selection before you begin** Read the title and introduction, and look at graphics and the visual presentation of text. Find clues to predict what the reading might be about.

3. **Determine the author's message** Most selections will focus on one central idea, and identifying that idea is critical. As you read, identify points that the author supports or refutes and look for answers to the following questions:
   - What is the author trying to say and why?
   - How is the author saying it? Is information presented as…
     - *an analysis:* objectively presenting information to examine a topic?
     - *an argument:* subjectively presenting opinions intended to persuade?
     - *a story:* a narrative, usually presenting a conflict and its resolution?
   - What is the author's point of view?

4. **Take notes and underline** Keep track of important information as you read.
   - Underline the topic sentence in each paragraph. This will help you verify your understanding of the central idea and see how the passage is structured.
   - Circle key information such as names, places, events, dates, statistics, facts, or evidence, as well as any cultural references to clothing, food, music, or art.

5. Activate background knowledge Reflecting on what you already know and finding ways to connect with the content can help you make sense of a challenging passage.

- Connect to personal experiences. What aspects of the reading can you relate to?
- Guess the meaning of unknown words based on context and usage.
- Use your knowledge of English and Spanish to find cognates, and identify words with familiar roots, prefixes, and suffixes.

6. Contextualize Find meaning by putting the reading in context.

- Visualize what is being presented – the characters, objects, places, geography; imagine the sounds and smells.
- React to the passage as you read. What excites or angers you? Why?
- Make personal connections. What is familiar and how does it relate to you?

7. Evaluate Make judgments about how and what information is being presented, as well as what evidence is used to support any arguments or hypotheses.

- Is the author presenting facts or opinions?
- Does the author provide supporting evidence or sources? Does the author appeal to emotion in order to persuade the reader?
- Are arguments logical? Do conclusions follow logically?

8. Analyze Examine the structure of the text and the author's writing style to extract meaning. Identify tone (e.g. funny, critical), rhetorical devices (techniques employed by the author), and sociolinguistic features such as regional variants.

9. Make inferences Sometimes a literal reading of the author's words is insufficient to get the full meaning of a passage. There may be a deeper meaning that can be inferred.

- Is there a political message or a moral?
- Is there an allegory or metaphor that can be inferred from a description?
- Are there words or ideas that might represent a larger concept?

10. Synthesize Integrate new information with what you already know.

- Identify unanswered questions or unresolved issues, and draw conclusions.
- Incorporate new perspectives into your understanding of culture.

11. Memorize the direction lines below!

Directions: You will read one or more selections. Each selection is accompanied by a number of questions. For each question, choose the response that is best according to the selection and mark your answer on your answer sheet.

Instrucciones: Vas a leer uno o varios textos. Cada texto va acompañado de varias preguntas. Para cada pregunta, elige la mejor respuesta según el texto e indícala en la hoja de respuestas.

1

Tema curricular: Las familias y las comunidades
Contexto: Las tradiciones y los valores

En este texto autobiográfico, el autor describe su interés personal por la lectura desde que era niño.

Mira por dónde. Autobiografía razonada (fragmento)

por Fernando Savater

Línea   Me resisto a considerar el afán de leer una
simple "afición" entre otras: es una pasión, aún
más, una forma de vida. Se entra en la lectura
como se entra en el sacerdocio: para siempre.
5   Del mismo modo que otras pocas, muy pocas
opciones igualmente irrevocables, leer nos
proporciona satisfacciones que nada puede
sustituir pero también limitaciones no menos
duraderas. Un verdadero lector es un *lisiado feliz*.
10 Mis padres me vieron precipitarme en ese abismo
con una combinación primero de complicidad y
orgullo, luego con cierta alarma. Aprendí a leer
prácticamente solo, como Tarzán, a una edad muy
temprana, desde luego bastante antes de los cinco
15 años en que empecé a ir intermitentemente a un
parvulario. El método de aprendizaje fue sencillo
y supongo que ha sido utilizado muchas veces
antes y después. Mi madre solía leerme un cuento
ilustrado de animales parlantes, protagonizado
20 por un león soberbio finalmente castigado, que yo
escuché una y mil veces hasta aprendérmelo de
memoria. Un día tomé el librito de sus manos y
diciendo "mira, mamá, ya sé leer" lo repetí de pe
a pa. Claro que sólo fingía descifrar las letras (en
25 realidad me lo sabía *par coeur,* según la hermosa
expresión francesa) pero a partir de ese momento,
conociendo los sonidos y las palabras, terminé
leyendo de verdad. De modo que llevo medio siglo
leyendo, más o menos. Se me ha hecho corto.
30   Para probar mi vocación lectora, que se había
convertido en una halagadora leyenda familiar, mi
padre me llevó un día a su despacho y me dio a
elegir entre dos regalos: mil pesetas (una fortuna

entonces inconmensurable, el equivalente infantil
a "todo el oro del mundo") o una colección de   35
libros, una enciclopedia que se me recomendaba
como "estupenda". Reconozco que dudé en mi
interior, porque con mil pesetas también podría
comprarme libros, tebeos y todos los juguetes
imaginables; pero, fiel a lo que se esperaba de mí   40
y a que mi padre no podía equivocarse, opté por
la enciclopedia. Con una sonrisa de satisfacción
(y de cierto alivio) papá me dijo que, como
estaba seguro de cuál iba a ser mi elección, ya
me la había comprado. Uno a uno, desenvolví los   45
diez o doce volúmenes azules de *El tesoro de la
juventud*, probablemente la mayor fuente escrita
de información y deleite que he tenido en mi
vida. Cada uno de los tomos incluía secciones
fijas: cuentos, leyendas, narraciones históricas,   50
zoología, juegos de manos, instrucciones para
construir acuarios, herbolarios y mil cosas más.
Quizá mi favorita fuese *El libro de los por qué*,
lecciones de cosas que respondía a preguntas tan
urgentes como "¿por qué las montañas lejanas   55
son azules?" o "¿por qué flotan los barcos?". La
perspectiva del tiempo puede ser engañosa (*tiene
que serlo, este libro lo probará de mil maneras*)
pero ahora estoy convencido de que esa elección
fue determinante en mi vida, como aquella de los   60
doce de la fama cuando cruzaron la raya trazada
por el conquistador en el suelo para irse con él en
busca de El Dorado. Por nada del mundo quisiera
haberme quedado con los vacilantes que no dieron
el paso decisivo, con los remisos, con los que   65
prefieren las mil pesetas contantes y sonantes.

Interpretive Communication: Print Texts

1 **¿Cuál es el propósito del autor al escribir este artículo?**

(A) Recomendarles a todos los niños que lean

(B) Comentar su pasión por la lectura, contando historias de su niñez

(C) Describir unas memorias que tiene de sus padres

(D) Manifestar su conocimiento vasto de la literatura

2 **¿Por qué el autor termina el primer párrafo con la afirmación "Se me ha hecho corto" (línea 29)?**

(A) Porque el libro que le leía su madre era muy corto

(B) Porque es un autor todavía muy joven

(C) Porque disfruta tanto la lectura que no ha sentido el paso del tiempo

(D) Porque en su larga vida siempre ha leído libros cortos

3 **¿Cuál fue la reacción inicial del autor cuando su padre le propuso elegir entre dos regalos?**

(A) Tuvo ciertas dudas.

(B) Se puso nervioso.

(C) Se molestó.

(D) No pudo decidir.

4 **¿Cómo describirías la relación entre el autor y su padre?**

(A) distante y fría

(B) áspera y seria

(C) afectuosa y respetuosa

(D) firme y lucrativa

5 **¿Por qué menciona el autor "los doce de la fama" en las líneas 60-61?**

(A) Porque a ellos les gusta leer tanto como al autor

(B) Porque el autor se siente explorador cuando lee

(C) Porque su libro favorito incluía la historia de ellos

(D) Porque tomaron una decisión que les cambió la vida

6 **¿Qué aspecto de la enciclopedia le gustaba más al autor del artículo?**

(A) Incluía secciones fijas.

(B) Se llamaba *El tesoro de la juventud*.

(C) Tenía unos diez o doce volúmenes.

(D) Tenía una sección que respondía preguntas sobre el mundo.

7 **¿Cuál de las siguientes palabras describe mejor el tono del artículo?**

(A) evocativo

(B) objetivo

(C) irónico

(D) alarmante

Tema curricular: Las familias y las comunidades
Contexto: Las comunidades educativas

Fuente n.º 1

Este artículo presenta información sobre los viajes de estudios realizados por jóvenes norteamericanos a Latinoamérica y su evolución en tiempos recientes. El artículo fue publicado en la agencia de noticias *Andina*, de Perú, en diciembre de 2010.

Aumenta número de jóvenes de EE.UU. que estudian en Perú y América Latina

Línea   Cada vez más jóvenes estadounidenses deciden estudiar en Perú y en América Latina, aunque con mayor preferencia por nuestro país, que en el período 2007-2009 mostró el mayor crecimiento
5   con más del 30 por ciento, informó el Instituto para la Educación Internacional (IIE por sus siglas en inglés), con sede en Nueva York.

En su "Informe sobre movilidad estudiantil desde y hacia EE.UU.", el IIE señaló que el número
10   de estudiantes estadounidenses en Perú creció en 32 por ciento, pasando de 1.638 a 2.163 alumnos, entre los años lectivos 2007-2008 y 2008-2009.

En Chile, el incremento en el mismo período fue de 28 por ciento (de 2.739 a 3.503 alumnos);
15   mientras que en Argentina fue del 15 por ciento (de 4.109 a 4.705 estudiantes).

Por su parte, Costa Rica se ubica en el décimo lugar entre los destinos educativos de alumnos de EE.UU., gracias a un aumento de 4,4 por ciento
20   (de 6.096 a 6.663 alumnos).

Carreras con mayor demanda

Las carreras que tienen mayor demanda entre los estudiantes de EE.UU. que van a América Latina son Ciencias Sociales, Negocios-Gerencia,
25   Humanidades, Arte, Ciencias Físicas y Biológicas e Idiomas.

La jefa de Operaciones de IIE, Peggy Blumenthal, consideró que esta creciente preferencia de los jóvenes de EE.UU. por estudiar en países de América Latina se debe a que existen
30   varios campos en los que allí se hacen cosas muy interesantes, una de ellas es el área ambiental.

"Muchos estudiantes de EE.UU. quieren ir a Perú, Brasil, Costa Rica o Chile para ver lo que se hace en esa área y conocer sobre el ecoturismo,
35   que crece cada vez más."

Sin embargo señaló que hay también un importante flujo de estudiantes que van a América Latina a fin de adquirir conocimientos en el área de negocios.
40

"Los estudiantes de EE.UU. son conscientes de la importancia que tendrá el Tratado de Libre Comercio de América del Norte en el futuro, y en general todo el tema del intercambio comercial entre EE.UU. y América Latina".
45

Según Blumenthal, otros factores que influyen en la decisión de los estudiantes de EE.UU. de ir a América Latina es el hecho de poder aprender español a un costo más bajo que hacerlo en España, y "en parte, con aplicaciones más prácticas
50   para su propia vida".

Reconoció, sin embargo, que mientras los estudiantes estadounidenses realizan cursos de corto plazo en el exterior, los estudiantes internacionales en EE.UU. tienden a inscribirse en
55   cursos más largos.

Fuente n.º 2

Estudiantes estadounidenses en países de Latinoamérica, 2007-2009

Esta gráfica, preparada con información del Instituto para la Educación Internacional, presenta la tendencia de estudiantes estadounidenses en los principales destinos académicos de América Latina entre 2007 y 2009.

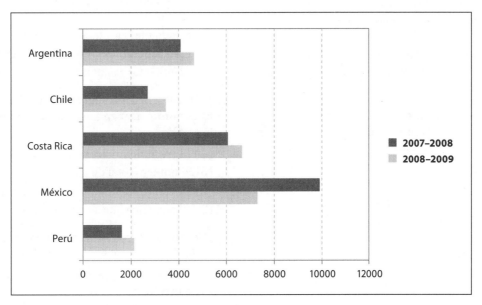

Fuente: Instituto para la Educación Internacional

1 **Según el artículo, ¿cuál de los siguientes países recibió más estudiantes estadounidenses entre 2007 y 2009?**

(A) Costa Rica

(B) Chile

(C) Perú

(D) Argentina

2 **¿En cuál de los siguientes países el número de estudiantes estadounidenses creció más rápidamente entre 2007 y 2009?**

(A) Costa Rica

(B) Chile

(C) Perú

(D) Argentina

3 **Según el artículo, ¿cuál de las siguientes áreas de estudio no es una de las preferidas por estudiantes estadounidenses que viajan a Latinoamérica?**

(A) Historia

(B) Geología

(C) Lingüística

(D) Administración de empresas

4 **Según Peggy Blumenthal, del IIE, ¿cuál es uno de los factores que motiva a los estudiantes estadounidenses a viajar a Latinoamérica?**

(A) Quieren practicar turismo ecológico.

(B) Buscan oportunidades de negocios en turismo ecológico.

(C) Quieren aprender sobre turismo ecológico.

(D) Les resulta más barato estudiar sobre ecología en Latinoamérica.

5 Según Peggy Blumenthal, ¿cuál de las siguientes afirmaciones sobre los estudiantes estadounidenses es correcta?

(A) Están interesados en el futuro de Latinoamérica.

(B) Se benefician por el Tratado de Libre Comercio de América del Norte

(C) Quieren que haya más libre comercio con Latinoamérica.

(D) Piensan que el intercambio económico entre Estados Unidos y Latinoamérica crecerá en el futuro.

6 ¿Por qué en este artículo sobre estudiantes estadounidenses en Latinoamérica se menciona a España, un país europeo?

(A) También se puede aprender español ahí, pero es más caro.

(B) Tradicionalmente, más estudiantes estadounidenses viajan a España.

(C) En España no se puede estudiar sobre negocios.

(D) El comercio con España no crecerá en el futuro.

7 ¿A qué se refiere el artículo al afirmar que el español que aprenden los estudiantes estadounidenses en Latinoamérica tiene "aplicaciones más prácticas para su propia vida" (líneas 50-51)?

(A) Es más probable que regresen a Latinoamérica en el futuro.

(B) Aprender español en un país hispanohablante es más rápido y efectivo.

(C) Aprender español les abre nuevas oportunidades en sus vidas.

(D) En sus vidas, tendrán más contactos con hablantes del español latinoamericano que con el de España.

8 Quieres hacer una presentación sobre el intercambio estudiantil entre Estados Unidos y otros países del mundo. ¿Qué información adicional probablemente no podrías encontrar en el "Informe sobre movilidad estudiantil desde y hacia EE.UU."?

(A) Estudiantes latinoamericanos en Estados Unidos

(B) Estudiantes latinoamericanos en España

(C) Estudiantes estadounidenses en España

(D) Estudiantes estadounidenses en Brasil

9 ¿Qué información sobre los estudiantes estadounidenses en Latinoamérica presenta la gráfica?

(A) El crecimiento del número de estudiantes

(B) El número total de estudiantes

(C) La variación en las preferencias por país

(D) El porcentaje de estudiantes por país

10 ¿Cuál de las siguientes afirmaciones describe mejor la información presentada en la gráfica?

(A) La preferencia de ir a México para estudiar se ha reducido.

(B) La preferencia de ir a México para estudiar ha aumentado.

(C) Cada vez menos estudiantes prefieren América Central.

(D) Cada vez menos estudiantes prefieren Suramérica.

11 ¿Cuál de las siguientes afirmaciones hechas en el artículo no se comprueba en la gráfica?

(A) Costa Rica se ubica en el décimo lugar entre los destinos educativos.

(B) El número de estudiantes estadounidenses en Perú creció entre 2007 y 2009.

(C) Cada vez más jóvenes estadounidenses deciden estudiar en Perú.

(D) Muchos estudiantes de EE.UU. quieren ir a Perú, Brasil, Costa Rica o Chile.

Tema curricular: Las familias y las comunidades
Contexto: La ciudadanía global

En este anuncio, UNICEF solicita donaciones para financiar sus programas.

Colaborá con **UNICEF**

Usted puede cambiar la situación de la infancia argentina.

UNICEF depende totalmente de contribuciones voluntarias para realizar su labor.

El apoyo de donantes individuales constituye la mayor parte de los fondos con los que UNICEF financia sus programas. Gracias a ello, se logra continuar y ampliar las acciones que benefician a los niños, niñas y adolescentes argentinos.

Accediendo al **Sitio Seguro para Donaciones** y colaborando a través de su tarjeta de crédito, débito o transferencia bancaria.

Llamando al 0810-333-4455 y colaborando a través de su tarjeta de crédito, débito o transferencia bancaria.

Recuerde, su colaboración es fundamental para concretar más acciones en la Argentina.

Acciones con empresas

UNICEF desarrolla e implementa alianzas y acuerdos con empresas grandes, medianas y pequeñas que adopten, apoyen y promulguen en su ámbito de influencia valores fundamentales en favor de los derechos de la infancia. Hay distintas acciones con el sector corporativo para generar recursos. De esta forma, las empresas pueden hacer la mejor inversión en la infancia de nuestro país.

¿Cómo pueden colaborar?

▸ Realizando un aporte para ser destinado a un área temática de trabajo de UNICEF o algún programa o proyecto de ayuda a la infancia en la Argentina.

▸ Donando un porcentaje de la venta de los productos o servicios que la empresa comercializa.

▸ Efectuando un acuerdo entre la empresa y UNICEF mediante el cual UNICEF recibe un aporte que habilita a la compañía a utilizar el logo e imagen en las comunicaciones que efectúa tanto a sus clientes como al público en general.

▸ Transformando a la empresa en un medio o canal a través del cual los clientes puedan colaborar directamente con UNICEF. Esto significa que no hay un aporte efectivo de dinero de parte de la compañía, sino que brinda su infraestructura y sus recursos humanos para que sus clientes tengan la posibilidad de colaborar.

¿Cómo pueden colaborar? *Continuación*

▸ Canalizando la solidaridad de los empleados para generar aportes continuos. Esto es una contribución voluntaria de cada empleado que se descuenta mensualmente por nómina. Además, la empresa puede sumar también su colaboración, transformando esta acción en un esfuerzo conjunto.

▸ Llevando a cabo una donación en memoria de empleados o familiares fallecidos. Este programa, que recibe el nombre de Pequeñas Esperanzas, constituye una forma de mantener vivo el recuerdo de un ser amado, sembrando un nuevo futuro para la infancia argentina.

▸ Participando como patrocinador en los eventos que UNICEF organiza durante el año.

Colaborá con **UNICEF**

Mayor Información: Cualquier consulta que desee realizar, llamar al 011 5093-7134 / 7129

1 **¿A quién o quiénes está dirigido este anuncio?**

(A) A los clientes de grandes empresas

(B) A las empresas de cualquier tamaño y a sus clientes y empleados

(C) A los empleados de empresas medianas y pequeñas

(D) Al público en general

2 **¿Cuál es el propósito de este anuncio?**

(A) Solicitar donaciones.

(B) Promocionar las actividades de UNICEF.

(C) Promocionar los eventos especiales de UNICEF.

(D) Promocionar las actividades de empresas que apoyan a UNICEF.

3 **Según el anuncio, ¿a quiénes beneficia principalmente la labor de UNICEF en Argentina?**

(A) A los individuos y familias

(B) A las empresas grandes, medianas y pequeñas

(C) A los donantes individuales

(D) A los niños y las niñas, y a los adolescentes

4 **Los directivos de una empresa quieren colaborar con UNICEF, pero no disponen de dinero o productos para hacerlo. Según el anuncio, ¿qué pueden hacer para colaborar?**

(A) Usar el logo de UNICEF en las campañas publicitarias de la empresa.

(B) Permitir que UNICEF use la infraestructura de la empresa y sus recursos humanos.

(C) Patrocinar eventos especiales de UNICEF.

(D) Recordar a seres queridos.

5 **Según el anuncio, ¿a quiénes beneficia el programa Pequeñas Esperanzas?**

(A) A los empleados y familiares de la empresa

(B) A los seres queridos fallecidos

(C) A la infancia argentina

(D) A UNICEF y a sus donantes individuales

4

Tema curricular: Las familias y las comunidades
Contexto: Las redes sociales

En esta carta, Julia le pregunta a su amigo Sergio sobre el mejor uso de las redes sociales.

Hola, Sergio:

Ayer completé los 800 contactos en mi red social y no sé si son muchos
o pocos, porque algunos de mis conocidos tienen hasta dos mil amigos
virtuales. A veces me preocupa todo lo que dicen sobre la seguridad en la
red, porque entre mis contactos hay personas a las que no conozco, pero
que he aceptado porque me han invitado. Y, bueno, dado que mi meta
era completar los 800 contactos, ellos me ayudaban a acercarme a esa cifra.
Y tú, Sergio, ¿aceptas como contactos a personas desconocidas?

Entre mis compañeros de la escuela hay algo así como una competencia por el
número de contactos, para medir la popularidad de cada uno, y eso hace que
a veces aceptemos invitaciones sin pensarlo mucho. ¿A ti te pasa algo parecido?

Sobre las redes sociales se dicen muchas cosas, pero yo he hecho buenos
amigos a través de mi página. Incluso hemos formado un grupo de
fanáticos de rock y nos reunimos una vez a la semana por chat para hablar
de música. Gracias a esta red, he conocido grupos buenísimos de distintos
lugares del mundo.

¿Cuántos amigos virtuales tienes tú? Siendo tan sociable como eres,
posiblemente eres de los que tienen más de dos mil amigos. Sin embargo,
no sé si es posible considerarse realmente amigo de tanta gente. Pensándolo
bien, no son más de treinta las personas que comentan sobre lo que yo
escribo, y yo solo miro las cosas que escriben mis mejores amigos, a los que
ya conocía fuera de la red y a los que veo siempre en la escuela. Y los del
grupo de rock, claro.

Espero tu respuesta.

Julia

Línea

5

10

15

20

25

Interpretive Communication: Print Texts

1 ¿Por qué cree Julia que Sergio podrá responder a sus preguntas?

(A) Porque él tiene más de 2000 contactos

(B) Porque él sabe mucho sobre las redes sociales

(C) Porque él es el más popular en la escuela

(D) Porque él es muy sociable

2 Según la carta, ¿cuál de las siguientes afirmaciones refleja mejor la situación de Julia en la red?

(A) Aún no ha cumplido su objetivo.

(B) Ya ha cumplido su objetivo.

(C) Ha perdido la competencia con sus compañeros.

(D) Solo tiene a sus compañeros de escuela como contactos.

3 Según la carta, ¿por qué aceptan Julia y sus compañeros a desconocidos como contactos en la red social?

(A) Porque tienen intereses comunes

(B) Porque quieren conocer a personas interesantes

(C) Porque quieren ser populares

(D) Porque quien tenga más contactos ganará un premio

4 ¿A qué se refiere Julia cuando escribe "Sobre las redes sociales se dicen muchas cosas, pero yo he hecho buenos amigos a través de mi página." (líneas 12-13)?

(A) A que hay muchas opiniones sobre las redes, pero su experiencia es positiva

(B) A que muchas personas hablan sobre las redes sin estar bien informadas

(C) A que ella está en desacuerdo con la mayoría de cosas que se dicen sobre las redes

(D) A que ella siempre habla sobre las redes con sus amigos

5 Según la carta, ¿cuál es uno de los beneficios que Julia ha obtenido por participar en la red?

(A) Se ha vuelto fanática del rock.

(B) Ha descubierto grupos musicales que le gustan.

(C) Ha conocido grupos de personas buenísimas.

(D) Se ha vuelto muy popular en la escuela.

6 ¿Cuál de las siguientes afirmaciones describe mejor la opinión de Julia sobre la mayoría de sus contactos en la red?

(A) Son fanáticos del rock.

(B) No son personas reales.

(C) No son realmente sus amigos.

(D) Son sus mejores amigos.

7 ¿Cuál de las siguientes afirmaciones describe mejor el tono general de la carta?

(A) Es una carta formal.

(B) Es una carta de agradecimiento.

(C) Es una carta melancólica.

(D) Es una carta informal.

5 **Tema curricular:** Las familias y las comunidades
Contexto: Las comunidades educativas

En este anuncio se ofrece un taller para familias en la comunidad de Burgos.

Línea El Programa Educar en Familia, llevado a cabo de manera similar en todas las provincias de la Comunidad, pretende capacitar a la familia, a través de la formación, para que fortalezca
5 su función protectora. El objeto del presente Programa es intervenir de manera general en el proceso educativo y de relación padres-hijos de manera que, promocionando el ejercicio de buenas prácticas educativas y favoreciendo una adecuada vinculación emocional, se mejore la calidad de 10 vida en las relaciones familiares. El Programa se orienta, por tanto, a la promoción positiva del desarrollo infantil y del funcionamiento familiar sin limitarnos a actuar solo cuando hay problemas, sino más bien a evitarlos, y aún más, a fomentar el 15 bienestar de todos los miembros de la familia.

1 **¿A quiénes va dirigido el taller educativo anunciado en el cartel?**

(A) A los niños de 5 a 12 años

(B) A las familias con niños de 5 a 12 años

(C) A todas las familias de Burgos

(D) A los padres de familia

2 **Según el cartel, ¿cuál será la duración del taller educativo?**

(A) Tres meses

(B) Dos meses

(C) Dos horas y media

(D) 90 minutos

3 **Según el cartel, ¿quién ofrece este servicio?**

(A) El gobierno de España

(B) La junta de familias de Burgos

(C) El Centro Cívico Vista Alegre

(D) El gobierno de Burgos

4 **Según el anuncio, ¿dónde se ofrece este taller?**

(A) Únicamente en Burgos

(B) En toda España

(C) En Burgos y todas las demás provincias de la región

(D) Únicamente en una zona de Burgos

5 **¿Cuál de las siguientes afirmaciones representa mejor el propósito de este taller educativo?**

(A) Educar a los niños.

(B) Evitar problemas en la infancia.

(C) Proteger a las familias.

(D) Mejorar las relaciones familiares.

Tema curricular: Las familias y las comunidades
Contexto: La estructura de la familia

En este fragmento de su relato autobiográfico *Antes del fin*, el célebre escritor argentino Ernesto Sábato presenta recuerdos de su infancia y de sus padres.

Antes del fin (Fragmento)

por Ernesto Sábato

Línea   Mi padre descendía de montañeses italianos, acostumbrados a las asperezas de la vida, en cambio mi madre, que pertenecía a una antigua familia albanesa, debió soportar las carencias con dignidad.

5   Juntos se instalaron en Rojas que, como gran parte de los viejos pueblos de la pampa, fue uno de los tantos fortines que levantaron los españoles y que marcaban la frontera de la civilización cristiana. […]

   En este pueblo pampeano mi padre llegó a

10 tener un pequeño molino harinero. Centro de candorosas fantasías para el niño que entonces yo era, cuando los domingos permanecía en el taller haciendo cositas en la carpintería, o subíamos con Arturo a las bolsas de trigo, y a escondidas, como

15 si fuera un misterioso secreto, pasábamos la tarde comiendo galletitas.

   Mi padre era la autoridad suprema de esa familia en la que el poder descendía jerárquicamente hacia los hermanos mayores. Aún me recuerdo mirando

20 con miedo su rostro surcado a la vez de candor y dureza. Sus decisiones inapelables eran la base de un férreo sistema de ordenanzas y castigos, también para mamá. […]

   La educación que recibimos dejó huellas tristes

25 y perdurables en mi espíritu. Pero esa educación, a menudo durísima, nos enseñó a cumplir con el deber, a ser consecuentes, rigurosos con nosotros mismos, a trabajar hasta terminar cualquier tarea empezada. Y si hemos logrado algo, ha sido por esos

30 atributos que ásperamente debimos asimilar. […]

   Debajo de la aspereza en el trato, mi padre ocultaba su lado más vulnerable, un corazón

cándido y generoso. Poseía un asombroso sentido de la belleza, tanto que, cuando debimos trasladarnos a La Plata, él mismo diseñó la casa 35 en que vivimos. Tarde descubrí su pasión por las plantas, a las que cuidaba con una delicadeza para mí hasta entonces desconocida. Jamás lo he visto faltar a la palabra empeñada, y con los años admiré su fidelidad hacia los amigos. Como fue el caso de 40 Don Santiago, sastre que murió de tuberculosis. Cuando el doctor Helguera le advirtió que la única posibilidad de sobrevivir era irse a las sierras de Córdoba, mi padre lo acompañó en uno de esos estrechos camarotes de los viejos ferrocarriles, 45 donde el contagio parecía inevitable.

   Recuerdo siempre esa actitud que define su devoción por la amistad y que supe valorar varios años después de su muerte, como suele ocurrir en esta vida que, a menudo, es un permanente 50 desencuentro. Cuando se ha hecho tarde para decirle que lo queremos a pesar de todo y para agradecerle los esfuerzos con que intentó prevenirnos de las desdichas que son inevitables y, a la vez, aleccionadoras. 55

   Porque no todo era terrible en mi padre, y con nostalgia entreveo antiguas alegrías, como las noches en que me tenía sobre sus rodillas y me cantaba canciones de su tierra, o cuando por las tardes, al regresar del juego de naipes en el club 60 social, me traía Mentolina, las pastillas que a todos nos gustaban.

   Desgraciadamente, él ya no está y cosas fundamentales han quedado sin decirse entre

65 nosotros. [...] Hace muchos años fui hasta aquella Paola de San Francesco donde un día se enamoró de mi madre; entreviendo su infancia entre esas tierras añoradas, mirando hacia el mediterráneo, incliné la cabeza y mis ojos se nublaron. 70

---

1 **¿A qué se refiere Ernesto Sábato al afirmar que su madre "debió soportar las carencias con dignidad." (línea 4)?**

(A) A que había sufrido muchas carencias en su juventud

(B) A que no le indignaba soportar carencias

(C) A que no había sufrido muchas carencias en su juventud

(D) A que no sabía cómo soportar las carencias

2 **Según el relato, ¿cuál es el posible origen del pueblo de Rojas, donde Ernesto Sábato vivió su infancia?**

(A) Un puesto comercial

(B) Un puesto de defensa militar

(C) Una iglesia

(D) Una ciudad de inmigrantes

3 **Según el relato, ¿qué hacía Ernesto Sábato los domingos, de niño, en el molino harinero de su padre?**

(A) Hacía objetos de madera.

(B) Embolsaba trigo.

(C) Preparaba galletas de trigo.

(D) Jugaba con sus amigos.

4 **¿Cuál de las siguientes afirmaciones refleja mejor la opinión expresada por Ernesto Sábato sobre la educación que recibió de su padre?**

(A) Fue dura y negativa.

(B) Fue candorosa pero triste.

(C) Fue inapelable y negativa.

(D) Fue dura pero positiva.

5 **Según el relato, ¿qué aspecto de la personalidad de su padre descubrió Ernesto Sábato después de que la familia se mudara a La Plata?**

(A) Su fidelidad a los amigos

(B) Su sentido de la belleza

(C) Su delicadeza

(D) Su habilidad como diseñador

6 **¿Con qué propósito menciona Ernesto Sábato las canciones que su padre le cantaba por las noches?**

(A) Para indicar que su padre tenía sentido musical

(B) Para indicar que no todo en su padre era negativo

(C) Para indicar que por las noches su padre estaba alegre

(D) Para indicar que su padre no sabía cantar

7 **Al final del relato, Ernesto Sábato escribe que una vez visitó Paola de San Francesco, donde sus padres se enamoraron. Allí, mirando el mar, inclinó la cabeza y sus ojos se nublaron. ¿Cómo se sentía en ese momento?**

(A) Triste

(B) Alegre

(C) Insatisfecho

(D) Furioso

7 **Tema curricular:** La ciencia y la tecnología
Contexto: El acceso a la tecnología

Fuente n.º 1

Este artículo analiza la situación del uso de computadoras para la educación escolar en Latinoamérica. Fue publicado en el diario *El Comercio* de Ecuador el 12 de agosto de 2012.

Las computadoras no terminan de reemplazar al pizarrón

por Mario Alegre Barros

Línea El boom tecnológico —primero con la "democratización" de las computadoras, luego con la invasión de los llamados teléfonos inteligentes y el advenimiento de las tabletas— provocó un salto
5 cuántico en la rutina de infinidad de hogares y puso fin al libreto tradicional de la relación entre el hogar y la escuela.

Los países de nuestro contexto latinoamericano viven esta situación en una carrera desigual, con
10 sistemas que se esfuerzan lastimosamente por alcanzar la velocidad meteórica de los avances en la tecnología, mientras generaciones de estudiantes enfrentan su destino académico con un pie en el pasado y otro entre el presente y el futuro.

15 Esa carrera tiene —para los sistemas de enseñanza— varios obstáculos, ya que no se trata solamente de equipar las escuelas con la tecnología mínima necesaria para acortar la brecha entre el hogar y el aula, sino también
20 de masificar la conectividad de Internet para llevarla a los planteles.

Asimismo, en la ecuación es vital el desarrollo de las habilidades tecnológicas de los profesores, quienes suelen estar a la zaga respecto a sus estudiantes
25 cuando del manejo de artefactos digitales se trata. Tomemos como ejemplo inicial el caso de México, donde, de un total de 198.896 planteles del sistema público de enseñanza a nivel básico —de elemental, intermedio y superior, o primaria y secundaria—
30 84.157 tienen computadoras, según estadísticas

gubernamentales. No obstante, solo dos de cada 10 escuelas están conectadas a Internet.

Estas mismas estadísticas señalan que hasta junio de 2011, había 1.025.629 computadoras disponibles para unos 25 millones de alumnos, 35 lo que resulta en una proporción de una computadora por cada 25 usuarios.

En este mismo renglón, a través del programa gubernamental Computadoras para educar en Colombia —iniciativa que se encarga de 40 llevar equipos, conexión, *software* educativo y entrenamiento para maestros en lo referente al uso de la tecnología e Internet para enseñar—, se ha logrado beneficiar a más de siete millones de niños de todo el país, en 28.000 sedes educativas 45 públicas. No obstante, 8.000 de estos planteles educativos aún no conocen una computadora, ni mucho menos la usan.

En Argentina el cuadro no es más alentador: según el diario La Nación, las últimas cifras 50 disponibles del Ministerio de Educación indican que en promedio hay 40 alumnos por computadora en las escuelas del país y solo el 29% de las instituciones tiene acceso a Internet, mientras que en Brasil —que reconoce no tener 55 números muy precisos y actualizados— se calcula que existe una media de 23 computadoras por escuela y que de ellas 18 están en funcionamiento para atender a cerca de 800 alumnos por escuela, la mayoría en laboratorios de informática. 60

Un proyecto fundamental para lograr un avance considerado único en la región hasta ahora fue el Plan Ceibal desarrollado por el anterior gobierno de Uruguay (2005-2010), el
65 cual entregó una *laptop* a cada alumno de las escuelas públicas, quienes constituyen la gran mayoría en ese país. Gracias a este proyecto educativo ya extendido también a todos los estudiantes de secundaria, cuatro de cada 10
70 hogares con PC tiene una del Plan Ceibal (70% de penetración a escala nacional).

En Chile —un país con 16 millones de habitantes y 20 millones de teléfonos celulares— 9.680 escuelas que reciben subvención estatal
75 poseen planes de uso educativo de estas

tecnologías y 1.500 planteles tienen laboratorios móviles, que consisten en carritos con un número determinado de *netbooks*, un notebook para los profesores y un *router* para conexión inalámbrica a Internet. 80

Con una población escolar que ronda los 9 millones, en Perú solo el 37,5% de alumnos de secundaria tiene acceso a Internet. Son los estudiantes de educación superior no universitaria (60%) y superior universitaria (81,6%) quienes más 85 aprovechan la superautopista de la información.

Sin duda, en Latinoamérica los sistemas de enseñanza han sido rebasados por la tecnología a la velocidad de la luz. Pero se ve difícil que los proyectos educativos de nuestros países la alcancen. 90

Fuente n.º 2

Uso de computadoras para la instrucción

Esta gráfica nos informa sobre el uso de computadoras en la instrucción primaria y secundaria en países de Latinoamérica en el año 2010. La gráfica se basa en información compilada por el Instituto de Estadísticas de la UNESCO.

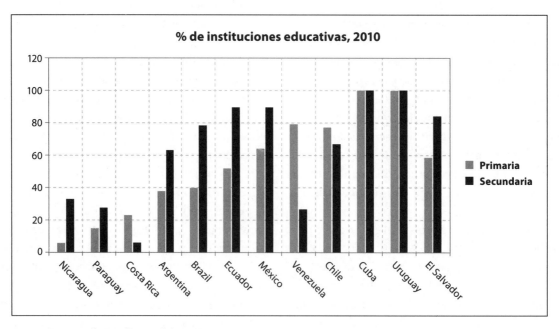

Fuente: Instituto de Estadísticas de la UNESCO

1 ¿A qué se refiere el artículo cuando menciona la "democratización" de las computadoras (línea 2)?

(A) Las computadoras se hicieron más fáciles de usar.

(B) Las computadoras se hicieron más eficientes.

(C) Mejoró la tecnología de las computadoras.

(D) Más personas tuvieron acceso a las computadoras.

2 ¿Qué efecto tuvo el boom tecnológico en las relaciones entre el hogar y la escuela?

(A) Alejó el hogar de la escuela.

(B) Las relaciones entre hogar y escuela cambiaron.

(C) Acercó el hogar a la escuela.

(D) Las relaciones entre hogar y escuela continuaron igual.

3 Según el artículo, ¿cuál de las siguientes afirmaciones representa mejor la situación de generaciones de estudiantes latinoamericanos?

(A) Se enfrentan a un destino académico negativo.

(B) No tienen acceso a la tecnología del futuro.

(C) No tienen acceso a buenas carreras.

(D) Tienen acceso limitado a la tecnología del futuro.

4 Según el artículo, ¿qué es la "enseñanza a nivel básico" (línea 28)?

(A) Enseñanza de temas básicos

(B) Enseñanza sin computadoras

(C) Enseñanza intermedia y superior

(D) Enseñanza primaria y secundaria

5 Según el artículo, ¿cuál de las siguientes afirmaciones describe mejor las condiciones en las escuelas de México?

(A) Algunas tienen computadoras, pero pocas tienen acceso a Internet.

(B) Todas las escuelas con computadora tienen acceso a Internet.

(C) Faltan computadoras para 25 millones de estudiantes.

(D) Faltan computadoras en casi 200.000 escuelas.

6 ¿Cómo compara el artículo la situación del uso de computadoras en Colombia y Argentina?

(A) El artículo no los compara.

(B) Es igual de positiva en ambos países.

(C) Es igual de negativa en ambos países.

(D) Es mejor en Argentina que en Colombia.

7 Según el artículo, ¿quiénes son los posibles usuarios de las computadoras distribuidas por el Plan Ceibal en Uruguay?

(A) Maestros y alumnos

(B) Los alumnos y sus familias

(C) Solo los alumnos

(D) Solo los alumnos de secundaria

8 ¿Cuál de las siguientes afirmaciones resume mejor el artículo?

(A) Latinoamérica está progresando rápidamente.

(B) La situación es distinta en cada país de Latinoamérica.

(C) Latinoamérica no está progresando a suficiente velocidad.

(D) Latinoamérica no está progresando.

9 ¿Cuál de las siguientes afirmaciones sobre los países incluidos en la gráfica es correcta?

(A) Invierten más en tecnología para escuelas primarias.

(B) Invierten más en tecnología para escuelas secundarias.

(C) Invierten por igual en escuelas primarias y secundarias.

(D) No invierten en tecnología para las escuelas.

10 ¿En qué país de Centroamérica más escuelas primarias tienen acceso a computadoras?

(A) El Salvador

(B) Venezuela

(C) Costa Rica

(D) Nicaragua

11 Al escribir un informe sobre el mismo tema, ¿cuál de las siguientes publicaciones sería más apropiada como fuente adicional?

(A) "Los medios audiovisuales en la enseñanza"

(B) "Aprender en entornos visuales"

(C) "La educación musical"

(D) "Problemáticas en la enseñanza universitaria"

8 **Tema curricular:** La ciencia y la tecnología
Contexto: La ciencia y la ética

En esta carta dirigida a un director de un periódico, un profesor universitario comenta un artículo que ha leído en esa publicación.

Señor Director:

Le escribo para comentar un artículo aparecido recientemente en su periódico bajo el título de "Una revolución científica en el sistema judicial".

El autor del mencionado artículo nos pide considerar un escenario fantástico que, afirma, está muy próximo a convertirse en realidad. Según él, los avances científicos más recientes, en particular el desarrollo de tecnologías de diagnóstico como la resonancia magnética funcional (fMRI), van a revolucionar la manera en que se previene y castiga el delito.

Las personas, dice el autor del artículo, tenemos predisposición a ciertas conductas y nos es muy difícil escapar de ellas. La tecnología del fMRI permite determinar cuáles son las áreas del cerebro involucradas en esas conductas. Esto, según el articulista, es válido para conductas beneficiosas como la generosidad y la persistencia, y también para conductas dañinas como la violencia irracional o el odio.

Según el autor, la ciencia pronto hará posible una prevención más eficaz de las actividades criminales: la identificación de aquellos individuos cuyos cerebros los hacen más propensos a cometer delitos y crímenes permitirá a la sociedad intervenir antes de que estos actos se hagan realidad.

Tengo una objeción de carácter histórico a esta utopía: estas ideas ya han sido planteadas en el pasado, con resultados funestos.

A mediados del siglo XIX, el científico italiano Cesare Lombroso creyó descubrir que la medición de los rostros y los cráneos de las personas indicaba su propensión a la criminalidad, e identificó tipos como el "criminal nato" y el "criminaloide" según la distancia entre sus ojos o el diámetro de su cabeza, entre otras cosas.

Lombroso, por supuesto, usaba los métodos científicos más sofisticados de su época y creía firmemente en la validez de estos descubrimientos. Está de más decir que se equivocaba: no hay ninguna relación entre las características

Línea

5

10

15

20

25

físicas de una persona y su predisposición para el delito.

Muchos, sin embargo, fueron condenados a severas penas de cárcel sin más
pruebas que las aportadas por la "ciencia" de Lombroso. La lección, entonces,
es esta: como Lombroso, ignoramos lo que se descubrirá en el futuro. Tenemos
muchos conocimientos, pero no lo sabemos todo.

Atentamente,
Julio Casal, Director de Programa de Bioética
Escuela de Medicina, Universidad del Sur

30

35

1 En la carta, ¿cuál es el significado de la frase "un escenario fantástico" (línea 4)?

(A) Un escenario muy bueno

(B) Un escenario con graves consecuencias

(C) Un escenario irreal

(D) Un escenario que pronto será realidad

2 Según la carta, ¿cuál es el uso actual de la tecnología de resonancia magnética funcional, o fMRI?

(A) El diagnóstico de procesos judiciales

(B) El diagnóstico de funciones cerebrales

(C) El diagnóstico de la conducta humana

(D) La prevención del crimen

3 ¿Por qué el artículo comentado en la carta se titula "Una revolución en el sistema judicial"?

(A) Porque las nuevas tecnologías van a cambiar los procesos judiciales

(B) Porque cada vez se usa más tecnología en los procesos judiciales

(C) Porque su autor se opone al uso de las nuevas tecnologías

(D) Porque su autor cree que los procesos judiciales deben cambiar

4 ¿A qué se refiere el autor de la carta al afirmar que tiene "una objeción de carácter histórico" (línea 19)?

(A) A que ha tenido esa objeción por mucho tiempo

(B) A que otros han expresado esa objeción

(C) A que su objeción se basa en hechos históricos

(D) A que está en desacuerdo con la historia que se cuenta en el artículo

5 En la carta, ¿con qué propósito se menciona al científico italiano Cesare Lombroso?

(A) Como ejemplo histórico de las ideas expresadas en el artículo

(B) Como ejemplo de un científico interesado en resolver crímenes

(C) Como ejemplo histórico del uso de la resonancia magnética

(D) Como ejemplo histórico de un científico revolucionario

6 ¿Por qué dice el autor de la carta que Lombroso "creyó descubrir" algo (líneas 21-22)?

(A) Porque el descubrimiento de Lombroso era válido

(B) Porque Lombroso estaba equivocado

(C) Porque Lombroso mintió sobre su descubrimiento

(D) Porque Lombroso descubrió algo que ya estaba descubierto

7 ¿Cuál de las siguientes afirmaciones describe mejor al autor de la carta?

(A) No conoce el tema, pero quiere expresar su opinión.

(B) No tiene una opinión, pero quiere informarse sobre el tema.

(C) Es un experto en el tema y tiene una opinión bien informada.

(D) No le interesa el tema.

9 **Tema curricular:** La ciencia y la tecnología
Contexto: Los efectos de la tecnología en el individuo y en la sociedad

Este anuncio invita a participar en un concurso de carteles.

CONVOCATORIA — Fecha de fin del concurso 20/09/2012

CONCURSO DE CARTELES
SOBRE LAS SOCIEDADES DEL CONOCIMIENTO | PREMIO 300€

RESUMEN La humanidad ha experimentado un rápido progreso. La globalización y el uso generalizado de las nuevas tecnologías han producido cambios radicales en el modo en que vivimos y trabajamos hoy en día.

Entre las consecuencias negativas de esta revolución, se encuentran las desigualdades y la división entre quienes tienen acceso a la tecnología y quienes no lo tienen, entre los ricos y los pobres, y entre los países industrializados y los países en desarrollo.

Convocamos a crear carteles que muestren por qué es importante que todos tengan acceso al conocimiento.

FORMATO ilustraciones, fotografías

IMPORTANTE Su trabajo debe ser lo suficientemente explícito y contener un eslogan y una descripción que mencione por qué el acceso al conocimiento para todos es importante.

¿Encuentra inspiración en la capacidad de las nuevas tecnologías de comunicación para empoderar a las personas a través del conocimiento? ¿Cree que el conocimiento es el camino para construir sociedades conectadas, creativas y con capacidad de resistencia? Comparta su opinión sobre las sociedades del conocimiento con la UNESCO, la única agencia de las Naciones Unidas con la misión de promover la libertad de expresión e información considerada como un derecho humano. El concurso de carteles estará abierto desde ahora hasta el 20 de septiembre de 2012.

La UNESCO celebrará el 10 aniversario de la adopción del Plan de Acción de la Cumbre Mundial sobre la Sociedad de la Información (CMSI) con una reunión para evaluar el progreso del Plan, titulada "Hacia las sociedades del conocimiento para la paz y el desarrollo sostenible". La reunión tendrá lugar en París (Francia) del 26 al 27 de febrero de 2013.

Estarán presentes ministros y altos representantes de diferentes gobiernos, directores de agencias de las Naciones Unidas y de organizaciones intergubernamentales, consejeros delegados del sector privado, líderes de ONG y de otras entidades de la sociedad civil, así como profesionales y expertos en el área de la educación, la cultura, la ciencia, las ciencias humanas, la comunicación y la información.

Para esta ocasión, la UNESCO organiza un concurso de carteles a través de la plataforma en línea *eYeka*, abierto hasta el 20 de septiembre de 2012. Las propuestas seleccionadas serán utilizadas como la identidad gráfica del evento, y figurarán en pósters, folletos, carteles enrollables y otros materiales promocionales. El ganador recibirá un premio de 300 euros, y el segundo y tercer puestos, un certificado oficial de la UNESCO.

Invitamos a artistas, diseñadores gráficos, fotógrafos y cualquier otra persona interesada a enviar sus propuestas.

1 **Según el anuncio, los carteles participantes en este concurso deben incluir un eslogan. ¿Cuál de los siguientes eslóganes sería el más apropiado?**

(A) "Internet para Todos"

(B) "Globalización para Todos"

(C) "Desarrollo para Todos"

(D) "Educación para Todos"

2 **Según el anuncio, ¿cuál de las siguientes misiones es exclusiva de la UNESCO?**

(A) Promover los derechos humanos

(B) Promover la libertad de expresión

(C) Promover la Sociedad de la Información

(D) Promover el conocimiento

3 **Según el anuncio, ¿cuál de las siguientes afirmaciones resume la agenda del CMSI para la reunión de su décimo aniversario?**

(A) Garantizar la paz y el crecimiento sostenible a través del conocimiento.

(B) Informar sobre la importancia de las nuevas tecnologías.

(C) Estimular el uso de las nuevas tecnologías para crear sociedades más competitivas.

(D) Mejorar las tecnologías de la comunicación para evitar las guerras.

4 **¿Con qué propósito se menciona en el anuncio a "profesionales y expertos en el área de la educación"?**

(A) Invitarlos a participar en el concurso.

(B) Invitarlos a participar en la reunión del CMSI en París.

(C) Informar sobre su participación en la reunión del CMSI en París.

(D) Informar sobre su participación en el concurso.

5 **Según el anuncio, ¿cuál es el premio para los carteles ganadores del concurso?**

(A) 300 euros

(B) 300 euros y certificados de la UNESCO

(C) 300 euros para cada uno

(D) 300 euros y su utilización por la UNESCO

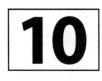
10

Tema curricular: La ciencia y la tecnología
Contexto: Los efectos de la tecnología en el individuo y en la sociedad

En este fragmento de su libro de viajes *USA y yo*, publicado en 1966, el escritor español Miguel Delibes relata sus impresiones sobre el uso del automóvil en Estados Unidos.

Sobre ruedas

por Miguel Delibes

Línea   El lector se preguntará, a la vista de la
mecanización de este país y del hecho de que,
desde que nace, uno marche ya en automóvil,
que para qué sirven aquí los pies. La pregunta es
5 pertinente y la respuesta sencilla: el derecho sirve
para acelerar; el izquierdo para frenar. Solamente
para eso. "¿Y el embrague?", dirán ustedes. Y uno
responde: "Para el embrague no hacen falta pies
en América, porque el cambio es automático."
10 Ya tenemos, pues, resuelta la cuestión y, aunque
quizá expuesta con un excesivo simplismo,
tampoco se piense que se aleja demasiado de
la realidad. A menudo el viajero se topa por las
hermosas avenidas de Washington con venerables
15 octogenarias que conducen diestramente su
automóvil, pero que, a la hora de desembarcar,
hay que tomarlas poco menos que en volandas
para trasladarlas a casa. Esto no es óbice para
que, con los pedales en los pies, las ancianitas se
20 desenvuelvan con una rapidez de reflejos que para
sí quisieran muchos de nuestros futbolistas.
    Claro está que el coche aquí es una exigencia.
Las distancias inconmensurables, el hecho de que
la inmensa mayoría de los americanos vivan en el
25 campo, impone el coche no como un utensilio de
primera, sino de inexcusable necesidad. […]
    De modo que la cosa empezó así: tomar el
coche para ir al trabajo era una necesidad, pero
gradualmente, cada vez que el americano salía de
30 casa, empezó a no preguntarse dónde iba, ni si su
destino era próximo o remoto; por instinto abría la
portezuela del coche y se embutía en él. Hoy, este

movimiento es en él tan espontáneo como pueda
serlo para nosotros el rascarnos cuando nos pica.
    Total, que aquí no se camina; es decir, no   35
se camina a pie. No hablemos de pasear. Esa
costumbre tan provinciana, tan agradable, tan
reposada, que todavía se conserva en España, no
creo que en estas latitudes haya existido nunca.
En América los muchachos y las muchachas   40
pueden conocerse y contemplarse a través de
las respectivas ventanillas de sus coches; de otro
modo, el flechazo en plena calle no es concebible.
No es preciso añadir que a un hombre con
obsesión andariega se le hace difícil la vida aquí.   45
(En mi barrio washingtoniano debí sentar fama
de bicho raro. A veces observaba con el rabillo
del ojo cómo se descorrían las cortinas de las
encantadoras viviendas unifamiliares y un rostro
o varios rostros se pegaban a los cristales para   50
verme pasar. Imagino que el primer día se dirían:
"¿Pero es que este hombre no tiene automóvil?".
Después, supongo, los comentarios serían más
contundentes: "Ya está este tipo medio loco
andando por la calle". Sí, yo adivinaba sobre   55
mis espaldas miradas de asombro; cuando no,
estas miradas partían de los automóviles con
los cuales me cruzaba en mi camino.) En todo
caso, la presencia vertical de uno en las avenidas
residenciales de Washington es un fenómeno   60
que choca. Porque andar, lo que se dice andar,
en USA no se lleva. Si es caso, allá, al atardecer,
uno puede toparse con otro ser que conduce a su
perro por la correa para que el animalito se oree

65 y haga sus necesidades. Por lo demás —fuera de los supermercados y los grandes almacenes, levantados en grupo, en edificios contiguos, para que el comprador no se fatigue—, no es fácil encontrar una persona de a pie. (Y para esto

70 resulta obvio que cada "Shopping center", y cada museo, y cada cine, cuentan con su aparcamiento propio, a fin de dar a la clientela toda suerte de facilidades.)[…]

A los quince años el washingtoniano puede

75 realizar su examen de conductor y, una vez aprobado, manejar un automóvil siempre que lo acompañe una persona mayor. Tal tutela

desaparece un año más tarde, de forma que a los dieciséis años un muchacho o una muchacha pueden desplazarse a su "college" o a la Universidad 80 por sus propios medios, sin necesidad de molestar a nadie. […]

En suma, la pierna tiene en Norteamérica una aplicación muy reducida. No es que sean miembros inútiles, pero sí un poco lo que es para 85 los diestros la mano izquierda o la derecha para los zurdos: una extremidad utilizable, pero inhábil e imprecisa. Esto justifica el hecho de que este país, que da de todo, y en abundancia, dé pocos futbolistas de la escuela inglesa. 90

1 **¿A qué se refiere Miguel Delibes al afirmar que en Estados Unidos el pie derecho sirve "para acelerar" y el izquierdo "para frenar" (línea 6)?**

(A) A que los estadounidenses caminan muy rápido

(B) A que los estadounidenses no saben usar sus pies

(C) A que los estadounidenses prefieren conducir a caminar

(D) A que los estadounidenses prefieren caminar a conducir

2 **Según el relato, ¿con quiénes se encuentra con frecuencia un viajero en la ciudad de Washington?**

(A) Con mujeres muy jóvenes que conducen un automóvil

(B) Con mujeres de avanzada edad que hacen ejercicio

(C) Con mujeres jóvenes que pasean por las avenidas

(D) Con mujeres de avanzada edad que conducen un automóvil

3 **Según Miguel Delibes, ¿cuál es uno de los factores que influyen en el uso de automóviles en Estados Unidos?**

(A) Las distancias son muy grandes.

(B) Las distancias son muy exigentes.

(C) Las distancias son muy cortas.

(D) Los centros comerciales están muy lejos entre sí.

4 **¿Cuál de las siguientes resume mejor la comparación entre España y Estados Unidos?**

(A) En España, los jóvenes pasean en automóvil.

(B) En Estados Unidos, los jóvenes no tienen oportunidad de conocerse.

(C) En España se pasea más.

(D) En Estados Unidos se usa menos el automóvil.

5 **¿A qué se refiere la frase "la presencia vertical de uno en las avenidas residenciales" (línea 59)?**

(A) A una persona que camina

(B) A una persona inmóvil en la calle

(C) A una persona tendida en la calle

(D) A una persona en automóvil

6 **Según Miguel Delibes, ¿por qué hay pocos futbolistas en Estados Unidos?**

(A) Porque los estadounidenses usan muy poco sus piernas

(B) Porque los futbolistas se van a estudiar a Inglaterra

(C) Porque en Estados Unidos no hay escuelas de fútbol

(D) Porque los estadounidenses no son hábiles ni precisos

7 **¿Cómo es este relato?**

(A) Es melancólico.

(B) Es humorístico.

(C) Es realista.

(D) Es crítico.

11

Tema curricular: La ciencia y la tecnología
Contexto: El acceso a la tecnología

Fuente n.º 1

Este artículo presenta un informe sobre el crecimiento y expansión del uso de redes sociales en Argentina y Latinoamérica en años recientes. El artículo fue publicado en el diario *La Nación* de Buenos Aires en abril de 2011.

Crece la penetración de Internet en Argentina

por José Crettaz

Línea Internet está completamente incorporada a la actividad económica y social de América Latina, donde las redes sociales y los sitios de compras empujan su explotación como plataforma de
5 negocios. En la región, la audiencia conectada creció 15% en 2010 al pasar de 96,6 millones a 111,4 millones de personas. En Argentina, ese público alcanzó los 12,8 millones el año pasado.

En el contexto regional, Argentina tiene sus
10 particularidades. Al tratarse de un mercado maduro, creció menos, apenas el 3%, pero está entre las principales plazas para las redes sociales y los grupos de compras colectivas. Además, los argentinos son los que más horas
15 pasan conectados a la red, más que mexicanos y brasileños. Argentina es el sexto mercado mundial de Facebook y el octavo de Twitter en alcance (es decir, el número de usuarios de esas plataformas sobre la base total de internautas).
20 Todos estos datos surgen del estudio Memoria Digital Latinoamérica 2010 elaborado por la consultora Comscore. Para Alejandro Fosk, vicepresidente *senior* de la firma en América Latina, "recién estamos viendo la punta del *iceberg*
25 en cuanto a la gran penetración de los sitios de compras colectivas y descuentos. ¿Qué va a pasar cuando en lugar de *spa* y peluquería los usuarios se agrupen para contratar *triple play*, pasajes aéreos o electrónicos y reviertan el poder de negociación?",

se preguntó. Groupon, el gigante mundial de las   30
compras colectivas y el primero en instalarse en el país, tiene en Argentina el principal mercado de la región en penetración.

En comparación con otras categorías, y a pesar del crecimiento registrado el año pasado, el   35
e-commerce tiene todavía mucho por crecer. "Siguen siendo fuertes las dos principales barreras que ha tenido el comercio electrónico: el temor al robo de datos de la tarjeta de crédito y los problemas en la entrega de los productos comprados", detalló Fosk.   40
El creciente uso de las redes sociales y la mayor penetración de los *smartphones* (con cámaras cada vez mejores) impactó fuertemente en la categoría fotografías: en Argentina creció 36% el tráfico hacia sitios de fotos.   45

En la región

Aunque no crece al ritmo de China, Rusia o Brasil (que muestran tasas superiores al 20%), América Latina mostró en 2010 un avance firme. Y así seguirá "gracias a la penetración   50
de banda ancha residencial a lo largo de la región y potenciado por la migración del uso de ambientes compartidos —como cafés de Internet o universidades— a conexiones de hogar u oficina", según el estudio de Comscore.   55

En la región, los usuarios de Internet son levemente más jóvenes que la población mundial *online*. El 62% de la audiencia de Internet latinoamericana tiene entre 15 y 35 años, en comparación a sólo 53% de la población *online* mundial para el mismo grupo etario. Venezuela, Colombia, México y Brasil tienen la mayor proporción de usuarios jóvenes, en cambio la composición de la audiencia joven en Chile y Argentina se acerca al promedio mundial.

En el orden regional, crece fuertemente el tiempo dedicado a las redes sociales, los sitios de fotografía y las páginas multimedia, y cae estrepitosamente el uso de mensajería instantánea y, en menor medida, el del correo electrónico.

El usuario latinoamericano tiene ciertas características que lo distinguen del resto de los internautas. Por ejemplo, alrededor del 90% de la audiencia usa redes sociales, superando al promedio de Europa y Asia y ubicándose al nivel de América del Norte.

Para Fosk, los motores del crecimiento del tráfico este año estarán en las aplicaciones móviles. "Las *apps* están revolucionando el ámbito del *software*. Están generando modelos de negocios rentables, con micropagos y productos fáciles de descargar y de usar".

Fuente n.º 2

Uso de redes sociales en el mundo

Esta tabla, publicada originalmente por el diario argentino *El Cronista* el 23 de marzo de 2012, presenta información sobre el tiempo de uso de las redes sociales en diversos países del mundo, incluyendo algunos de Latinoamérica, en 2011.

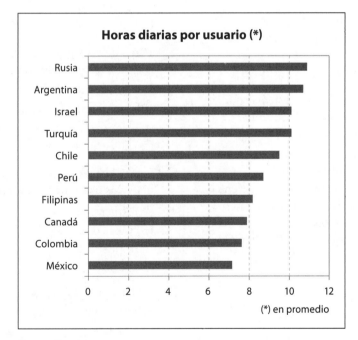

Fuente: Cronista.com

1 Según el artículo, ¿cuál de las siguientes afirmaciones sobre el uso de Internet en Argentina es correcta?

(A) Creció a la par que en el resto de Latinoamérica.

(B) Creció menos que en el resto de Latinoamérica.

(C) No creció en el período estudiado.

(D) Se usa principalmente para actividades comerciales.

2 ¿Cuál de las siguientes afirmaciones describe mejor el mercado argentino?

(A) Como es un mercado maduro, no tiene gran importancia para las redes sociales.

(B) Es un mercado maduro, listo para crecer más que otros.

(C) Es un mercado importante en Latinoamérica, aunque crezca poco.

(D) Es el mayor mercado de Latinoamérica.

3 ¿Qué significa el término "internautas"?

(A) Personas conectadas a Internet

(B) Usuarios de Internet en Argentina

(C) Usuarios de Internet que se conectan a las redes sociales

(D) Personas que prefieren no usar Internet

4 ¿A qué se refiere el artículo al afirmar que Argentina es el sexto mercado mundial de Facebook "en alcance" (línea 17)?

(A) Argentina ocupa el sexto lugar en número total de usuarios de Facebook.

(B) Los argentinos ocupan el sexto lugar en el mundo en horas de conexión a Facebook.

(C) Argentina ocupa el sexto lugar en porcentaje de internautas conectados a Facebook.

(D) En Argentina, Facebook alcanza a más usuarios que otras redes sociales.

5 ¿Cuál de estas afirmaciones describe mejor la situación del *e-commerce* en Argentina?

(A) No ha crecido en absoluto porque encuentra muchas barreras.

(B) Está creciendo explosivamente gracias a las redes sociales.

(C) Ha crecido poco por temor al robo de datos.

(D) Ha crecido mucho, aunque hay problemas con las entregas.

6 ¿Qué ha sucedido con el uso de conexiones de banda ancha residencial en Latinoamérica?

(A) No ha aumentado significativamente.

(B) Ha migrado a hogares y oficinas.

(C) Ha migrado a cafés y universidades.

(D) Ha aumentado significativamente.

7 ¿Cuál de las afirmaciones refleja mejor el perfil de los usuarios de Internet en América Latina comparado con los de otras regiones?

(A) Son un poco más jóvenes.

(B) Tienen la misma edad.

(C) Son mucho más jóvenes.

(D) No tienen más de 35 años de edad.

8 ¿Cuál de las siguientes afirmaciones resume mejor la opinión de Alejandro Fosk sobre el futuro del uso de Internet en Latinoamérica?

(A) Crecerá por el uso de conexiones de banda ancha.

(B) Crecerá por el aumento de usuarios jóvenes.

(C) Crecerá por el uso de teléfonos inteligentes y tabletas.

(D) Crecerá más que en Asia y Europa.

9 ¿Cuál de las siguientes afirmaciones resume mejor el uso de Internet en Latinoamérica?

(A) Ha madurado.

(B) Está creciendo y crecerá aún más.

(C) Hay barreras para su crecimiento.

(D) Sus usuarios son más jóvenes.

10 Según la gráfica, ¿en qué país del Cono Sur los usuarios usan menos las redes sociales?

(A) Argentina

(B) México

(C) Chile

(D) Perú

11 ¿Cuál de las siguientes afirmaciones del artículo puede verificarse en la gráfica?

(A) Argentina es el sexto mercado mundial de redes sociales.

(B) El uso de Internet en América Latina creció a menor ritmo que en Rusia.

(C) Los argentinos pasan más horas conectados que otros latinoamericanos.

(D) El *e-commerce* aún tiene mucho por crecer.

12

Tema curricular: La ciencia y la tecnología
Contexto: Las innovaciones tecnológicas

En esta carta, Celia le cuenta a su amigo Fernando una anécdota reciente que vivió en Internet, y comenta sobre la vida moderna.

Estimado Fernando: Línea

Me alegró mucho verte el domingo pasado, después de casi dos años. Cómo ha pasado el tiempo, ¿verdad? Y me gustó mucho la conversación que tuvimos sobre Internet, las redes sociales y el correo electrónico (prometo que los usaré más para que sigamos en contacto). Para seguir la conversación,   5 quiero contarte una anécdota al respecto.

Hace poco, vi en Facebook que la mamá de Silvia, una de mis amigas, le escribió que la cena estaba servida y le pidió que por favor fuera a la mesa antes de que se enfriara la comida. Parece un chiste, pero ocurrió en la realidad. Silvia le contestó que iba a terminar una tarea que tenía que   10 subir al servidor de la escuela y que luego iba a la mesa.

La mamá le contestó: "Cómo nos comunicamos de bien por la red, querida hija". Me pareció una conversación muy graciosa. De inmediato varios de los que estábamos conectados empezamos a hacer comentarios. ¿Conoces alguna historia parecida a esta?   15

Le conté la anécdota a mi tío Alejandro y me contestó que hasta hace unos años las familias comían juntas y luego se reunían a ver televisión. Me dijo que hoy vivimos en una época en la que no deberíamos hablar de comunicación, sino de incomunicación. Yo no sé si estoy de acuerdo. A fin de cuentas, la televisión también es una pantalla electrónica y por Internet al   20 menos podemos conversar, y a veces hasta se conversa mejor por este medio que cuando lo hacemos en persona. ¿Qué piensas de lo que dice mi tío?

Por lo menos yo, no me imagino lo que sería preparar un trabajo para la escuela sin la computadora. Mi tío Alejandro me contó que en las casas había grandes enciclopedias para consultar los trabajos de la escuela y que había que ir a las   25 bibliotecas a buscar información. También me dijo que para enterarse de las noticias había que esperar hasta la hora del noticiero de radio, a menos de que fuera algo extraordinario, porque los de televisión siempre eran a una hora fija.

No me imagino cómo mis padres pudieron vivir en un mundo así cuando tenían mi edad, sin teléfonos móviles ni computadoras. ¡Y sin Internet!

Con afecto,

Celia

30

1 Según la carta, ¿cuál de las siguientes afirmaciones describe mejor la relación entre Celia y Fernando?

(A) Son novios.

(B) Son amigos, pero no se ven muy a menudo.

(C) Son amigos muy cercanos.

(D) Son amigos recientes.

2 ¿Con qué propósito le cuenta Celia una anécdota a Fernando en la carta?

(A) Para retomar la conversación

(B) Para cambiar el tema de conversación

(C) Para concluir la conversación

(D) Para despedirse de él

3 Según la carta, ¿por qué afirma Celia que su anécdota "parece un chiste" (línea 9)?

(A) Porque es una anécdota sin importancia

(B) Porque es una mentira

(C) Porque Celia tiene mucho sentido del humor

(D) Porque la anécdota es humorística

4 En la anécdota contada por Celia, ¿por qué la mamá responde "Cómo nos comunicamos de bien por la red, querida hija" (líneas 12-13)?

(A) Porque quiere mucho a Silvia

(B) Porque le gusta usar ese medio de comunicación

(C) Porque no se comunican tan bien en persona

(D) Porque no entendió lo que su hija le dijo

5 ¿A qué se refiere Alejandro, el tío de Celia, al afirmar que hoy "no deberíamos hablar de comunicación, sino de incomunicación" (líneas 18-19)?

(A) A que antes las personas veían más televisión

(B) A que antes las personas se comunicaban mejor

(C) A que antes las personas tenían más medios de comunicación

(D) A que antes las personas no podían comunicarse

6 ¿Cuál de las siguientes afirmaciones refleja mejor la opinión de Celia sobre las palabras de su tío?

(A) Ver televisión no comunica más a las personas.

(B) Siempre es mejor conversar en persona.

(C) Antes, ver televisión cumplía las funciones de Internet.

(D) Ver televisión no se parece en nada a usar Internet.

7 ¿Cuál de las siguientes afirmaciones describe mejor la opinión de Celia sobre los medios de comunicación del mundo actual?

(A) Son útiles y mejores que los del pasado.

(B) Son útiles, pero los del pasado eran mejores.

(C) Solo sirven para el entretenimiento.

(D) Son iguales a los que existían en el pasado.

13 **Tema curricular:** La belleza y la estética
Contexto: Definiciones de la belleza

Este es un anuncio de una reserva ecológica.

Caminata en el bosque de las luciérnagas

A medida que cae la noche, miles de luciérnagas comienzan a volar de manera irreverente y graciosa en los bosques tlaxcaltecas a orillas del poblado de Nanacamilpa.

Como un secreto en la oscuridad se revelan a quienes se adentran a explorar este singular hábitat cobijado por cielos estrellados.

De repente estos insectos iluminan el bosque de pino y oyameles con diminutas luces fluorescentes, luego desaparecen y, por momentos, la luz que irradian se sincroniza, se enciende y apaga a un mismo tiempo. Su vuelo, en promedio, alcanza una altura de casi dos metros y medio.

Son pocos los afortunados que disfrutan de este inusual espectáculo que merece reconocimiento y cuidado de todos.

Guía del viajero
Secretaría de Turismo
del Estado de Tlaxcala
Av. Juárez, esquina Lardizábal 18
Centro histórico de Tlaxcala
Tel: 01 (246) 465 0960

Visita reserva ecológica para observar a las luciérnagas

Adultos   Niños
60 pesos   **50** pesos

Incluye entrada, recorrido por los senderos, transporte y guía

Dónde dormir
Eco Hotel Piedra Canteada
Tel. 01 (748) 766 0889

Villas del Bosque Santa Clara
Tel. 01 (748) 766 0334

Entrada a zonas arqueológicas
General (nacionales e internacionales):
55 pesos

Entrada gratuita a turistas nacionales los domingos y a estudiantes entre semana
Incluye Zona de Cacaxtla, Xochitécatl.

Permiso para utilizar cámara de video:
45 pesos

Horario: de 9 a 17 horas

1 ¿A quiénes está dirigido principalmente este anuncio?

(A) A turistas del estado de Tlaxcala

(B) A turistas de todo México

(C) A turistas mexicanos y extranjeros

(D) A inversionistas en turismo

2 ¿A qué se refiere el anuncio al afirmar que las luciérnagas se revelan "como un secreto en la oscuridad"?

(A) A que solo son visibles de noche

(B) A que pocas personas saben de su existencia

(C) A que permanecen escondidas en el bosque

(D) A que revelan cosas desconocidas

3 ¿Cuál de los siguientes atractivos turísticos no es promocionado en este anuncio?

(A) La belleza natural

(B) Los espectáculos folclóricos

(C) Los servicios de hospedaje

(D) Las ruinas antiguas

4 Según el anuncio, ¿cuál de los siguientes servicios no está incluido en el importe de la entrada a la reserva ecológica?

(A) El guía de turismo

(B) La caminata para ver las luciérnagas

(C) El alojamiento

(D) El transporte

5 Eres un estudiante universitario mexicano de viaje en Tlaxcala. Pasarás ahí dos días: martes y miércoles. Quieres visitar el bosque de las luciérnagas y algunas zonas arqueológicas. ¿Cuánto dinero necesitas?

(A) 55 pesos

(B) 105 pesos

(C) 65 pesos

(D) 60 pesos

Tema curricular: La belleza y la estética
Contexto: El lenguaje y la literatura

En este ensayo, el escritor guatemalteco Augusto Monterroso presenta una visión de las relaciones entre las moscas y la literatura.

Las moscas
por Augusto Monterroso

Línea

Hay tres temas: el amor, la muerte y las moscas. Desde que el hombre existe, ese sentimiento, ese temor, esas presencias lo han acompañado siempre. Traten otros los dos primeros. Yo me
5 ocupo de las moscas, que son mejores que los hombres, pero no que las mujeres. Hace años tuve la idea de reunir una antología universal de la mosca. La sigo teniendo. Sin embargo, me di cuenta de que era una empresa prácticamente
10 infinita. La mosca invade todas las literaturas y, claro, donde uno pone el ojo encuentra la mosca. No hay verdadero escritor que en su oportunidad no le haya dedicado un poema, una página, una párrafo, una línea; y si eres escritor y no lo has
15 hecho te aconsejo que sigas mi ejemplo y corras a hacerlo.

Las moscas son [...] las vengadoras de no sabemos qué; pero tú sabes que alguna vez te han perseguido y, en cuanto lo sabes, que te
20 perseguirán siempre. Ellas vigilan. Son las vicarias de alguien innombrable, buenísimo o maligno. Te exigen. Te siguen. Te observan. Cuando finalmente mueras es probable, y triste, que baste una mosca para llevar quién puede decir
25 a dónde tu pobre alma distraída. Las moscas transportan, heredándose infinitamente la carga, las almas de nuestros muertos, de nuestros antepasados, que así continúan cerca de nosotros, acompañándonos, empeñados en protegernos.
30 Nuestras pequeñas almas transmigran a través de ellas y ellas acumulan sabiduría y conocen todo lo que nosotros no nos atrevemos a conocer.

Quizá el último transmisor de nuestra cultura occidental sea el cuerpo de esa mosca, que ha venido reproduciéndose sin enriquecerse a lo 35
largo de los siglos.

Y, bien mirada, creo que lo dijo Milla (autor que por supuesto desconoces pero que gracias a haberse ocupado de la mosca oyes mencionar hoy por primera vez), la mosca no es tan fea 40
como a primera vista parece. Pero es que a primera vista no parece fea, precisamente porque nadie ha visto nunca a una mosca a primera vista. Toda mosca ha sido vista siempre. Entre la gallina y el huevo existe la 45
duda de quién fue primero. A nadie se le ha ocurrido preguntarse si la mosca fue antes o después. En el principio fue la mosca. (Era casi imposible que no apareciera aquí eso de que en el principio fue la mosca. De esas frases vivimos. 50
Frases mosca que, como los dolores mosca, no significan nada. Las frases perseguidoras de que están llenos nuestros libros). Olvídalo. Es más fácil que una mosca se pare en la nariz del papa a que el papa se pare en la nariz de una mosca. 55

El papa, el rey o el presidente (el presidente de la república, claro; el presidente de una compañía financiera o comercial o de productos equis es por lo general tan necio que se considera superior a ellas) son incapaces de llamar a su guardia suiza 60
o a su guardia real o a sus guardias presidenciales para exterminar una mosca. Al contrario, son tolerantes. Y cuando más, se rascan la nariz. Saben. Y saben que la mosca también sabe y los

65 vigila. […]Pero no hay que hacer caso. Vuelve a las narices. La mosca que hoy se posó en la tuya es descendiente directa de la que se paró en la de Cleopatra. Y una vez más caes en las alusiones retóricas prefabricadas que todo el mundo ha hecho antes. Pues a pesar tuyo haces literatura. 70 La mosca quiere que la envuelvas en esa atmósfera de reyes, papas y emperadores. Y lo logra. Te domina. No puedes hablar de ella sin sentirte inclinado a la grandeza.

1 En el ensayo, ¿cuál es el significado de la frase "Traten otros los dos primeros." (línea 4)?

(A) Que otros escriban sobre el amor y la muerte.

(B) El autor ha escrito otros ensayos sobre el amor y la muerte.

(C) Otros ya han escrito sobre el amor y la muerte.

(D) El autor intentará escribir sobre el amor y la muerte.

2 En el ensayo ¿a qué se refiere el autor cuando afirma que "donde uno pone el ojo encuentra la mosca" (línea 11)?

(A) Hay muchas moscas en el mundo.

(B) Las moscas son muy visibles.

(C) Hay mucha literatura sobre las moscas.

(D) Las moscas son muy molestas.

3 ¿Qué consejo da Augusto Monterroso a otros escritores en este ensayo?

(A) Que escriban sobre las moscas

(B) Que dejen de escribir sobre las moscas

(C) Que escriban sobre temas importantes

(D) Que se ocupen del amor y la muerte

4 ¿Por qué se menciona en el ensayo a un autor llamado Milla?

(A) Porque es muy conocido

(B) Porque no ha escrito sobre las moscas

(C) Porque es desconocido

(D) Porque ha escrito sobre las moscas

5 En el ensayo, ¿cuál es el significado de la frase "Frases mosca" (línea 51)?

(A) Frases sin sentido

(B) Frases incomprensibles

(C) Frases muy repetidas

(D) Frases originales

6 ¿Cuál de las siguientes afirmaciones refleja mejor la opinión de Augusto Monterroso sobre los presidentes de compañías financieras o comerciales?

(A) Por lo general, son sabios.

(B) Por lo general, son ignorantes.

(C) Por lo general, son ricos.

(D) Por lo general, son superiores.

7 ¿Cuál de las siguientes afirmaciones resume mejor la visión de la literatura expresada por Augusto Monterroso en este ensayo?

(A) Aunque se ocupe de temas menores, tiende a decir cosas repetidas.

(B) Solo se ocupa de temas sin importancia.

(C) Cuando se ocupa de temas sin importancia, se vuelve prefabricada.

(D) Para ser original, tiene que buscar nuevos temas.

15

Tema curricular: La belleza y la estética
Contexto: La arquitectura

Fuente n.º 1

Este artículo presenta la historia y evolución de la ciudad de Curitiba, en Brasil, un centro urbano dedicado a la conservación del medio ambiente. El artículo fue publicado en el diario *La Nación* de Argentina en abril de 2005.

Curitiba: Primer Mundo tropical

Línea

La sensación de extrañamiento es inevitable. Recorrer las calles de Curitiba hace que uno no sepa muy bien dónde está parado. Lejos de aquel pueblo de paso que servía de descanso a los
5 buscadores de oro de otros tiempos, la capital del estado de Paraná, en Brasil, seduce hoy como una porción de Primer Mundo implantada en medio de América Latina. Una ciudad que ve palpitar a su gente con la inconfundible pulsión del samba
10 más tropical, mientras que ella misma parece latir al compás del más frío tecno berlinés.

Sin perder su color local pero calculada, estudiada y planificada al detalle como las más modernas ciudades europeas, Curitiba fue
15 creciendo al ritmo de una proyección urbana atípica que la volvió referencia nacional e internacional de planeamiento y calidad de vida. Pero aquí todos lo tienen muy en claro: si este lugar sin demasiados atractivos naturales se
20 convirtió hoy en una ciudad turística de calidad fue por decantación. Ante todo, fue pensada y desarrollada para el bienestar de sus habitantes: brasileños del Primer Mundo.

A fuerza de machete

25 La ciudad que alguna vez fue propuesta como capital del Mercosur nació oficialmente el 29 de marzo de 1693, pero ya había sido indígena y portuguesa desde principios del siglo XVII. Los primeros caminos y villas habían surgido a fuerza
30 de machete empuñado por los exploradores que avanzaban en busca de oro. Los ganaderos que, allá por el 1700, transportaban sus reses entre Río Grande do Sul, São Paulo y Minas Gerais fueron quienes establecieron las primeras costumbres e
35 incentivaron el comercio para que, a partir del siglo XIX, la inmigración masiva desde Europa hiciera el resto.

Sin embargo, su destino de tierra de paso no fue desafiado hasta 1970, cuando, durante la gestión
40 del intendente Jaime Lerner, se plantearon las bases de lo que sería la nueva ciudad.

Dos ideas originales marcaron la diferencia: el trazado de un plan maestro, con dos arterias principales que la atravesarían en forma de cruz,
45 y la creación de un proyecto de parques que servirían de contención natural del agua para evitar las inundaciones.

Treinta y cinco años después, las arterias principales son recorridas por modernos
50 colectivos biarticulados, con vías exclusivas y novedosas terminales tubo, parte de un complejo sistema integrado que ya fue exportado a Nueva York. Y los inmensos treinta parques, ejemplos de paisajismo que se
55 complementan con unas 350 plazas, le valieron a la ciudad el nombre de Capital Ecológica.

El resultado es un área verde de 52 m² por habitante, bastante mayor que los 16 m² recomendados como mínimo por las
60 Naciones Unidas.

"Aquí hay en la población una importantísima conciencia ecológica", explica Cristiane França, coordinadora de promoción turística de la ciudad. "Y aunque lo tomemos como algo normal,
65 la diferencia se nota cuando uno viaja a otras ciudades".

En su carrera ascendente hacia el podio de las mejores ciudades del mundo, que incluyó una intensiva campaña de *marketing*, Curitiba se
70 reveló como modelo de urbanismo para el resto de Brasil y luego para el mundo. En marzo de 2001, un informe de las Naciones Unidas la destacaba como la mejor capital de Brasil por el Índice de Condiciones de Vida. Y autoridades de Estados
75 Unidos, Canadá, Francia, Rusia, África y América Latina la visitan habitualmente para encontrar ejemplos concretos sobre cómo planificar desde la participación pública y el trabajo consciente a largo plazo, más que en las
80 grandes inversiones de capital.

Fuente n.º 2

Esta tabla registra la extensión y antigüedad de las áreas de conservación de la ciudad de Curitiba. La tabla se basa en información publicada en 2012 por la prefectura de esa ciudad brasileña.

Implantación de áreas verdes en Curitiba (m²)		
	Bosques	**Parques y jardines**
1970-1979	11.682	10.143.614
1980-1989	204.003	152.000
1990-1999	415.704	7.735.652
2000-2008	39.664	606.681
Total	671.053	18.637.947
Total áreas verdes		19.309.000

Fuente: Prefectura de la ciudad de Curitiba

1 **¿A qué se refiere el artículo al afirmar que caminar por Curitiba hace que "uno no sepa muy bien dónde está parado" (líneas 2-3)?**

(A) Curitiba es muy desordenada.

(B) Las calles de Curitiba no tienen buena señalización.

(C) Curitiba es una ciudad sorprendente y distinta a otras.

(D) Curitiba es una ciudad del Primer Mundo.

2 **Según el artículo, ¿cuál de las siguientes afirmaciones es correcta?**

(A) Curitiba es un modelo de desarrollo para el mundo entero.

(B) Curitiba se ha desarrollado sin que nadie le preste atención.

(C) Curitiba se ha desarrollado gracias a los modelos internacionales.

(D) Curitiba ha perdido su color al desarrollarse.

3 **Según el artículo, ¿cuál fue el principal objetivo del desarrollo de Curitiba?**

(A) Mejorar sus atractivos naturales

(B) Mejorar la calidad de vida de sus habitantes

(C) Alcanzar la bonanza económica

(D) Atraer turistas extranjeros

4 **¿Qué afirma el artículo con relación al origen de Curitiba?**

(A) No existía antes de 1693.

(B) Se fundó como un centro ganadero.

(C) Su origen es indígena y portugués.

(D) Fue una ciudad de inmigrantes europeos.

5 **Según el artículo, ¿cuál de las siguientes afirmaciones describe mejor la situación de Curitiba antes de 1970?**

(A) No tenía intendente.

(B) Era un lugar de tránsito.

(C) No tenía inmigrantes europeos.

(D) Era una ciudad muy rica.

6 **Según el artículo, ¿por qué se conoce a Curitiba como "Capital Ecológica" (línea 56)?**

(A) Por su complejo sistema de transporte

(B) Por sus bellos paisajes

(C) Por su método para evitar inundaciones

(D) Por la cantidad y extensión de sus parques

7 **¿A qué se refiere en el artículo la cifra 52m²?**

(A) Cantidad total de áreas verdes en Curitiba

(B) Recomendación de las Naciones Unidas para las áreas verdes en Curitiba

(C) Áreas verdes por habitante en la ciudad de Curitiba

(D) Plan de expansión de los parques de Curitiba

8 **Según Cristiane França, coordinadora de promoción turística de la ciudad, ¿cuál es la principal diferencia entre Curitiba y otras ciudades?**

(A) La cantidad de parques y áreas verdes por habitante

(B) La cantidad de visitantes que recibe

(C) Su intensa campaña de *marketing*

(D) La conciencia ecológica de sus habitantes

9 **¿Qué información presenta la tabla?**

(A) Siembra de áreas verdes en Curitiba

(B) Tipos de áreas verdes en Curitiba

(C) Importancia de las áreas verdes en Curitiba

(D) Antigüedad de las áreas verdes de Curitiba

10 **¿Cuál de las siguientes afirmaciones del artículo puede verificarse en la gráfica?**

(A) Curitiba tiene 52m² de parques por habitante.

(B) Curitiba tiene más parques que los recomendados por Naciones Unidas.

(C) En Curitiba hay parques inmensos.

(D) Los parques de Curitiba sirven para evitar las inundaciones.

11 **Quieres continuar investigando sobre el diseño ambientalista de la ciudad de Curitiba. ¿En cuál de los siguientes artículos es más probable que encuentres esa información?**

(A) "El urbanismo de Jaime Lerner"

(B) "Índice de calidad de vida en las ciudades brasileñas"

(C) "Curitiba: Una ciudad hermosa"

(D) "Curitiba: 300 años de historia"

16

Tema curricular: La belleza y la estética
Contexto: Definiciones de la belleza

En esta carta a su amigo Pedro, Teresa reflexiona sobre sus gustos musicales, los cuales son distintos a los de sus vecinos, y sobre el concepto de la belleza.

Querido Pedro:

Iba a empezar a escribirte ayer después de la cena, cuando pensé que tendría un rato de tranquilidad, pero no pude. Te voy a contar por qué: anoche casi me vuelvo loca. Los chicos que viven junto a mi casa tenían puesta una música horrible hasta pasada la medianoche, hasta que por fin tuve que — Línea 5
llamar a la policía para que les ordenaran bajar el volumen.

Cuando los agentes llegaron, yo me asomé por la ventana y oí que les dijeron a los chicos que estaban alterando la paz del barrio y que los vecinos estaban molestos. También oí lo que una de las chicas le contestó a los agentes: ¿Por qué se molestan tanto, si esta es una música hermosa? — 10

Yo me quedé pensando en esa conversación y sobre si el concepto de belleza es universal, o es relativo y depende del gusto de cada uno. A mí, para serte franca, me parecía feísimo lo que esos chicos estaban escuchando, pero a ellos les parecía hermoso. A mi mamá le aterra la música que yo oigo, y yo no entiendo por qué, porque yo me podría — 15
pasar la vida oyendo las canciones que más me gustan. Yo creo que la música que a mí me gusta es la más bonita, y que lo demás es de mal gusto o de mala calidad.

Y estoy segura de que a los chicos de al lado les pasa lo mismo. Para ellos, la música que escuchan, que a mí me parece horrible, es lo más bello que hay, — 20
y seguramente no pueden comprender que alguien como yo la encuentre difícil de escuchar y les pida que la apaguen.

A raíz de estas reflexiones, también he descubierto que mi concepto de belleza ha ido cambiando con el paso del tiempo. Y eso se refleja en todo: la decoración de mi habitación, la música que escucho, la ropa que me — 25
pongo... Todas esas cosas son distintas hoy a como eran antes, cuando yo era más joven. Entonces, ¿qué es la belleza? ¿Quién podría decir, finalmente, qué es lo bello?

Espero no haberte calentado la cabeza con todos estos pensamientos.

¡Un abrazo!

30

Teresa

1 Según la carta, ¿qué se puede afirmar sobre los vecinos de Teresa?

(A) Son hombres.

(B) Son jóvenes.

(C) Son callados.

(D) Son bajos.

2 ¿Qué hizo Teresa cuando llegaron los agentes de policía?

(A) Se alejó de la ventana.

(B) Abrió la ventana.

(C) Se acercó a la ventana.

(D) Cerró la ventana.

3 Según la carta, ¿por qué ordenó la policía a los vecinos que bajaran el volumen de la música?

(A) Porque estaban causando discusiones

(B) Porque su música era violenta

(C) Porque su música era horrible

(D) Porque su música estaba muy alta

4 Después de la experiencia relatada en la carta, ¿cuál de las siguientes afirmaciones refleja mejor la opinión de Teresa sobre el concepto de belleza?

(A) Es relativo.

(B) Es universal.

(C) No lo entiende.

(D) Su música es la mejor.

5 Según la carta, ¿qué sensación le causa a la mamá de Teresa la música que su hija escucha?

(A) Deleite

(B) Asco

(C) Temor

(D) Pena

6 En la carta ¿cuál es el significado de la frase "a raíz de estas reflexiones" (línea 23)?

(A) A causa de estas reflexiones

(B) Antes de estas reflexiones

(C) Al contrario de estas reflexiones

(D) Luego de estas reflexiones

7 ¿Con qué propósito menciona Teresa la decoración de su habitación y la ropa que se pone?

(A) Para indicar que ya no tiene sentido de la belleza

(B) Para indicar que antes no tenía sentido de la belleza

(C) Para indicar que su sentido de la belleza ya no es el mismo

(D) Para indicar que no sabe lo que es la belleza

17 **Tema curricular:** La belleza y la estética
Contexto: Las artes visuales y escénicas

Este anuncio ofrece becas disponibles para artistas.

Becas para Artistas
UNESCO-Aschberg

Las Becas para Artistas UNESCO-Aschberg favorecen la movilidad de jóvenes artistas, con el fin de enriquecer sus proyectos creativos permitiéndoles así establecer un diálogo en la diversidad cultural.

El Programa ofrece residencias a jóvenes artistas (entre 25 y 35 años) alrededor del mundo. La UNESCO-Aschberg aboga y promueve la creatividad, resalta el intercambio cultural y la necesidad de los artistas de enriquecerse a través del contacto con otras culturas. Su objetivo es ofrecer nuevas experiencias a jóvenes artistas y ayudarles a completar su formación en otros países que no sean el suyo.

Las disciplinas artísticas en las que se conceden becas son: creación literaria, música y artes visuales. Estos tres ámbitos abarcan especialidades artísticas impulsoras de las industrias creativas, en particular la del disco, la organización de conciertos, del sector audiovisual, de la creación gráfica y la edición.

Las becas, en número limitado, se atribuyen a través de un proceso de selección. La preselección de los candidatos corre a cuenta de los jurados de las residencias de artistas. Por lo tanto, los artistas deben presentar directamente su solicitud a la institución de su interés, en función de la disciplina y/o del país elegido.

El expediente de candidatura debe enviarse solo a la institución elegida.

Consideraciones generales

- Los candidatos pueden someter una sola candidatura por año y participar en el Programa una sola vez a lo largo de su carrera.

- No se considerarán las candidaturas presentadas por los nacionales del estado en el que se encuentra la institución de residencia.

- En algunos casos, la institución anfitriona exige un documento que ateste el dominio de un idioma determinado.

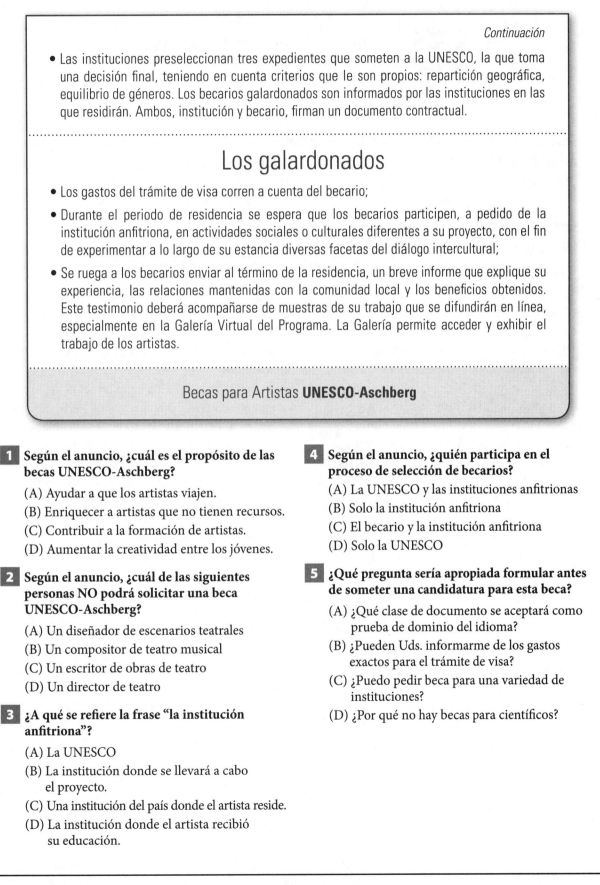

Continuación

- Las instituciones preseleccionan tres expedientes que someten a la UNESCO, la que toma una decisión final, teniendo en cuenta criterios que le son propios: repartición geográfica, equilibrio de géneros. Los becarios galardonados son informados por las instituciones en las que residirán. Ambos, institución y becario, firman un documento contractual.

Los galardonados

- Los gastos del trámite de visa corren a cuenta del becario;

- Durante el periodo de residencia se espera que los becarios participen, a pedido de la institución anfitriona, en actividades sociales o culturales diferentes a su proyecto, con el fin de experimentar a lo largo de su estancia diversas facetas del diálogo intercultural;

- Se ruega a los becarios enviar al término de la residencia, un breve informe que explique su experiencia, las relaciones mantenidas con la comunidad local y los beneficios obtenidos. Este testimonio deberá acompañarse de muestras de su trabajo que se difundirán en línea, especialmente en la Galería Virtual del Programa. La Galería permite acceder y exhibir el trabajo de los artistas.

Becas para Artistas **UNESCO-Aschberg**

1 Según el anuncio, ¿cuál es el propósito de las becas UNESCO-Aschberg?

(A) Ayudar a que los artistas viajen.
(B) Enriquecer a artistas que no tienen recursos.
(C) Contribuir a la formación de artistas.
(D) Aumentar la creatividad entre los jóvenes.

2 Según el anuncio, ¿cuál de las siguientes personas NO podrá solicitar una beca UNESCO-Aschberg?

(A) Un diseñador de escenarios teatrales
(B) Un compositor de teatro musical
(C) Un escritor de obras de teatro
(D) Un director de teatro

3 ¿A qué se refiere la frase "la institución anfitriona"?

(A) La UNESCO
(B) La institución donde se llevará a cabo el proyecto.
(C) Una institución del país donde el artista reside.
(D) La institución donde el artista recibió su educación.

4 Según el anuncio, ¿quién participa en el proceso de selección de becarios?

(A) La UNESCO y las instituciones anfitrionas
(B) Solo la institución anfitriona
(C) El becario y la institución anfitriona
(D) Solo la UNESCO

5 ¿Qué pregunta sería apropiada formular antes de someter una candidatura para esta beca?

(A) ¿Qué clase de documento se aceptará como prueba de dominio del idioma?
(B) ¿Pueden Uds. informarme de los gastos exactos para el trámite de visa?
(C) ¿Puedo pedir beca para una variedad de instituciones?
(D) ¿Por qué no hay becas para científicos?

18   Tema curricular: La belleza y la estética
Contexto: El lenguaje y la literatura

En este ensayo, el filósofo peruano Pablo Quintanilla describe el fenómeno de la lectura y la relación entre los textos y los lectores. El ensayo se publicó en el diario *Diario16* de Lima, Perú, el 9 de agosto de 2012.

Leer, imaginar, mejorar

por Pablo Quintanilla

Línea   La lectura es uno de los placeres más intensos, permanentes y acumulables que se puede tener. Un placer es acumulable si aumenta progresivamente en fuerza y profundidad, mientras uno más
5   lo practica. Leer un buen libro o artículo, un ensayo, un poema o una narración, producen la sensación de estar introduciéndose en vericuetos y escondrijos, afectivos e intelectuales, que uno no sabía que pudieran existir. O que uno no
10   imaginaba que pudieran ser vistos de esa manera. O que uno no pensó que pudieran ser descritos de una forma tan chispeante y creativa. Para quienes amamos la lectura, la vida es inimaginable sin ella.
   Pero no siempre reconocemos los complejos
15   procesos que están involucrados en esta actividad. Leer un texto no es simplemente decodificar signos para reconstruir las intenciones de su autor porque, con frecuencia, lo más interesante no es lo que el autor quiso decir, sino lo que no
20   dijo pero presupuso, lo que no sabía que estaba implicando o, incluso, aquello que su inconsciente desvelaba, aunque conscientemente se opusiera a ello frontalmente.
   Los significados de los textos se construyen
25   solo cuando un lector los interpreta. Cuando eso ocurre, los trazos de tinta cobran vida y se convierten en una creación producto de una colaboración interpretativa. Un libro no es papel y tinta, son los significados y los efectos que estos producen, y para la constitución de ellos participa 30 el lector activamente. Por eso, un mismo libro leído por varias personas diferentes es, en realidad, varios libros.

   El buen lector participa en la creación del texto que lee y, eventualmente, lo mejora. Pero, además, 35 para ejercer creativamente su lectura tiene que alejarse momentáneamente de sus prejuicios y creencias, para zambullirse en el discurso del autor, que es siempre una maraña de relaciones y conexiones entre creencias y afectos. Al hacerlo, 40 debe ejercer su imaginación para simular ser momentáneamente otro, o para suponer creencias que no tiene pero que podría llegar a tener, si el texto le resultara convincente.

   Por eso, la lectura suele ser transformadora. 45 Cuando uno comienza a leer la primera página de un libro, lo hace con la secreta esperanza de que este ilumine aspectos de la realidad que uno no había visto y que, por tanto, le podrían permitir cambiar interiormente. La apertura a 50 ser transformado y a aceptar la posibilidad de que el libro lo conduzca a ver las cosas de manera diferente es siempre el punto de partida del buen lector.

1 ¿A qué se refiere Pablo Quintanilla al afirmar que la lectura es un placer "acumulable" (línea 3)?

(A) A que leer se hace más placentero con la práctica

(B) A que mientras más leemos, más práctico es leer

(C) A que leer se hace más fácil con la práctica

(D) A que mientras más leemos, más nos instruimos

2 Según el ensayo, ¿cuál de las siguientes afirmaciones describe mejor la actividad de leer?

(A) Es una actividad sencilla.

(B) Es una actividad inconsciente.

(C) Es una actividad compleja.

(D) Es la actividad más interesante.

3 Según el ensayo, ¿cuál de los siguientes factores puede hacer más interesante una lectura?

(A) Lo que su autor dice frontalmente

(B) Lo que su autor no dice pero deja implícito

(C) Lo que se opone a su autor

(D) Lo que su autor desvela

4 Según Pablo Quintanilla, ¿cuál de las siguientes afirmaciones describe mejor la relación entre un texto y sus lectores?

(A) Es una relación interpretativa.

(B) Es una relación pasiva.

(C) Es una relación colaborativa.

(D) Es una relación descriptiva.

5 En el ensayo, ¿a qué se refiere la frase "un mismo libro leído por varias personas diferentes es, en realidad, varios libros" (líneas 31-33)?

(A) Cada persona tiene su propia interpretación.

(B) Los libros cambian con cada lectura.

(C) Las personas necesitan leer varios libros.

(D) Cada persona puede leer más de un libro.

6 Según el ensayo, ¿cuál de las siguientes es una característica de los buenos lectores?

(A) Permiten que los libros los convenzan.

(B) Permiten que los libros los transformen.

(C) Permiten que los libros los conduzcan.

(D) Permiten que los libros sean su punto de partida.

7 ¿Cuál de las siguientes afirmaciones resume mejor este ensayo?

(A) Leer es placentero y nos hace mejores.

(B) Leer es complejo y estimula la imaginación.

(C) Ser un buen lector requiere práctica.

(D) Ser un buen lector es placentero.

Tema curricular: La vida contemporánea
Contexto: Los viajes y el ocio

Fuente n.º 1

Este artículo trata sobre las visitas de turistas internacionales a Costa Rica y los atractivos que el país centroamericano les ofrece. El artículo se publicó en el diario costarricense *La Nación* el 13 de agosto de 2012.

30% de turistas vienen al país atraídos por plumas y cantos

por Alessandra Calleja A.

El año pasado llegaron 430.000; llenarían 12 veces Estadio Nacional
Curiosos disfrutan de abundancia de especies en los bosques ticos

Línea

Más allá de la visita a las playas, las actividades de aventura, el surf y la pesca deportiva, hay una gran cantidad de turistas que llegan a Costa Rica cada día para internarse en los bosques
5 a observar en vivo los animales que más les apasionan: las aves.

El avistamiento de estos coloridos y cantores animales es una de las actividades más cotizadas entre quienes visitan Costa Rica. De hecho, una
10 encuesta realizada por el Instituto Costarricense de Turismo (ICT) indica que solo el año pasado el 29,5% de los turistas que ingresaron al país aseguraron haber realizado observación de aves. Esto equivale a 430.000 personas, cantidad
15 similar a la que se necesitaría para llenar de espectadores 12 veces el Estadio Nacional, en La Sabana. Estos datos se obtuvieron por medio de encuestas realizadas a las personas no residentes que entraron y salieron de nuestro país vía aérea
20 en el 2011, cuyo objetivo de visita era recreativo.

Pablo Elizondo, investigador del Instituto Nacional de Biodiversidad (INBio), explica que Costa Rica es muy famosa en el orbe por la cantidad de aves. No es para menos. El país posee
25 aproximadamente 880 especies de aves residentes y migratorias, 56 de ellas endémicas; es decir,

exclusivas de una zona geográfica específica (en nuestro caso, compartimos algunas con Panamá).

Entre las especies que se observan más comúnmente están la pava negra (*Chamaepetes* 30 *unicolor*), la lechucita serranera o estucurú (*Megascops clarkii*), el cuyeo (*Caprimulgus saturatus*), el colibrí garganta de fuego (*Panterpe insignis*) y el colibrí volcán o chispita volcanera (*Selasphorus flammula*). También 35 destacan el jilguero (*Myadestes melanops*), el volcano junco (*Junco vulcani*) y el rualdo (*Chlorophonia callophrys*).

¿Dónde y cuándo las ven?

Existen sitios de observación de aves en todo el 40 país, siendo algunos de los más cotizados la zona de Los Santos en el cerro de la Muerte; el Parque Nacional Palo Verde, en Guanacaste; Monteverde, en Puntarenas; Tortuguero en el Caribe y Corcovado en la península de Osa. 45

El número de especies observadas varía constantemente dado que, especialmente las migratorias, se ven en la necesidad de cambiar sus hábitats para adaptarse a las variaciones climáticas que se experimentan hoy. El fenómeno 50 de la migración de aves ocurre en octubre en dirección al sur, explica Elizondo. Sin embargo, dependiendo de las especies, las poblaciones migratorias se mantienen hasta finales de marzo 55 y principios de abril.

"El Caribe y las zonas costeras del Pacífico central y norte son excelentes zonas para la observación de aves migratorias", añadió.

Itinerario en mano

60 Si bien desde los datos de conteos y el conocimiento de científicos sobre cada ecosistema se enumeran las aves más fáciles de ver, cada visitante tiene su propio objetivo. El guía turístico experto en observación de aves Marino Chacón agrega que esta 65 es una actividad recreativa que trae consigo una gran pasión. "Hay personas que esperan años para ver un pájaro, que lo han estudiado, visto en fotografías y escuchado su canto en grabaciones, y para ellos es algo muy importante y satisfactorio encontrarlo en 70 vivo y a todo color", explica.

"Recuerdo haber llorado cuando finalmente vi ese colibrí. Era mi sueño", expresó la canadiense Sara Tellman.

Para recibir a estos apasionados, el país ha desarrollado una industria turística importante, que 75 ofrece "cómoda infraestructura y altos estándares de seguridad para ingresar a los bosques y sitios de observación", coinciden el ICT y Chacón.

"La persona que quiere observar aves viene con ese objetivo número uno; después se preocupa 80 por el hotel o el transporte. Claro que ayuda que los turistas sepan que vienen a un ambiente de estabilidad política y seguridad", agrega el experto. Todos estos factores, así como el aumento de los visitantes internacionales interesados en la 85 observación de aves, tanto para recreación como para investigación científica, han impulsado el aumento de la oferta.

Fuente n.º 2

Esta tabla, basada en información del Instituto Costarricense del Turismo, registra la llegada de turistas a Costa Rica en el período 2005–2010, según su región de origen.

Llegadas de turistas internacionales a Costa Rica , según zonas de origen						
Zonas	**Año**					
	2005	**2006**	**2007**	**2008**	**2009**	**2010**
Gran total	1.679.051	1.725.261	1.979.789	2.089.174	1.922.579	2.099.829
América del Norte	895.370	875.959	953.812	976.561	920.371	1.005.309
América Central	415.464	478.147	592.840	648.586	588.739	642.517
Región Caribe	12.412	11.935	15.129	15.289	16.184	14.579
América del Sur	88.394	90.906	108.770	114.111	109.572	119.167
Europa	232.889	234.681	271.631	289.379	250.154	277.412
Otras zonas*	34.522	33.633	37.607	45.248	37.559	40.845

*Incluye la categoría Asia-Oriente Medio, África y "No indica"

Fuente: Instituto Costarricense del Turismo

1 Según el artículo, ¿qué porcentaje de turistas llegaron a Costa Rica en 2011 para observar las aves del país?

(A) Más del 30%

(B) Aproximadamente el 30%

(C) Aproximadamente medio millón

(D) 430,000

2 En el artículo, ¿cuál es el significado de la frase "es una de las actividades más cotizadas entre quienes visitan Costa Rica" (líneas 8-9)?

(A) Es una de las actividades más costosas.

(B) Es una de las actividades más valoradas.

(C) Es una de las actividades más especiales.

(D) Es una de las actividades más recomendadas.

3 ¿A quiénes entrevistó el Instituto Costarricense del Turismo para obtener sus datos sobre la observación de aves en 2011?

(A) A todos los turistas en Costa Rica

(B) A viajeros por recreación y por negocios

(C) A extranjeros llegados por recreación

(D) A turistas llegados en avión

4 Según el artículo, ¿cuántas especies de aves pueden ser observadas únicamente en Costa Rica y Panamá?

(A) 56

(B) Más de 800

(C) Casi 900

(D) 12

5 ¿Por qué se menciona en el artículo el Parque Nacional Palo Verde, en Guanacaste?

(A) Porque es fácil observar aves ahí

(B) Porque en esa zona hay aves endémicas

(C) Porque es una zona apreciada por los turistas

(D) Porque es la zona con más aves

6 Según el artículo, ¿cuál es uno de los factores que influye en el número de especies observables en Costa Rica cada año?

(A) La migración de las aves

(B) El cambio climático

(C) La destrucción de los hábitats

(D) La extinción de algunas especies

7 De acuerdo al artículo, ¿en qué meses del año es más probable que los turistas puedan observar aves migratorias en sus nidos en Costa Rica?

(A) Antes de octubre

(B) Entre octubre y marzo

(C) Entre octubre y abril

(D) Entre marzo y abril

8 Según el artículo, ¿cuál de las siguientes afirmaciones describe mejor la geografía de Costa Rica?

(A) Costa Rica está en el Caribe.

(B) Las costas de Costa Rica están en el Pacífico.

(C) Costa Rica está entre el Pacífico y el Caribe.

(D) Las costas de Costa Rica están en el Caribe.

9 ¿Qué se afirma en el artículo sobre los turistas que llegan a Costa Rica para observar aves?

(A) Que buscan las aves más fáciles de observar

(B) Que no se entiende cuáles son sus objetivos

(C) Que lloran cuando ven sus aves favoritas

(D) Que son muy apasionados por las aves

10 Según la tabla, ¿cuál de los siguientes grupos de países probablemente genera un mayor número de turistas para Costa Rica?

(A) Estados Unidos, Canadá, México

(B) México, Guatemala, Honduras

(C) Estados Unidos, México, España

(D) España, Francia, Italia

11 Al escribir un informe sobre el mismo tema del artículo y la tabla, quieres buscar información en una fuente adicional. ¿Cuál de las siguientes publicaciones sería más apropiada?

(A) "Peces de las costas caribeñas"

(B) "Crisis política en Costa Rica"

(C) "Requisitos para trabajar en Costa Rica"

(D) "Turismo sostenible en Centroamérica y el Caribe"

20

Tema curricular: La vida contemporánea
Contexto: La educación y las carreras profesionales

En esta carta, Juan pide consejos a su prima sobre qué carrera estudiar.

Querida prima: Línea

Este es mi último año de escuela y aún no sé qué carrera quisiera estudiar.
Siento una presión enorme y me da miedo equivocarme, porque es una decisión
definitiva. Te escribo porque tú, que ya eres una profesional, tal vez viviste una
situación similar a la mía y puedas darme consejos.   5

¿O eres una de esas personas afortunadas que siempre supieron claramente
a qué se querían dedicar? Si ese es tu caso, por favor cuéntame qué te ayudó
a tomar una decisión tan firme.

Las pruebas vocacionales que nos hicieron en la escuela dicen que tengo el
perfil ideal para estudiar una carrera de ingeniería, pero que también tengo   10
capacidades para dedicarme a una profesión de servicio al público. Por mi
parte, yo siento que ambos resultados dieron en el blanco.

Por un lado, soy bueno para las matemáticas y siempre me ha gustado
planificar la construcción de cosas y resolver problemas prácticos. Por otro
lado, siempre me ha interesado ayudar a otros, y hasta he trabajado como   15
voluntario por varios años.

Entonces, quisiera saber si hay alguna carrera en la que pueda combinar
mi perfil ideal y mis capacidades. ¿Se te ocurre alguna idea para solucionar
este dilema?

No me siento preparado para empezar a construir mi futuro. ¿Qué pasaría si   20
elijo una carrera y a medio camino descubro que me equivoqué y que eso no es
lo que realmente hubiera querido hacer en la vida?

Mis padres me dicen que lo tome con calma, pero ellos no entienden lo
difícil que es esta decisión. Aunque, si lo pienso bien, mi mamá estudió
arquitectura pero finalmente no ejerció esa profesión. Decidió crear su   25
propia empresa de diseño de modas. Eso es lo que la hace feliz. Si se hubiera
dedicado a la arquitectura, quizás no hubiera estado tan contenta.

> A veces pienso que sería bueno pasar un año viajando por el mundo y luego regresar con la mente más despejada para tomar una decisión. Si quieres venir conmigo, te invito.
>
> Con afecto,
>
> Juan

30

1 Según la carta, ¿por qué piensa Juan que su prima puede ayudarle a resolver su dilema?

(A) Porque ella tiene más experiencia

(B) Porque ella es una persona feliz

(C) Porque ella estudió ingeniería

(D) Porque ella trabaja dando servicio al público

2 En la carta, ¿cuál es el significado de la frase "es una decisión definitiva" (líneas 3-4)?

(A) Es una decisión muy problemática.

(B) Es una decisión que no se puede definir.

(C) Es una decisión difícil de cambiar después.

(D) Es una decisión bien definida.

3 Según las pruebas vocacionales que le hicieron en su escuela, ¿a cuál de las siguientes profesiones podría dedicarse Juan, de acuerdo con sus capacidades?

(A) Cocinero

(B) Psicólogo

(C) Abogado

(D) Matemático

4 Según la carta, ¿cuál de las siguientes profesiones podría ser adecuada para Juan, de acuerdo con su perfil, sus capacidades y sus intereses?

(A) Consejero en finanzas

(B) Ingeniero industrial

(C) Biólogo

(D) Psicólogo

5 ¿Cuál de las siguientes afirmaciones refleja mejor la opinión de Juan con respecto a las pruebas vocacionales que le hicieron?

(A) Fueron totalmente correctas.

(B) Fueron totalmente incorrectas.

(C) Fueron parcialmente correctas.

(D) Fueron inútiles.

6 Según la carta ¿cuál de las siguientes afirmaciones describe mejor la experiencia de la mamá de Juan?

(A) Por un tiempo, fue feliz trabajando como arquitecta.

(B) Por un tiempo, fue infeliz trabajando como arquitecta.

(C) Nunca trabajó como arquitecta y fue feliz.

(D) Por un tiempo, fue feliz estudiando arquitectura.

7 ¿Por qué piensa Juan que sería bueno pasar un año viajando por el mundo?

(A) Para no tener que tomar una decisión

(B) Para dedicarse a los viajes como profesión

(C) Para resolver su dilema mientras viaja

(D) Para resolver su dilema después, con menos presión

21 **Tema curricular:** La vida contemporánea
Contexto: La educación y las carreras profesionales

Este anuncio presenta ofertas para estudiar en Guatemala.

¡Aprende Español en Guatemala!

Guatemala, el país de la eterna primavera, es colorida, mágica y mística. Imagina aprender español con el método que más se acomode a tus necesidades, disfrutando de actividades complementarias que harán del aprendizaje un proceso rápido y una experiencia inolvidable.

CERCA DE CASA

Por la disponibilidad de vuelos directos desde la Ciudad de Guatemala hacia las principales ciudades de Estados Unidos y Canadá, los estudiantes pueden ahorrar en los boletos aéreos y llegar a su escuela de español en menos tiempo. Los vuelos duran pocas horas y cuestan menos que un viaje a España.

CURSOS HECHOS A LA MEDIDA

Para convertir su viaje en una verdadera experiencia de aprendizaje, los alumnos pueden escoger el método de enseñanza según sus necesidades, sus planes de viaje y tiempo disponible.

MÁS QUE UNA EXPERIENCIA DE APRENDIZAJE

Las escuelas de español en Guatemala ofrecen a sus estudiantes algo más que una experiencia de aprendizaje. Ellos pueden conocer los diferentes grupos étnicos y sus costumbres a través de actividades complementarias que ofrecen los cursos.

Sistema uno a uno: Este programa consiste en clases personalizadas que se basan en los objetivos de los alumnos, sus habilidades de conversación y estilo de aprendizaje. El periodo de clases consta de tres a cuatro horas por día.

Cursos basados en el nivel de comprensión: Dependiendo del nivel de comprensión y conocimiento, los alumnos pueden participar en un curso de nivel básico, intermedio o avanzado permitiéndoles comenzar sus clases exactamente donde lo necesitan.

Cursos específicos: Los estudiantes con necesidades específicas de vocabulario debido a su carrera, trabajo o especialización tales como los doctores, abogados o administradores pueden encontrar cursos específicamente para ellos.

ADEMÁS PUEDE PARTICIPAR EN
Continuación

Sistema de intercambio académico: Los alumnos pueden visitar diferentes regiones del país y realizar una práctica según su carrera o profesión.

Voluntariado: Los estudiantes pueden practicar la conversación mientras ayudan a la sociedad. Las escuelas de español pueden recomendar hospitales, escuelas u otras instituciones donde pueden ayudar.

Ser parte de una familia guatemalteca: Los alumnos pueden vivir con una familia guatemalteca durante el tiempo que dure su curso de español. No solo estarán en constante aprendizaje sino también podrán ver cómo la familia interactúa y conocer sus costumbres y tradiciones.

Actividades extra-curriculares: El aprendizaje no se dará únicamente en la clase, ellos también podrán aprender por medio de clases de baile o cocina, caminatas, tours, películas o actividades deportivas.

¡Ven a aprender español al Corazón del Mundo Maya! No solo aprenderás el idioma. Aprenderás de cultura, historia y tradiciones.

1 En el anuncio, ¿a qué se refiere la frase "el país de la eterna primavera"?

(A) A que en Guatemala no se siente el invierno

(B) A que en Guatemala hace mucho calor

(C) A que Guatemala tiene muy buen clima

(D) A que en Guatemala llueve poco

2 Según el anuncio, ¿cuál de las siguientes afirmaciones describe mejor los programas de estudio de español ofrecidos en Guatemala?

(A) Son flexibles, según las necesidades del alumno.

(B) Son complementarios con los de otros países de la región.

(C) Son necesarios para el alumno.

(D) Requieren que el alumno acomode sus necesidades.

3 ¿Cuál de las siguientes no es una de las ventajas ofrecidas por las escuelas de español de Guatemala, según el anuncio?

(A) Cercanía a Estados Unidos

(B) Bajo costo de los estudios

(C) Oportunidad de conocer culturas indígenas

(D) Oportunidad de aprender danzas típicas

4 Según el anuncio, ¿qué es el "sistema uno a uno"?

(A) Una sola clase de cuatro horas de duración

(B) Enseñanza flexible según la profesión del alumno

(C) Una clase básica para principiantes

(D) Un sistema de enseñanza personalizada

5 Eres un estudiante de medicina y deseas aprender español para usarlo en tu trabajo. Te interesa también, mientras estudias, ayudar gratuitamente a personas necesitadas de atención médica, y preferirías ofrecer tu ayuda en una zona pobre del país, lejos de la capital. ¿Cuáles programas ofrecidos en el anuncio responden a tus objetivos?

(A) Sistema uno a uno, voluntariado, actividades extracurriculares

(B) Cursos específicos, intercambio académico, voluntariado

(C) Nivel de comprensión, intercambio académico, voluntariado

(D) Sistema uno a uno, vivir con una familia, cursos específicos

22

Tema curricular: La vida contemporánea
Contexto: Las tradiciones y los valores sociales

En este ensayo, tomado de su libro *En esto creo*, el escritor mexicano Carlos Fuentes escribe sobre la importancia de los libros en el mundo contemporáneo, en especial en sociedades pobres como la suya.

En esto creo (Fragmento)

por Carlos Fuentes

Línea   En 1920, el 90 por ciento de los mexicanos eran iletrados. El primer ministro de educación de los gobiernos revolucionarios, el filósofo José Vasconcelos, lanzó entonces una campaña
5   alfabetizadora que hubo de enfrentarse a la feroz resistencia de la oligarquía latifundista. Los hacendados no querían peones que supieran leer y escribir, sino peones sumisos, ignorantes y confiables. Muchos de los
10   maestros enviados al campo por Vasconcelos fueron colgados de los árboles. Otros regresaron mutilados.

  La heroica campaña vasconcelista por el alfabeto iba acompañada, sin contradicción
15   alguna, por el impulso a la alta cultura. Como rector de la Universidad nacional de México, Vasconcelos mandó imprimir, en 1920, una colección de clásicos en preciosas ediciones de Homero y Virgilio, de Platón y Plotino, de
20   Goethe y Dante, joyas bibliográfica y artísticas. ¿Para un pueblo de analfabetos, de pobres, de marginados? Exactamente: la publicación de clásicos de la universidad era un acto de esperanza. Era una manera de decirle a la
25   mayoría de los mexicanos: un día, ustedes serán parte del centro, no del margen; un día, ustedes tendrán recursos para comprar un libro; un día, ustedes podrán leer y entenderán lo que hoy entendemos todos los mexicanos.
30   Que un libro, aunque esté en el comercio, trasciende el comercio.

Que un libro, aunque compita en el mundo actual con la abundancia y facilidad de las tecnologías de la información, es algo más que una fuente de información.   35

Que un libro nos enseña lo que le falta a la pura información: un libro nos enseña a extender simultáneamente el entendimiento de nuestra propia persona, el entendimiento del mundo objetivo fuera de nosotros y el entendimiento   40
del mundo social donde se reúnen la ciudad —la *polis*— y el ser humano —la persona.

El libro nos dice lo que ninguna otra forma de comunicación puede, quiere, o alcanza a decir: La integración completa de nuestras   45
facultades de conocernos a nosotros mismos para realizarnos en el mundo, en nuestro yo y en los demás.

El libro nos dice que nuestra vida es un repertorio de posibilidades que transforman el   50
deseo en experiencia y la experiencia en destino.

El libro nos dice que existe el otro, que existen los demás, que nuestra personalidad no se agota en sí misma sino que se vuelva en la obligación moral de prestarle atención a los demás —que nunca son   55
lo de más.

El libro es la educación de los sentidos a través del lenguaje.

El libro es la amistad tangible, olfativa, táctil, visual, que nos abre las puertas de la casa al   60
amor que nos hermana con el mundo, porque compartimos el verbo del mundo.

El libro es la intimidad de un país, la inalienable idea que nos hacemos de nosotros mismos, de nuestros tiempos, de nuestro pasado y de nuestro porvenir recordado, vividos todos los tiempos como deseo y memoria verbales aquí y hoy.

Hoy más que nunca, un escritor, un libro y una biblioteca nombran al mundo y le dan voz al ser humano.

Hoy más que nunca, un escritor, un libro y una biblioteca nos dicen: Si nosotros no nombramos, nadie nos dará un nombre. Si nosotros no hablamos, el silencio impondrá su oscura soberanía.

1 **Según el ensayo, ¿con qué propósito lanzó José Vasconcelos una campaña alfabetizadora en 1920?**

(A) Para enfrentarse a la oligarquía latifundista

(B) Para enseñar a leer y escribir a los peones

(C) Para publicar libros clásicos

(D) Para promover la lectura en México

2 **Según el ensayo, ¿por qué se opusieron los hacendados a la campaña alfabetizadora de José Vasconcelos?**

(A) Porque no querían que los peones aprendieran

(B) Porque no querían que se atacara a los maestros

(C) Porque no querían que los peones fueran sumisos

(D) Porque no querían que se publicaran libros extranjeros

3 **¿Cuál de las siguientes afirmaciones refleja mejor la opinión de Carlos Fuentes sobre las "preciosas" ediciones de libros clásicos hechas en 1920?**

(A) Tenían un precio muy alto.

(B) Fueron muy populares.

(C) Eran muy hermosas.

(D) Fueron muy apreciadas.

4 **En el ensayo, ¿a qué se refiere la frase "un pueblo de analfabetos" (línea 21)?**

(A) A que pocas personas en México sabían leer

(B) A que muchas personas en México sabían leer

(C) A que pocas personas en México podían comprar libros

(D) A que muchas personas en México eran marginadas

5 **Según el ensayo, ¿cuál de las siguientes afirmaciones sobre los libros es correcta?**

(A) Son una fuente de información como cualquier otra.

(B) Los libros no son una buena fuente de información.

(C) Los libros son la mejor fuente de información.

(D) Los libros ofrecen algo más que información.

6 **¿Cuál de las siguientes afirmaciones describe mejor la situación de los libros en el mundo actual, según Carlos Fuentes?**

(A) Pertenecen al mundo del comercio.

(B) Compiten con la tecnología.

(C) Compiten con facilidad.

(D) Existen en abundancia.

7 **¿Cuál de las siguientes afirmaciones refleja mejor la opinión de Carlos Fuentes sobre los libros?**

(A) Nos permiten conocernos, conocer el mundo y conocer a los demás.

(B) Los más valiosos son los que hablan del pasado y del porvenir.

(C) Abren nuevas posibilidades para nuestra vida individual.

(D) Transforman nuestras experiencias y nuestro destino.

23 **Tema curricular:** La vida contemporánea
Contexto: La educación y las carreras profesionales

Fuente n.º 1

Este artículo presenta datos acerca de la investigación en las ciencia y la tecnología en Latinoamérica, según un informe de la UNESCO. El artículo fue publicado originalmente en el diario *La Nación* de Buenos Aires en enero de 2011.

Enseñanza y desarrollo

por Jorge Werthein

Línea   El último informe de la UNESCO sobre ciencia, divulgado recientemente, viene a reforzar el argumento de que la ciencia y la tecnología tienen una importancia crucial para el desarrollo de
5   los países. El documento, que abarca desde 2002 hasta 2007 aproximadamente, revela que los gobiernos del mundo expandieron la financiación de investigaciones en este período, y que los países en desarrollo que adoptaron políticas para
10   la promoción de la ciencia, la tecnología y la innovación progresaron más rápidamente en los últimos años. La Argentina figura allí entre los actores latinoamericanos que han contribuido al avance de esas áreas.
15   El informe señala la creación, en 1996, de la Agencia Nacional de Promoción Científica y Tecnológica (ANPCyT) en la Argentina como un ejemplo de cambio positivo en las políticas públicas de la región en relación con la ciencia
20   y la tecnología. Gracias a la acción de los cuatro fondos que administra, la ANPCyT liberó, en 2008, 2346 millones de dólares para un total de 2293 proyectos de investigación y desarrollo. El documento también consigna la ley de la ciencia,
25   que el Congreso argentino aprobó en 2001 y que contribuyó a establecer un sistema de ciencia, tecnología e innovación en el país. Entre otras iniciativas elogiables del gobierno argentino, el informe de la UNESCO también menciona el Plan

Estratégico de Mediano Plazo (2005-2015), que le 30 ha permitido al país avanzar simultáneamente en los campos de la innovación y del desarrollo social.

   Pero, como no podría ser de otra manera, a despecho de los innegables progresos, la Argentina todavía tiene numerosos desafíos que enfrentar. 35 La UNESCO toma nota de algunos. Uno de los principales tiene que ver con la participación de la iniciativa privada en la distribución de la inversión interna bruta en investigación y desarrollo entre los países de América Latina: la Argentina (29,3%) 40 permanece detrás de Chile (45,7%), Brasil (45,5%), Ecuador (45,5%), México (41,1%), Uruguay (38,3%) y Colombia (37,7%).

   Otro indicador presente en el informe de la UNESCO, que puede servir de alerta para la 45 Argentina, es el de la distribución de científicos e ingenieros en América Latina entre 2000 y 2007. En 2000, el 19,1% de los profesionales latinoamericanos activos en esas áreas se encontraban en la Argentina, y el 46,2%, en Brasil. 50 Siete años después, la participación brasileña subió al 50,9%, mientras que la argentina bajó al 15,8%. Durante el mismo período, la participación de México subió del 16,1% al 19,1%. Cuando se trata de la presentación de patentes en organismos 55 internacionales y de la formación de doctores (PhD), la Argentina también se mantiene por detrás de Brasil y de México.

Para el avance de los países latinoamericanos en
60 general en las áreas de ciencia y tecnología,
la UNESCO recomienda más inversión de
recursos en investigación y desarrollo y en
educación superior.

En lo que respecta a la educación formal en
65 el área de ciencias, el informe es contundente:
invertir más recursos humanos y financieros
en una educación científica de calidad desde
la escuela primaria, tanto en la educación
pública como en la privada, es una necesidad
impostergable. También aporta datos suficientes 70
como para alertar sobre las dramáticas
consecuencias de no hacerlo.

Fuente n.º 2

Doctorados en Ciencias e Ingeniería, 2008

Esta tabla presenta información sobre el número de graduados doctorales en áreas científicas e
ingeniería en países de Latinoamérica y en Estados Unidos. La tabla se basa en datos compilados por
la Red de Indicadores de Ciencia y Tecnología Iberoamericana e Interamericana (RICYT).

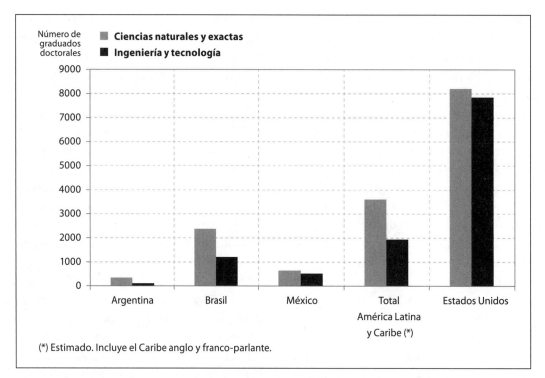

Fuente: RICYT, Red de Indicadores de Ciencia y Tecnologia Iberoamericana e Interamericana

Interpretive Communication: Print Texts

1 **¿Qué se afirma en el informe de la UNESCO acerca de la ciencia en los países en desarrollo en el período 2002-2007?**

(A) Progresaron en ese terreno.

(B) No progresaron en ese terreno.

(C) Adoptaron políticas públicas sobre la ciencia.

(D) No adoptaron políticas públicas sobre la ciencia.

2 **¿Cuál es la principal función de la ANPCyT?**

(A) Dirigir proyectos de investigación

(B) Financiar proyectos de investigación

(C) Generar innovaciones científicas

(D) Promover la educación de científicos

3 **¿A qué se refiere la cifra 29,3% con respecto a la ciencia y la tecnología en Argentina?**

(A) Porcentaje de inversión total

(B) Porcentaje de inversión pública

(C) Crecimiento de la inversión

(D) Porcentaje de inversión privada

4 **Según el artículo, ¿qué sucedió con la cantidad de científicos e ingenieros activos en Argentina entre 2000 y 2007?**

(A) Aumentó más lentamente que en Brasil.

(B) Disminuyó más del 3 por ciento.

(C) Aumentó más del 3 por ciento.

(D) Aumentó más rápidamente que en Brasil.

5 **¿Cuál de las siguientes afirmaciones sobre el número de investigadores científicos en México entre 2002 y 2007 es correcta?**

(A) El número de investigadores aumentó.

(B) El número de investigadores disminuyó .

(C) Se mantuvo igual.

(D) No se puede medir con precisión.

6 **¿Cuál de las siguientes afirmaciones sobre las recomendaciones de la UNESCO es correcta?**

(A) Es necesario invertir sobre todo en educación superior.

(B) La inversión en educación primaria se puede postergar.

(C) Es necesario invertir en educación primaria y superior.

(D) Es necesario invertir sobre todo en educación privada.

7 **¿Por qué se titula este artículo "Enseñanza y desarrollo"?**

(A) Porque la investigación científica es fundamental para el desarrollo

(B) Porque su tema principal son las escuelas en Latinoamérica

(C) Porque la educación en ciencias es fundamental para el desarrollo

(D) Porque la UNESCO enseña cómo promover el desarrollo de los países

8 **¿Cuál de las siguientes afirmaciones describe mejor la situación de la investigación científica en Latinoamérica, según el artículo?**

(A) No ha avanzado en ningún país de la región.

(B) No ha avanzado por los problemas del sistema educativo.

(C) Ha avanzado, pero aún tiene camino por recorrer.

(D) Ha avanzado debido al crecimiento de las inversiones privadas.

9 **¿Por qué es Argentina el país que más se menciona en artículo?**

(A) Es el país en peor situación.

(B) Es el país con menos investigadores científicos.

(C) Es el país más desarrollado de Latinoamérica.

(D) El artículo está dirigido a una audiencia argentina.

10 **Según la gráfica, ¿qué país del continente americano tenía más doctorados en ciencias e ingeniería en 2008?**

(A) Estados Unidos

(B) Brasil

(C) Argentina

(D) México

11 **¿Cuál de las siguientes afirmaciones hechas en el artículo se puede verificar en la gráfica?**

(A) El nivel de inversión en Argentina es menor que en México.

(B) El nivel de inversión de Brasil es mayor que el de Argentina.

(C) Argentina forma menos doctores (PhD) que Brasil.

(D) La cantidad de científicos activos en Argentina ha disminuido.

24

Tema curricular: La vida contemporánea
Contexto: Los viajes y el ocio

En esta carta, Andrés, un joven estudiante de viaje por Sudamérica, le cuenta a su madre algunas de sus experiencias de su visita al lago Titicaca.

Taquile, 12 de febrero de 2013   Línea

Querida mamá:

Después de varios días de viaje, recién tengo unos minutos para sentarme
a escribir y contarte mis aventuras. Esta visita a las islas del lago Titicaca
está resultando muy interesante. He hecho muchos amigos nuevos y he visto   5
cosas que ni siquiera me imaginaba. Es un lugar maravilloso.

El lago Titicaca está a unos 3.800 metros de altura sobre el nivel del mar.
De hecho, es conocido como el lago navegable más alto del mundo, algo de
lo que todos por aquí están muy orgullosos. Me han contado una historia
sobre el origen del nombre "Titicaca". Uno de nuestros guías nos dijo que esa   10
palabra significa "puma gris" en la lengua aymara, que aún se habla en
esta región. Parece ser que los antiguos pobladores lo llamaron así porque
visto desde la altura, el lago parece un puma. No estoy muy seguro de que
sea cierto, pero el origen del nombre en realidad no importa. La verdad es
que es un lago muy hermoso, de aguas tranquilísimas e increíblemente   15
azules, en especial por las mañanas.

El Titicaca es un lago muy grande: tiene cerca de 200 kilómetros de largo
y 65 kilómetros de ancho, que se reparten entre dos países. El 70% del lago
corresponde a Perú y el otro 30% a Bolivia. Hasta ahora hemos visitado
tres islas (y aún no hemos salido de Perú): los Uros, Amantaní y Taquile. Lo   20
que más me ha impresionado fue la visita a los Uros. Para llegar hasta ahí
tuvimos que navegar unos 45 minutos desde la ciudad de Puno, en Perú. Yo
me había imaginado que se trataría de una sola isla, porque así es como
hablan de ella los habitantes de la zona, pero en realidad se trata de varios
islotes flotantes hechos por sus propios pobladores, que pertenecen a un   25
grupo étnico llamado, precisamente, los uros.

En cada islote viven tres o cuatro familias. Para fabricar sus islotes usan
una planta llamada totora, con la cual también construyen sus casas.
Construyen los islotes sobre una base de fango seco y las anclan al fondo

del lago mediante cuerdas y vigas de madera. El proceso les toma unos seis 30
meses. Cada islote tiene 30 metros de diámetro y dura unos 15 años. Pasado
ese tiempo, hacen otro islote. Su forma de vida puede parecer extraña, pero
no creas que están aislados o les faltan todas las comodidades modernas.
He visto varios botes de motor en los islotes, y al lado de algunas de las casas
había paneles solares para generar electricidad. 35

Bueno, mamá, eso es todo lo que te cuento por ahora. Me voy a dormir
porque mañana seguimos el viaje y hay que levantarse temprano. Me
despido con un beso grande.

Saludos a todos en casa,

Andrés 40

1 **¿Cuál de las siguientes afirmaciones refleja mejor la opinión de Andrés sobre el lago Titicaca?**

(A) Es un lago muy grande.

(B) Está a una gran altura.

(C) Tiene la forma de un puma.

(D) Es un lago muy hermoso.

2 **En la carta, ¿cuál es el significado de la frase "lago navegable" (línea 8)?**

(A) Un lago sobre el cual se puede viajar en bote

(B) Un lago situado a gran altura sobre el nivel del mar

(C) Un lago al que solo se puede llegar en bote

(D) Un lago desde el cuál se puede viajar a otros lugares

3 **Según la carta, ¿por qué están muy orgullosas las personas que viven en la región del lago Titicaca?**

(A) Porque su lago es navegable

(B) Porque no hay un lago navegable a mayor altura

(C) Porque su lago es muy hermoso

(D) Porque su lago es muy grande

4 **Según la carta, ¿dónde se ubican las islas de los Uros, Amantaní y Taquile?**

(A) Entre Bolivia y Perú

(B) En Bolivia

(C) En Perú

(D) La carta no da esa información.

5 **Para llegar a las islas de los Uros, Andrés viajó por el lago durante 45 minutos desde la ciudad de Puno, en Perú. Según la información dada en la carta, ¿qué se puede afirmar sobre Puno?**

(A) Probablemente es una ciudad muy hermosa.

(B) Probablemente Andrés hizo muchos amigos ahí.

(C) Probablemente está a unos 3,800 metros de altura.

(D) Probablemente está al nivel del mar.

6 **Según la carta, ¿qué sucede en las islas de los Uros cada 15 años?**

(A) Los pobladores construyen nuevos islotes.

(B) Los pobladores se mudan a otras islas.

(C) Los pobladores vuelven a anclar sus islotes al fondo del lago.

(D) Los pobladores quedan aislados.

7 **¿Cuál de las siguientes afirmaciones refleja mejor lo que Andrés ha aprendido sobre los uros?**

(A) Su forma de vida no ha cambiado en muchos siglos.

(B) Su forma de vida es muy extraña.

(C) Su forma de vida combina lo tradicional y lo moderno.

(D) Su forma de vida es tranquila y aislada.

Tema curricular: Los desafíos mundiales
Contexto: La conciencia social

Este anuncio publicitario presenta los resultados de una campaña iniciada por el grupo Fundades en el Perú.

La campaña consiste en reciclar todo tipo de papel en desuso: Bond, couché, folletería, revistas, periódicos, afiches, etc. en los contenedores ubicados en los diferentes establecimientos comerciales, empresas y/o centros educativos de la capital afiliadas a la campaña, con el fin de apoyar a niños y niñas con discapacidad y/o de bajos recursos económicos, a través de las becas educativas en los Programas de Pre-Escolaridad y Nivelación Escolar.

Interpretive Communication: Print Texts

1 En el anuncio, ¿qué indica la cifra "38,1%" para los primeros seis meses de 2009?

(A) Mayor distribución de papel

(B) Mayor utilización de papel

(C) Mayor producción de papel

(D) Mayor recogida de papel

2 Según el anuncio, ¿qué beneficio han recibido 1.345 niños gracias a la campaña?

(A) La campaña cubre los costos de su alimentación.

(B) La campaña cubre los costos de su educación.

(C) La campaña les enseña a reciclar papel.

(D) La campaña les regala papel para la escuela.

3 Según el anuncio, ¿cuál de las siguientes afirmaciones describe mejor la labor de la organización Fundades?

(A) Se dedica al reciclaje de papel.

(B) Se dedica a proveer alimentación a niños de aldeas.

(C) Se dedica a educar a niños con discapacidades.

(D) Se dedica a otorgar becas.

4 ¿Por qué se menciona a tres futbolistas en el anuncio?

(A) Son figuras públicas.

(B) Son representantes de la campaña.

(C) Apoyan el reciclaje de papel.

(D) Donaron dinero para la campaña.

5 Según el anuncio, ¿qué sucedió entre enero y junio de 2009 con 597.289 toneladas de papel?

(A) Fueron recicladas.

(B) Fueron saneadas.

(C) Fueron descartadas.

(D) Fueron acopiadas.

26 **Tema curricular:** Los desafíos mundiales
Contexto: El pensamiento filosófico y la religión

En este ensayo, el escritor nicaragüense Sergio Ramírez discute los efectos de las nuevas tecnologías de la información en el mundo actual. El ensayo fue publicado en el diario español *El País* el 26 de agosto de 2012.

El futuro en que vivimos

por Sergio Ramírez

Línea   Según el experto australiano en medios de información Ross Dawson, los periódicos impresos en papel terminarán de extinguirse en Estados Unidos en el año 2017, en España en 2024,
5   y en América Latina un poco más allá de 2040. Es decir, pasado mañana.

Que en América Latina los periódicos vayan a desaparecer por último, según estos augurios, sólo demuestra quizás que a mayor grado de atraso,
10   mayores expectativas de vida para los medios impresos, aunque precarias de todas maneras, ya que en los países más pobres el acceso a las pantallas es menor, y por tanto mucho menos numeroso el acceso a la lectura electrónica; aunque
15   sólo el año 2012 el ámbito de Internet creció en la región 15%, aumento acelerado que podría acortar los plazos.

Más novedoso aún, hay blogspots que arrastran más lectores que muchos periódicos de los que se
20   venden en los quioscos y los voceadores anuncian por la calle, como el de la bloguera cubana Yoani Sánchez, "Generación Y", lo que demuestra que la difusión de la información, y de la opinión, ha entrado por cauces insospechados, creando
25   de manera cada vez más extensa una saludable democracia de las palabras que los estados autoritarios difícilmente pueden contener, aunque también exista la censura cibernética como bien se ha probado en China.
30   Si ya no leeremos más los periódicos de papel, debemos entonces advertir que se trata también

de un cambio en los conceptos filosóficos que tiene que ver con la materia misma, que se gasta, envejece y desaparece, o se recicla, y con el sentido que tiene la palabra copia, nuestra copia del diario. 35

Lo que tendremos pronto en la mano será una tableta flexible en la que las noticias cambiarán frente a nuestros ojos, vídeos en lugar de fotos, y que apagaremos y doblaremos antes de meterla en el bolsillo. Las palabras ya no mancharán de tinta 40 nuestras manos; simplemente volverán a la nada.

Pero frente a esta perspectiva, lo más inquietante no es la materia de que estarán hecha los periódicos, ni la forma en que las noticias llegarán a nosotros, sino cómo estará definido en términos 45 éticos y de sustancia el universo de la información.

McLuhan, en su ya clásica frase, preveía una sola aldea global. Hoy deberíamos hablar más bien de una red de aldeas interconectadas de manera instantánea, y simultánea, por los satélites que 50 proveen todas las formas posibles de comunicación, para informarse, recrearse y divertirse, comprar y vender, realizar transacciones financieras, pagar las cuentas domésticas, leer novelas, escuchar música, ver cine, apostar en la bolsa de valores, jugar juegos 55 de destrucción masiva.

Hoy en día, los acontecimientos entran en los hogares al mismo tiempo en que se producen, a través de las cadenas de televisión y de los portales de Internet, de las tabletas y de los teléfonos celulares, 60 y es posible, como nunca antes, conocer la misma noticia en todas partes del globo al mismo tiempo, para gentes de la misma o distintas culturas.

Esto supondría una democratización global de las posibilidades de informarse; pero semejante democratización se convierte en un espejismo repetido si nos atenemos a los contenidos reales de las informaciones, cuya sustancia tiende a deteriorarse.

En la medida en que la tecnología en las comunicaciones está de por medio, el concepto de pasado se evapora, y al mismo tiempo se acelera. Un hecho que es conocido de manera simultánea al momento de producirse, deja atrás el sentido tradicional de "hecho pasado".

Durante la época colonial, las noticias de que un rey había muerto en España, o había enloquecido, llegaban a América cuando todavía se celebraban las fiestas de su coronación. Ése es el sentido de pasado que hoy no existe.

1 ¿Cuál de las siguientes afirmaciones resume mejor el ensayo?

(A) Las nuevas tecnologías hacen que ignoremos el pasado.

(B) Las nuevas tecnologías destruyen los periódicos.

(C) Las nuevas tecnologías nos dan más contenidos, pero son menos sustanciales.

(D) Las nuevas tecnologías de la información unen a las personas.

2 En el ensayo, ¿cuál es el significado de la frase "Es decir, pasado mañana" (líneas 5-6)?

(A) Falta mucho tiempo para la extinción de los periódicos.

(B) La extinción de los periódicos sucederá muy pronto.

(C) La extinción de los periódicos ya sucedió en el pasado.

(D) La extinción de los periódicos es inevitable.

3 En el ensayo, ¿a qué se refiere la frase "según estos augurios" (línea 8)?

(A) A la extinción de los periódicos impresos

(B) Al atraso de Latinoamérica

(C) Al crecimiento de Internet en el mundo

(D) Al acceso a la lectura electrónica

4 ¿Cuál de las siguientes afirmaciones refleja mejor la opinión del autor sobre blogs como el de la cubana Yoani Sánchez?

(A) Arrastran muchos lectores.

(B) Practican la censura cibernética.

(C) Difunden mejor la información y la opinión.

(D) Son democráticos y saludables.

5 Según el ensayo, ¿cuál es uno de los factores que influyen en que los periódicos impresos vayan a desaparecer en Latinoamérica después que en otras regiones?

(A) En Latinoamérica, el acceso a Internet está creciendo.

(B) En Latinoamérica, el acceso a la lectura electrónica es menor.

(C) En Latinoamérica, el acceso a la lectura electrónica es mayor.

(D) En Latinoamérica, las expectativas de vida son precarias.

6 Según el ensayo, ¿cuál de las siguientes afirmaciones sobre el mundo contemporáneo es correcta?

(A) Hoy vivimos en una sola aldea global.

(B) Hoy nos informamos y divertimos más.

(C) Hoy las personas están más interconectadas.

(D) Hoy las personas están menos interconectadas.

7 ¿Qué se afirma en el ensayo sobre la época colonial?

(A) Las noticias tardaban mucho más tiempo en difundirse.

(B) Las noticias se difundían de forma simultánea.

(C) Las noticias de España no se difundían en América.

(D) Las noticias de la época colonial son cosas del pasado.

27

Tema curricular: Los desafíos mundiales
Contexto: Los temas del medioambiente

Fuente n.º 1

Este artículo trata sobre el aceleramiento del deshielo en la región ártica. El artículo se publicó en el diario español *El País* el 22 de agosto de 2012.

Fundido a negro en el Ártico

por Rafael Méndez

Línea

El Ártico está a punto de batir la mínima extensión del hielo, medida en 2007. Según científicos noruegos y daneses lo ha hecho ya, aunque el instituto de Estados Unidos que lo sigue
5 afirma que aún falta una semana. Poco importa. Nadie duda de que este año se batirá el récord registrado hace cinco veranos, algo que coincide con el patrón previsto por el cambio climático.
Los científicos auguran que el océano quedará
10 sin hielo en verano en solo unas décadas, con enormes implicaciones geopolíticas y climáticas: mayor facilidad para transitar rutas marítimas, acceso a nuevos yacimientos de petróleo y gas, disputa por las fronteras... Es como si el libro de
15 geografía cambiase ante nuestros ojos.
Ola M. Johannessen, director del Nansen Environmental and Remote Sensing Center en Noruega, no tiene dudas de lo que está pasando. "Es el cambio climático. En 2008 publicamos
20 un estudio en el que correlacionábamos la concentración de CO_2 en la atmósfera con la reducción de hielo en el Ártico".
El CO_2 procede principalmente de la quema de combustibles fósiles, se acumula en la atmósfera
25 y retiene parte del calor que emite la Tierra. La mayoría de los científicos coincide en que es el principal vector del cambio climático. Por supuesto que hay variabilidad natural, igual que los años posteriores a 2007 no hubo mínimos, pero
30 sí que hay una tendencia a la disminución.

Carlos Duarte, investigador del Consejo Superior de Investigaciones Científicas que ha liderado expediciones al Ártico, destaca que lo relevante no es solo la reducción de la extensión del hielo, "sino el volumen que ocupa, y cada vez el hielo es más fino". 35 El núcleo de hielo que resiste el verano es conocido como hielo multianual y puede medir hasta siete metros de espesor. El que se forma y se deshace cada año es mucho menos espeso. Y cada vez hay más de este y menos del primero. 40
Duarte añade que cada vez hay más variabilidad entre la extensión del hielo de año a año. "Ha habido un cambio de régimen en el Ártico, que puede ser síntoma de un cambio abrupto inminente".
Al aumentar el deshielo, hay varios factores que 45 aceleran aún más el proceso. El hielo refleja la mayor parte de la luz que llega, pero al fundirse deja paso al agua, que absorbe mucho más calor, que lo que funde más hielo y así sucesivamente. Su situación es completamente distinta de la de la Antártida, un 50 continente helado, con altitudes mucho mayores y mucho menos sensible al calentamiento.
La mayoría de los científicos estima que en unas décadas el Ártico se quedará sin hielo en verano —no en invierno—. Johannessen calcula 55 que eso ocurrirá cuando la concentración de CO_2 en la atmósfera alcance las 500 partes por millones (ahora ronda las 400). Al ritmo actual de incremento de unas 2,5 partes por millón al año, faltarían unos 40 años. 60

Duarte considera que esa es una proyección moderada. "El deshielo del Ártico es un proceso no lineal que se acelera y en el que es muy difícil de predecir. Antes decíamos que se quedaría sin hielo a final de siglo, luego que en 2050 y ahora que puede que en 2030".

La reducción del hielo ártico tiene tantas implicaciones como si el Himalaya estuviese bajando de cota. El Ártico es un magnífico territorio inexplorado de gas y petróleo. Hasta ahora, las condiciones para trabajar allí eran demasiado duras y peligrosas, pero poco a poco las petroleras se adentran cada vez más en sus aguas.

Todos los países de la región estudian por reclamar su jurisdicción sobre las aguas. Groenlandia, que también siente el calentamiento, augura una carrera por los recursos naturales. Canadá se prepara para controlar el paso del Noroeste, la mítica ruta entre el Pacífico y el Atlántico en la que encalló entre los hielos en 1851 el explorador Robert Mc Clure a bordo del Investigator. Rusia ultima nuevas rutas por el paso del noreste, la misma que en 2009 transitaron dos cargueros alemanes para acortar un 27% el viaje entre Seúl y Rotterdam.

Los vecinos ya no ven hielo y frío en el norte, sino un territorio prometedor.

Fuente n.º 2

Esta gráfica registra información sobre el volumen de hielo marino en el océano Glacial Ártico entre 1979 y 2012. La gráfica se basa en datos recogidos por el *Pan-Arctic Ice-Ocean Modeling and Assimilation System*, PIOMAS, un proyecto de la Universidad de Washington.

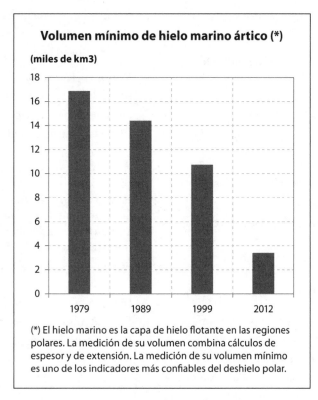

Volumen mínimo de hielo marino ártico (*)

(miles de km3)

(*) El hielo marino es la capa de hielo flotante en las regiones polares. La medición de su volumen combina cálculos de espesor y de extensión. La medición de su volumen mínimo es uno de los indicadores más confiables del deshielo polar.

Fuente: Pan Arctic Ice Ocean Modeling and Assimilation System

1 **¿Qué afirma el artículo con relación al deshielo en el Ártico en el año 2007?**

(A) Que fue el máximo registrado en la historia

(B) Que fue el mínimo registrado en la historia

(C) Que fue el máximo registrado antes de 2012

(D) Que registró un récord durante cinco semanas

2 **Según el artículo, ¿cuál es el patrón previsto para el Ártico por el cambio climático?**

(A) Se batirá el récord de deshielo cada cinco veranos.

(B) Aumentará el deshielo progresivamente.

(C) Disminuirá el deshielo progresivamente.

(D) Habrá más hielo cada año.

3 **En el artículo, ¿cuál es el significado de la frase "Es como si el libro de geografía cambiase ante nuestros ojos." (líneas 14-15)?**

(A) Los libros de geografía están desfasados.

(B) Estamos observando profundos cambios geográficos.

(C) No se puede confiar en los libros de geografía.

(D) La geografía del planeta se aprecia a simple vista.

4 **Según el artículo, ¿cuál es uno de los factores que influyen en el deshielo del Ártico?**

(A) La variabilidad natural

(B) La acumulación de combustibles fósiles

(C) La disminución del calor que emite la tierra

(D) El volumen que ocupa el hielo

5 **Según el artículo, ¿qué es el hielo multianual?**

(A) Hielo con siete metros de espesor, o más

(B) Hielo que permanece congelado durante el invierno

(C) Hielo que permanece congelado durante el verano

(D) Hielo que se derrite en el verano

6 **¿Qué indica la cifra "2,5 partes por millón" en el artículo (línea 59)?**

(A) El aumento anual del CO2 en la atmósfera

(B) La cantidad actual de CO2 en la atmósfera

(C) La concentración de CO2 en verano

(D) La concentración de CO2 en el Ártico

7 **¿Cuál de las siguientes afirmaciones refleja mejor la opinión del científico Carlos Duarte sobre las predicciones de Johannessen?**

(A) Son excesivas.

(B) Son inexactas.

(C) Son sorprendentes.

(D) Son falsas.

8 **En el artículo, ¿a qué se refiere la frase "Los vecinos ya no ven hielo y frío en el norte, sino un territorio prometedor." (líneas 87-88)?**

(A) A que los habitantes del Ártico podrán viajar con más facilidad

(B) A que los países que bordean el Ártico podrán explotar sus recursos

(C) A que los viajeros podrán llegar al Ártico en menos tiempo

(D) A que las compañías petroleras se adentran cada vez más en el Ártico

9 **¿Qué información presenta la gráfica?**

(A) El volumen del hielo multianual

(B) La extensión del hielo en el océano Ártico

(C) El volumen de hielo durante los inviernos

(D) La extensión y espesor del hielo en el océano Ártico

10 **Según la gráfica, ¿qué se puede afirmar sobre el deshielo en el Ártico entre 1979 y 2012?**

(A) Que se ha reducido a ritmo constante

(B) Que el ritmo de reducción se ha acelerado

(C) Que el ritmo de aumento se ha acelerado

(D) Que ha aumentado a ritmo constante

11 **Al escribir un informe sobre el mismo tema del artículo y la tabla, quieres buscar información en una fuente adicional. ¿Cuál de las siguientes publicaciones sería más apropiada?**

(A) Aspectos confusos sobre calentamiento global

(B) Flora y fauna

(C) Escritos de Luis Buñuel: Fundidos en negro

(D) Tratado Antártico

Tema curricular: Los desafíos mundiales
Contexto: Los temas económicos

En esta carta, Camilo pide consejos a un profesor sobre cómo motivar a sus compañeros a interesarse por los problemas económicos del mundo.

Estimado profesor Rosales:

Línea

Mi nombre es Camilo Larsen y soy un estudiante del último año de secundaria. La semana entrante tengo que hacer una presentación sobre la distribución de la riqueza en el mundo para los estudiantes de mi clase de Historia Contemporánea, y quiero prepararme muy bien. Por ese motivo, 5 decidí consultar la opinión de algunas personas expertas en el tema, y usted es una de ellas.

Buscando datos para mi trabajo, ayer leí que Noruega ocupa el primer lugar en nivel de vida en todo el planeta. Ahí el índice de escolaridad es de 12,6 años. En el otro extremo está la República Democrática del Congo, con 10 el nivel de vida más bajo. Ahí el nivel de educación promedio es de 3,5 años por persona. Y mientras que el ingreso promedio de los noruegos es de 3.963 dólares mensuales, el de los habitantes la República Democrática del Congo es de apenas 23 dólares.

Esta noticia me dejó pensativo, y la verdad es que me estoy preguntando 15 si la información es correcta. ¿Usted podría confirmarla? Es que se me hace muy difícil imaginar cómo los congoleses pueden vivir durante todo un mes con tan poco dinero y pagar todos sus gastos. Y eso si tienen suerte, porque seguramente muchas personas de ese país deben vivir con menos ingresos. Además, siento que deberíamos hacer algo para que no hubiera personas 20 tan pobres en el mundo. Pero ¿qué cree usted que podríamos hacer? Pienso que quienes vivimos en los países más desarrollados tenemos la obligación de ayudar a los más atrasados a salir de la pobreza, pero no sé cuál es el mecanismo más efectivo para lograrlo.

Quiero hablar de eso en mi exposición. Me gustaría motivar a mis 25 compañeros a que contribuyan a solucionar el problema de la pobreza en el mundo, poniendo aunque sea un granito de arena. Ya sé que ese problema es muy complejo y que un grupo de estudiantes no va a solucionarlo, pero *estoy seguro de que algo, aunque sea pequeño, sí podemos hacer. ¿Usted qué piensa? ¿Qué me aconseja proponerles a mis compañeros de clase?* 30

A la espera de su respuesta, y agradeciendo su atención,

Camilo Larsen

1 **¿Con qué propósito escribe Camilo esta carta al profesor Rosales?**

(A) Para pedir información

(B) Para pedir consejo

(C) Para pedir consejo e información

(D) Para agradecerle su ayuda

2 **Según la carta, ¿cuál de las siguientes afirmaciones describe mejor la relación entre Camilo y el profesor Rosales?**

(A) No se conocen personalmente.

(B) Se conocen poco.

(C) Camilo fue alumno del profesor Rosales.

(D) Camilo es amigo del profesor Rosales.

3 **Según la carta, ¿cuál de las siguientes afirmaciones es correcta?**

(A) Los congoleses estudian 3,5 años más que los noruegos.

(B) Los noruegos estudian 12,6 años más que los congoleses.

(C) Los noruegos estudian 9,1 años más que los congoleses.

(D) La educación en Noruega es más costosa que en la República Democrática del Congo.

4 **Camilo quiere verificar los datos que ha encontrado sobre Noruega y la República Democrática del Congo. ¿En cuál de las siguientes publicaciones tiene más posibilidades de encontrar la información que necesita?**

(A) "Estadísticas de la pobreza en África"

(B) "Informe económico anual de la Unión Europea"

(C) "Informe de la ONU sobre el nivel de vida en el mundo"

(D) "La educación en Europa y África"

5 **En la carta, ¿a qué se refiere Camilo al escribir que "seguramente muchas personas de ese país deben vivir con menos ingresos" (línea 19)?**

(A) A que los datos que encontró son inexactos

(B) A que los datos que encontró son un promedio

(C) A que los datos que encontró son falsos

(D) A que le cuesta imaginar que los datos sean reales

6 **Según la carta ¿cuál de las siguientes afirmaciones refleja mejor la situación de Camilo?**

(A) Vive en un país desarrollado.

(B) Es una persona pobre.

(C) Vive en un país subdesarrollado.

(D) Quiere viajar a África.

7 **Según la carta, ¿cuál de las siguientes afirmaciones describe mejor la personalidad de Camilo?**

(A) Es tacaño.

(B) Es trabajador.

(C) Es perseverante.

(D) Es solidario.

29
Tema curricular: Los desafíos mundiales
Contexto: Los temas económicos

Este cartel publicitario anuncia un servicio de la Universidad Europea de Madrid para sus estudiantes y personal.

1 **¿Qué tipo de servicio se anuncia en el cartel?**

(A) Alquiler de automóviles

(B) Venta de automóviles

(C) Servicio de taxi

(D) Viajes compartidos

2 **En el anuncio, ¿a qué se refiere la frase "plazas disponibles en tu coche"?**

(A) Número de plazas en el trayecto

(B) Número de posibles pasajeros

(C) Número de viajes a la universidad

(D) Número de posibles conductores

3 **Eres un estudiante de la Universidad Europea de Madrid y tienes un coche que quieres compartir. ¿Qué debes hacer?**

(A) Anunciar tu trayecto y poner un precio.

(B) Anunciar tu trayecto y buscar un conductor.

(C) Anunciar cuántas plazas disponibles hay en tu trayecto.

(D) Buscar un conductor con plazas disponibles en su automóvil.

4 **Eres un estudiante de la Universidad Europea de Madrid y no tienes coche, pero te gustaría compartir uno. ¿Qué recurso podrías utilizar para encontrarlo?**

(A) Los carteles en el campus

(B) Los medios de comunicación

(C) Internet

(D) La Universidad Comunitaria de San Luis Potosí

5 **El servicio anunciado en este cartel ayuda a los miembros de la comunidad universitaria a compartir coche cuando van a la universidad o vuelven a sus casas. ¿Cuál de los siguientes beneficios no se obtiene en este servicio?**

(A) Menor consumo de gasolina

(B) Menor contaminación ambiental

(C) Menor distancia del trayecto

(D) Menor costo del viaje, por persona

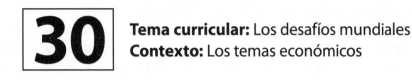
30

Tema curricular: Los desafíos mundiales
Contexto: Los temas económicos

En este ensayo literario, el escritor español Juan Goytisolo comenta sus impresiones sobre una reciente visita a Venezuela. El ensayo fue publicado en el diario *El País* de España el 8 de abril de 2012.

La ciudad y los cerros

por Juan Goytisolo

Línea   En mis anteriores visitas a Venezuela en la década de los sesenta del pasado siglo —invitado primero por la editorial Monte Ávila y, después, como jurado del premio Rómulo Gallegos—,
5   lo que atrajo más mi atención, y no se ha borrado de la memoria, es el trayecto en autovía del aeropuerto de La Guaira a Caracas: una ascendente sucesión de curvas flanqueadas de montañas y lomas en las que jirones de brumas
10   desdibujaban apenas las laderas cubiertas de chozas de una audaz verticalidad compositiva, en precario equilibrio, superpuestas unas sobre otras.
    30 años después, comprobé con melancolía la tenaz exactitud del recuerdo. Las casitas —los
15   ranchos— se repetían de cerro en cerro, con su abigarrada mezcla de colores, en abrupto y casi milagroso desafío a la fuerza de la gravedad. El cinturón de miseria que rodea la capital sigue siendo el mismo. Chozas y más chozas de madera
20   vieja y hojalata, como si la modernidad y el progreso del país en los últimos 30 años, fruto de su renta petrolera, engendraran como fatal corolario unos barrios salvajes, sin plan ni organización algunos, creados por la acuciante necesidad de los
25   campesinos sin techo, atraídos por el espejismo del éxito y prosperidad de la capital.
    La masa de inmigrantes que ni el oro negro ni las actividades comerciales promovidas por la expansión de la ciudad podían absorber,
30   estaban en el brete de improvisar sus propias leyes, independientemente de un Estado que,

a falta de poder integrarlos en el orden social y económico que encarna, les resultaba ajeno y hostil. La lucha por la vida [...] desembocaba inevitablemente en un escenario de violencia,   35
alienación y marginalidad. Los cerros coloridos de los ranchitos, como las favelas brasileñas, se convirtieron así en [...] zonas autárquicas e independientes del poder central. [...]
    El espectacular auge económico de Iberoamérica   40
no anda reñido con la exclusión y tribalización de grandes sectores de la población, ni con la división de esta entre el territorio productivo urbano y el que segrega, como contrapunto a su riqueza: el de los arrabales que la circundan con una excrecencia   45
imposible de erradicar. El fenómeno no se limita a Brasil y a los países de habla hispana y tiende a extenderse tanto en el mundo piadosamente llamado "en vías de desarrollo" como en el corazón de algunas capitales norteamericanas y europeas   50
[...], pero en ningún caso la contraposición [...] de la fuerza centrípeta del poder estatal a la centrífuga de lo expulsado a los márgenes se manifiesta de forma tan cruda como en Brasil, México o Venezuela.
    La Revolución bolivariana de Chávez ha   55
intentado romper el fatalismo de dicha dicotomía a partir de un socialismo *sui generis* mediante la creación de programas sociales —alimenticios, sanitarios, educativos, culturales— destinados a la población más pobre y vulnerable. [...] Si el pueblo   60
—la propaganda oficial habla de pueblo, no de ciudadanía— tiene hoy acceso a los programas de

comida y medicina gratuitas —un logro que ni la oposición puede negar— el híbrido de democracia
65 y populismo de la Revolución bolivariana no ha alcanzado a desenclavar a la población de los ranchitos ni a ofrecerles una vivienda digna. Sus incuestionables mejoras se han hecho a cuenta del maná petrolero, sin crear las bases de
70 un crecimiento estructural de la economía por medio de la diversificación industrial y comercial generadora de empleo. [...]

Si proyectos como el metrocable o teleférico del cerro de San Agustín desde el que se puede

atalayar como el Diablo Cojuelo la impresionante 75
superposición de techos de hojalata, cabañas de bajareque con toda su gama heterogénea de colores, escuelas recién creadas con pintadas patrióticas, escalerillas a salto de pendiente y vertederos sin recogida alguna, son sin duda 80
encomiables, mas serían necesarios una docena de teleféricos más para permitir a los centenares de miles de habitantes atrapados en los ranchitos el libre acceso a la ciudad, y aun así ello no eliminaría su endémica estructura tribal ni el altísimo nivel 85
de violencia que engendra. [...]

1 ¿A qué se refiere la frase "curvas flanqueadas de montañas" (líneas 8-9)?

(A) Hay montañas a los lados de la autovía.
(B) Hay montañas detrás de la autovía.
(C) Se ven montañas a la distancia.
(D) Al dar una curva, hay una montaña.

2 ¿Cuál de las siguientes afirmaciones refleja mejor la impresión del ensayista sobre la ruta desde el aeropuerto a la ciudad?

(A) Sus recuerdos le producen melancolía.
(B) La ruta ha cambiado mucho en 30 años.
(C) La ruta está igual a como la recordaba.
(D) La ruta refleja el desarrollo económico.

3 ¿Cuál es el significado de la frase "el espejismo del éxito y la prosperidad" (líneas 25-26)?

(A) El éxito y la prosperidad reflejan el desarrollo de Venezuela.
(B) Los campesinos se ven reflejados en el éxito y la prosperidad.
(C) El éxito y la prosperidad atraen a los campesinos a la capital.
(D) El éxito y la prosperidad no son enteramente reales.

4 ¿Cuál es el significado de la frase "el fatalismo de dicha dicotomía" (entre el poder del estado y las áreas marginadas) (línea 56)?

(A) Esa dicotomía causa muchas muertes.
(B) Esa dicotomía tiene consecuencias graves.
(C) Esa dicotomía parece inevitable.
(D) Esa dicotomía es el destino de Venezuela.

5 ¿Cuál de las siguientes afirmaciones refleja mejor la opinión del autor sobre los programas sociales del gobierno venezolano?

(A) Son positivos, pero no son suficientes.
(B) Son negativos y deben ser eliminados.
(C) Generan mejores viviendas para la población.
(D) No benefician a la población.

6 Según el autor, ¿qué factores podrían contribuir al crecimiento económico de Venezuela?

(A) Una mayor extracción de petróleo.
(B) Una mayor diversificación industrial y comercial.
(C) Un mayor acceso a la medicina y la salud.
(D) La construcción de mejores viviendas.

7 ¿Cuál de las siguientes afirmaciones resume mejor el artículo?

(A) El crecimiento económico de Venezuela no ha generado igualdad social.
(B) El crecimiento económico de Venezuela no ha generado buenos programas sociales.
(C) El crecimiento económico de Venezuela no ha embellecido la ciudad de Caracas.
(D) El crecimiento económico de Venezuela ha atraído a los campesinos a Caracas.

Tema curricular: Las identidades personales y públicas
Contexto: La identidad nacional y la identidad étnica

Fuente n.º 1

Este artículo trata sobre la situación de algunos pueblos indígenas en México. Fue publicado en el diario mexicano *El Universal* el 18 de agosto de 2011.

En México, 19 lenguas indígenas se extinguen

por Saúl Hernández

Línea

La migración por búsqueda de empleo, la adopción del español y la asimilación de la modernidad han provocado que muchos indígenas abandonen o ni siquiera aprendan sus lenguas
5 nativas. En consecuencia, muchas están en peligro de desaparecer.

El Censo de Población y Vivienda 2010 realizado por el Instituto Nacional de Estadística y Geografía (INEGI) registró 89 lenguas indígenas, de las cuales
10 nueve son habladas por menos de 10 personas y otra decena por un promedio de 100 hablantes.

Prácticamente están al borde de la extinción el chinanteco de Lalana, el popoluca de Oluta, el popoluca de Texistepec, el zapoteco del Rincón, el
15 chinanteco de Sochiapan; el papabuco, el ayapaneco, el mixteco de la zona mazateca y el chinanteco de Petlapa, todos con menos de 10 hablantes.

Otras 16 lenguas nativas no sobrepasan los mil hablantes. Entre ellas destacan el paipai, el kumiai
20 y el cucapá, en Baja California; el cakchiquel, el quiché y el jacalteco, en Campeche, Chiapas y Quintana Roo; el ixcateco, en Oaxaca; el seri y el pápago, en Sonora; y el kikapú, en Coahuila.

Sólo 16 lenguas indígenas son habladas por
25 más de 100 mil personas mayores de cinco años. El náhuatl es la principal, con 1,5 millones de hablantes distribuidos en varias zonas del país, principalmente en Guerrero, Hidalgo, Puebla, San Luis Potosí y Veracruz. Le siguen el maya,
30 con 786 mil hablantes (sobre todo en Yucatán, Campeche y Quintana Roo), y el mixteco, con casi 472 mil personas (principalmente en Oaxaca y Guerrero).

El Atlas de lenguas del mundo en peligro 2010, elaborado por la Organización de las Naciones 35
Unidas para la Educación, la Ciencia y la Cultura (UNESCO), revela que en México hay 364 variantes lingüísticas. Según el grado en que éstas han caído en desuso, el organismo internacional considera que 52 están en situación "vulnerable", 40
38 en "peligro", 32 "seriamente en peligro" y 21 en "situación crítica".

Una lengua es "vulnerable" cuando la mayoría de los niños la habla, pero su uso se restringe a ámbitos como el hogar; "en peligro", cuando los 45
niños no la aprenden como lengua materna. Está "seriamente en peligro" cuando sólo los ancianos la hablan, mientras que la generación parental puede comprenderla, pero no la habla entre sí ni con sus hijos; en "situación crítica", si los 50
viejos son los únicos hablantes, pero sólo la usan esporádicamente.

Según el censo de población, en México hay 6.7 millones de personas de entre cinco y más años que hablan alguna lengua indígena. Aunque este 55
grupo ha crecido en los últimos 20 años (en 1990 eran 5,3 millones; en 2000, 6 millones), su peso entre la población ha caído: en 1990 representaba 7,5% de la población; en 2000, 7,1%, y en 2010, sólo 6,7%. 60

Por otra parte, los indígenas crecieron a una tasa anual de 1,2% en los últimos 20 años —en tanto que ésta fue de 1,8% para toda la población— y su crecimiento es cada vez menor.

65 La población que habla una lengua indígena también está envejeciendo. Entre 1990 y 2010, el porcentaje de hablantes de 5 a 14 años cayó de 27,3% a 19,9%. Lo mismo sucede, en menor medida, con el grupo de 15 a 24 años. En contraste, el porcentaje de la población mayor a 45 años va en aumento. 70

Fuente n.º 2

Esta tabla, basada en datos publicados por el Instituto Nacional de Estadística y Geografía de México, recoge información sobre el número de hablantes de las diversas lenguas indígenas de México entre 1950 y 2005.

Hablantes de lenguas indígenas en México, 1950-2005		
Año	Hablantes indígenas	% de la población total
1950	2.447.609	11,2
1970	3.111.415	7,8
1990	5.282.347	7,5
2005	6.011.202	6,7

Fuente: Instituto Nacional de Estadística y Geografía de México

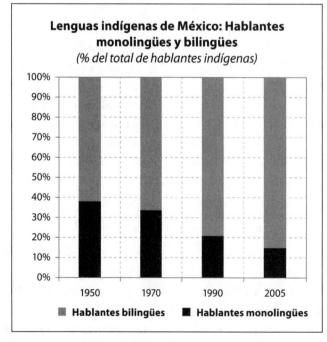

Fuente: Instituto Nacional de Estadística y Geografía de México

1 Según el artículo, ¿cuál de los siguientes no es un factor en el peligro de desaparición de muchas lenguas indígenas en México?

(A) La migración en busca de empleo

(B) La falta de escuelas

(C) La adopción del español

(D) La modernización de México

2 Según el Censo de Población y Vivienda 2010 mencionado en el artículo, ¿cuál es la situación de 19 lenguas indígenas de México?

(A) 19 lenguas indígenas tienen menos de 10 hablantes.

(B) 19 lenguas indígenas tienen menos de 1000 hablantes.

(C) 19 lenguas indígenas tienen un promedio de 100 hablantes.

(D) 19 lenguas indígenas tienen 100 hablantes o menos, en promedio.

3 Según el artículo, ¿cuál de las siguientes afirmaciones sobre las lenguas náhuatl, maya y mixteca es correcta?

(A) Cada una se habla en más de una región de México.

(B) Cada una se habla solamente en una región de México.

(C) Cada una tiene más de un millón de hablantes.

(D) Ninguna tiene más de un millón de hablantes.

4 Según el artículo, ¿cuántas lenguas indígenas de México son habladas por niños, pero no como lengua materna?

(A) 38

(B) 32

(C) 16

(D) Más de 100

5 Según el artículo, ¿cuál de las siguientes afirmaciones describe mejor una lengua que se encuentra en "situación crítica"?

(A) Los ancianos la hablan entre sí todo el tiempo.

(B) Los ancianos la hablan, pero sólo con sus nietos.

(C) Los ancianos las comprenden, pero no las hablan.

(D) Los ancianos las hablan entre sí, pero no todo el tiempo.

6 ¿Qué afirma el artículo sobre el crecimiento de la población indígena de México?

(A) Es mayor que el de la población general.

(B) Es menor que el de la población general.

(C) No está creciendo.

(D) Está decreciendo.

7 ¿Qué indica la cifra "19,9%" para el año 2010 en comparación con el año 1990 (línea 68)?

(A) El número de hablantes indígenas creció.

(B) El porcentaje de hablantes indígenas decreció.

(C) Menos niños hablan las lenguas indígenas.

(D) Más adultos hablan las lenguas indígenas.

8 ¿Cuál de las siguientes afirmaciones es correcta sobre la población total de México?

(A) Creció entre 1950 y 2005.

(B) Decreció entre 1950 y 2005.

(C) Decreció entre 1970 y 2005.

(D) Se mantuvo estable entre 1970 y 2005.

9 ¿Cuál de las siguientes afirmaciones refleja mejor la información presentada en la gráfica?

(A) La mayoría de mexicanos habla una sola lengua.

(B) La mayoría de mexicanos habla más de una lengua.

(C) La mayoría de indígenas de México habla una sola lengua.

(D) La mayoría de indígenas de México habla más de una lengua.

10 Según la tabla y la gráfica, ¿cuál de las siguientes afirmaciones describe mejor la población total de México?

(A) En 1950 era más monolingüe que en 2005.

(B) En 1950 era más bilingüe que en 2005.

(C) En 2005 era más monolingüe que en 1950.

(D) En 2005 tenía más variedades lingüísticas que en 1950.

11 ¿Cuál de las fuentes te podría indicar si en 1950 había más o menos lenguas indígenas "vulnerables" que en la actualidad?

(A) La tabla (porcentaje de hablantes indígenas)

(B) La gráfica (porcentaje de hablantes bilingües)

(C) La tabla y la gráfica

(D) Ninguna de las dos

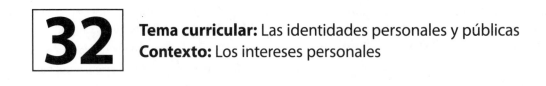
32

Tema curricular: Las identidades personales y públicas
Contexto: Los intereses personales

En esta carta a sus compañeros de estudios, una representante del consejo de la escuela anuncia la puesta en práctica de un nuevo programa.

Apreciados compañeros:

Línea

¡Bienvenidos de vuelta a la escuela!

Gracias a sus votos, fui elegida como representante estudiantil del consejo superior de la escuela para este año, que será para nosotros el último como estudiantes de secundaria.

5

Entre las cosas que prometí hacer como miembro del consejo estaba proponer a las autoridades de la escuela un programa de extensión académica: que los estudiantes de último año elijamos una materia para cursar como oyentes en una universidad. Es decir, no nos evaluarían en la universidad, pero sí tendríamos que entregar un informe al final del curso para obtener una calificación en nuestra escuela.

10

Quiero informarles que durante las vacaciones de verano presenté esta propuesta al consejo y que nuestros maestros se han mostrado muy conformes con ella. Aún hay que coordinar con las universidades del área, pero es muy posible que el programa se ponga en práctica el próximo semestre.

15

La idea es que ganemos desde ya la experiencia de desenvolvernos en un contexto universitario, y que al mismo tiempo podamos determinar si realmente nos gusta la carrera a la cual pertenece el curso que elejimos. Por ello, lo ideal es que cada uno de quienes participe en este programa elija un curso que no solo sea de su interés personal, sino que además permita una introducción a la carrera profesional que están considerando para el futuro.

20

Hice esta propuesta pensando en que a veces los cursos electivos que ofrece la escuela son limitados y no satisfacen los deseos de muchos estudiantes que quisieran tomar cursos más especializados en carreras como medicina o ingeniería de sonido, por ejemplo.

25

Pido a cada uno de ustedes que responda esta carta, contándome si desean o no participar en el programa de extensión académica y qué curso les gustaría tomar. Esta información nos ayudará en nuestras conversaciones con las universidades, las cuales necesitan saber cuántos oyentes recibirán, y en qué departamentos.

30

De nuevo, muchas gracias por su confianza. Espero ayudar a que los jóvenes podamos cumplir nuestros sueños.

Atentamente,

María del Mar Cruz

1 **¿A quiénes está dirigida esta carta?**

(A) A las autoridades de la escuela

(B) A todos los estudiantes de la escuela

(C) Al consejo superior de la escuela

(D) A los estudiantes de último año

2 **En la carta, ¿cuál es el significado de la frase "oyentes en una universidad" (línea 9)?**

(A) Estudiantes matriculados en una universidad

(B) Estudiantes que asisten a una clase, pero no son evaluados

(C) Estudiantes de último año de secundaria

(D) Estudiantes en un curso ofrecido por Internet

3 **¿En qué momento del año escolar ha sido escrita esta carta?**

(A) En el segundo semestre

(B) A la mitad del año

(C) Al final del año

(D) Al principio del año

4 **Según la carta, ¿cuál de las siguientes afirmaciones describe mejor la reacción de las autoridades a la propuesta de María del Mar?**

(A) Están descontentos.

(B) Están indiferentes.

(C) Están interesados.

(D) Están preocupados.

5 **Según la carta, ¿cuál de los siguientes no es un propósito del programa de extensión académica propuesto por María del Mar?**

(A) Ganar experiencia

(B) Conocer el campus universitario

(C) Decidir una carrera profesional

(D) Ofrecer mejores cursos electivos

6 **Según la carta ¿cuál de las siguientes afirmaciones es correcta?**

(A) La escuela no ofrece cursos especializados.

(B) La escuela ofrece cursos de ingeniería de sonido.

(C) La escuela no ofrece cursos electivos.

(D) Ningún estudiante toma los cursos electivos de la escuela.

7 **Eres un estudiante de último año en la escuela de María del Mar. Te gustaría participar en el programa de extensión académica. Te interesa la carrera de psicología, pero no sabes qué curso ofrece una buena introducción. ¿Cuál de los siguientes recursos te ayudaría a decidir?**

(A) Catálogo de cursos ofrecidos por la universidad

(B) Página web del Departamento de Educación de tu estado

(C) Página web del consejo superior de tu escuela

(D) Texto universitario de Introducción a la psicología

Tema curricular: Las identidades personales y públicas
Contexto: Los héroes y los personajes históricos

Este anuncio publicita una exposición en el Museo Bolivariano de Arte Contemporáneo de la ciudad de Santa Marta, en Colombia.

"Héroes y heroínas de la Independencia"

Un recorrido por las vidas y hechos que aportaron la formación de una nueva nación hace más de 200 años es el propósito de la exposición "Héroes y Heroínas de la Independencia", organizada por el Museo Bolivariano de Arte Contemporáneo de la Quinta de San Pedro Alejandrino, con motivo de la conmemoración del Bicentenario de la independencia de Colombia.

La muestra, de carácter pedagógico e ilustrativo, cuenta con la curaduría y contenido histórico del equipo del Museo Bolivariano, quienes construyen un escenario interesante, en el que paso a paso y en cuatro líneas de tiempo presentan a los protagonistas de nuestra historia independentista.

Los visitantes y turistas podrán apreciar en esta exposición hechos y personajes agrupados en cuatro secciones según su contenido: "Precursores de la Independencia"; "El Régimen del Terror"; "Batallas y victorias"; y "Ocaso de Bolívar", que resumen lo vivido en esa época desde 1810 a 1830.

Otra novedad de la exposición es la muestra de elementos como balas, monedas, medallas y la réplica de la espada del Libertador, además del recurso tecnológico del podcast —archivo digital en audio— que rememoran las historias de cada uno de los próceres de nuestra Independencia.

La exposición "Héroes y Heroínas de la Independencia" será trasladada a a ciudad de Barranquilla como parte de un acuerdo con el observatorio del Caribe Colombiano.

Quinta de San Pedro Alejandrino | Tel. (+ 5) 4331021 Santa Marta, Magdalena. Colombia

www.museobolivariano.org.co

Información General

- La Quinta de San Pedro Alejandrino abre todos los días del año, de domingo a domingo a excepción del 1° de enero, que permanece cerrada.

- El horario de atención al público es de 9:00 AM hasta las 5:00 PM en jornada continua.

- La venta de boletas en taquilla se acaba 30 minutos antes del cierre de las salas.

Pueden ingresar con boletas de niños aquellos que se encuentren en las edades comprendidas entre los 6 y los 12 años. Los mayores de 12 años deben ingresar con boletas de adulto, los menores de 6 años tienen entrada gratuita y no necesitan boleta.

1 Según el anuncio, ¿cuál es el propósito de la exposición "Héroes y heroínas de la Independencia"?

(A) Entretener y divertir

(B) Educar e informar

(C) Dar contenidos interesantes

(D) Promover el museo

2 Según el anuncio, ¿a quiénes está principalmente dirigida la exposición?

(A) A estudiantes, visitantes y turistas

(B) A visitantes y turistas

(C) A personajes históricos

(D) Solo a estudiantes

3 La primera sección de la exposición se titula "Precursores de la Independencia". ¿Qué podría encontrar un visitante en esa sección?

(A) Biografías de los conquistadores españoles

(B) Biografías de los iniciadores de la Independencia

(C) Biografías de los opositores de la Independencia

(D) Una historia de las batallas por la Independencia

4 Según el anuncio, ¿cuál de las siguientes afirmaciones es correcta?

(A) La exposición solo se presentará en el Museo Bolivariano.

(B) La exposición se presentará en toda la región Caribe.

(C) La exposición viajará a Barranquilla.

(D) La exposición viajará por todo el Departamento de Magdalena.

5 Según el anuncio, ¿cuántos tipos de boletas de entrada se venden en la taquilla del museo?

(A) Uno

(B) Seis

(C) Tres

(D) Dos

34

Tema curricular: Las identidades personales y públicas
Contexto: Los héroes y los personajes históricos

Este fragmento de la novela *Malinche*, de la escritora mexicana Laura Esquivel, presenta al conquistador español Hernán Cortés tras sus primeros encuentros con los indígenas mexicanos.

Malinche (Fragmento)

por Laura Esquivel

Línea Cortés había ganado la primera batalla. Su instinto de triunfo había logrado la derrota de los indígenas de Cintla. Desde luego, la presencia de los caballos y la artillería había jugado el papel
5 más importante en esa, su primera victoria en suelo extraño. Sin embargo, lejos de encontrarse con ánimo festivo y celebrando, un sentimiento de impotencia se había apoderado de su mente.

Desde pequeño había desarrollado la seguridad
10 en sí mismo por medio de la facilidad que poseía para articular las palabras, entretejerlas, aplicarlas, utilizarlas de la manera más conveniente y convincente. A todo lo largo de su vida, a medida que había ido madurando, comprobaba que no
15 había mejor arma que un buen discurso. Sin embargo, ahora se sentía vulnerable e inútil, desarmado. ¿Cómo podría utilizar su mejor y más efectiva arma ante aquellos indígenas que hablaban otras lenguas?

20 Cortés hubiera dado la mitad de su vida con tal de dominar aquellas lenguas del país extraño. En La Española y en Cuba había progresado y ganado puestos de poder gracias a la manera en que decía sus discursos, adornados con latinajos, luciendo
25 sus conocimientos.

Cortés sabía que no le bastarían los caballos, la artillería y los arcabuces para lograr el dominio de aquellas tierras. Estos indígenas eran civilizados, muy diferentes a aquellos de La Española y Cuba.

Los cañones y la caballería surtían efecto entre la 30 barbarie, pero dentro de un contexto civilizado lo ideal era lograr alianzas, negociar, prometer, convencer y todo esto sólo podría lograrse por medio del diálogo, del cual se veía privado desde el principio. 35

En este nuevo mundo recién descubierto, Cortés sabía que tenía en sus manos la oportunidad de su vida. Sin embargo, se sentía maniatado. No podía negociar, necesitaba con urgencia alguna manera de manejar la lengua de los indígenas. Sabía que 40 de otra forma —a señas, por ejemplo— le sería imposible lograr sus propósitos. Sin el dominio del lenguaje, de poco le servirían sus armas. Pensó que sería lo mismo que querer utilizar un arcabuz como un garrote, en vez de dispararlo. 45

La velocidad de su pensamiento podía crear en fracción de segundos nuevos propósitos y nuevas verdades que le sirvieran para sostener la vida de acuerdo a su conveniencia. Pero estas ideas y propósitos descansaban en la solidez de su discurso. 50

También estaba convencido de que la fortuna favorece a los valientes, pero en este caso, la valentía —que la tenía de sobra— de poco serviría. Ésta era una empresa construida desde el principio a base de palabras. Las palabras eran los ladrillos y 55 la valentía la argamasa.

Sin palabras, sin lengua, sin discurso, no habría empresa, y sin empresa, no habría conquista.

1 Según el relato, ¿por qué se había apoderado de la mente de Cortés un sentimiento de impotencia?

(A) Porque pensaba que iba a perder otras batallas

(B) Porque no conocía el idioma de los indígenas

(C) Porque había perdido muchas armas en la batalla

(D) Porque pensaba que no podría volver a España

2 ¿Qué se revela en el relato sobre la infancia de Hernán Cortés?

(A) Que desde pequeño manejaba muy bien el lenguaje

(B) Que desde pequeño se había sentido vulnerable

(C) Que desde pequeño había dado grandes discursos

(D) Que desde pequeño manejaba muy bien las armas

3 ¿Cuál es el significado de la frase "Cortés hubiera dado la mitad de su vida con tal de dominar aquellas lenguas" (líneas 20-21)?

(A) Dominar esas lenguas era cuestión de vida o muerte.

(B) Cortés había estudiado esas lenguas durante muchos años.

(C) Cortés finalmente había logrado dominar esas lenguas.

(D) Dominar esas lenguas era muy importante para Cortés.

4 Según el relato, ¿qué le sucedió a Hernán Cortés en La Española y Cuba, antes de llegar a México?

(A) Había logrado la fama.

(B) Había logrado poder.

(C) Había aprendido latín.

(D) Había vencido a los indígenas.

5 Según el relato, ¿cuál de las siguientes afirmaciones refleja mejor la opinión de Cortés sobre los indígenas de México?

(A) No les bastaban los caballos y las armas.

(B) Se negaban a establecer un diálogo.

(C) Eran más civilizados que los del Caribe.

(D) Vivían dentro de la barbarie.

6 ¿Qué se revela en el relato sobre la personalidad de Hernán Cortés?

(A) Que era un hombre valiente

(B) Que era un hombre afortunado

(C) Que era un hombre de grandes propósitos

(D) Que era un hombre de empresa

7 Según el relato, ¿cuál podría haber sido la mejor estrategia de Hernán Cortés para conquistar a los indígenas de México?

(A) Poseer mejores armas

(B) Negociar y establecer alianzas

(C) Convencerlos de sus propósitos

(D) Entender su cultura

35

Tema curricular: Las identidades personales y públicas
Contexto: La enajenación y la asimilación

Fuente n.º 1

Este artículo nos informa sobre la emigración de ciudadanos peruanos a diversas regiones del mundo entre 2007 y 2009, y sobre el retorno de algunos de ellos en el contexto de la crisis económica mundial. El artículo fue publicado el 17 de octubre de 2011 en el diario *La República* de Lima, Perú.

663 peruanos emigran al día

por Cynthia Campos

Línea   La emigración en el Perú tiene rostro de mujer. De acuerdo con un reciente estudio realizado por el Instituto Nacional de Estadística e Informática (INEI) y la Organización Internacional para las

5   Migraciones (OIM), durante los años de la crisis económica, esto es desde el 2007 al 2009, fueron más las mujeres que decidieron dejar el país para probar algo de suerte en el extranjero.

   César Estrella, funcionario de la OIM, explicó

10   además que en los últimos años se ha registrado una feminización de las migraciones; es decir, en el mundo son ellas quienes más emigran. En nuestro país, la cifra hacia el 2009 es de un 51,80% contra un 48,20% masculino.

15   **El "sueño sudamericano"**

   El estudio revela también que durante el período marcado por la incertidumbre financiera en países como Estados Unidos, el sueño americano tuvo que adquirir una dimensión más local. Así, países

20   como Chile, Ecuador y Argentina tuvieron un papel preponderante en las migraciones peruanas, revela César Estrella. "El hecho de que existiera una crisis en Estados Unidos varió un poco el panorama y entonces se vio más migración

25   interregional, es decir, entre países de Sudamérica. Hubo mayor migración hacia Chile, por ejemplo, aunque se siguió emigrando hacia Estados Unidos, a pesar de la crisis", explica el experto.

   Por otro lado, la crisis financiera internacional no mermó los ánimos de los peruanos. De hecho, 30 la cifra de migrantes durante estos años tuvo un incremento. "Esto merece un análisis particular, porque si se establece esta mirada de que el Perú crece, en teoría debería disminuir la cifra de migrantes y por el contrario, se fueron más", 35 comenta.

   Si para el 2006, se registró la salida del país de más de 177 mil peruanos, esa cifra aumentó en 2007 a 225 mil 459 salidas y en 2008 alcanzó un pico de 251 mil 102 migrantes, el más alto desde 40 1990. Ya para el 2009, la cifra de peruanos que salieron era de 249 mil 491, según señalan las estadísticas. Esto quiere decir que en promedio 663 compatriotas viajan por día.

   "En los últimos veinte años se nota un 45 incremento sostenido en el número de migrantes. Cada vez son más los que se van", indica Estrella. Para descifrar los motivos de su partida se revisa los datos registrados en la Tarjeta Andina de Migración. La mayoría, un contundente 95,8%, 50 dice que se va para hacer turismo. Pero esto no indica necesariamente que los peruanos estén en realidad paseando por el mundo. Ello llama la atención más bien porque podría ser indicativo de migración no regular. 55

   En otro nivel de análisis, las razones de la

partida de peruanos al extranjero se encuentran en el desequilibrio entre oferta y demanda laboral. Se llega incluso a ver hogares que invierten todos 60 sus recursos económicos para lograr enviar a algunos de sus miembros al exterior, atraídos por la economía de Estados Unidos o de Argentina en un primer momento, seguido del auge petrolero de Venezuela o el crecimiento económico de Japón.

65 **Los que retornaron**

Al momento de la medición, los expertos del INEI y de la OIM tenían un objetivo claro: determinar si durante los años de la crisis internacional los peruanos decidieron regresar de los países a los que habían viajado. Esperaban un 70 retorno masivo. Se equivocaron.

"Lo que se descubrió fue que los peruanos no retornaron masivamente como se especulaba aunque sí hubo un ligero incremento", precisa. Así, si en el 2008 retornaron 22 mil 559 peruanos, para 75 el 2009, esta cifra ascendió a 35 mil 090 personas, que regresaron en primer lugar de Chile, y luego de países como Estados Unidos, España, Bolivia, Chile y Ecuador para sentir nuevamente el calor del suelo patrio. 80

Fuente n.º 2

Esta tabla presenta información sobre la emigración peruana, según el sexo de los emigrantes y su año de salida, entre 1994 y 2010. La tabla se basa en información del Instituto Nacional de Estadística e Informática de Perú.

Perú: Emigración internacional, según sexo y año de salida					
Año de salida	**Total**	**Mujeres**		**Hombres**	
		Absoluto	%	*Absoluto*	%
1994-2010	1.989.558	1.006.136	50,6	938.422	49,4
1995	30.339	15.539	51,2	14.800	48,8
2000	51.682	27.231	52,7	24.451	47,3
2005	162.512	77.421	47,6	85.091	52,4
2010	235.541	125.673	53,4	109.868	46,6

Fuente: INEI, Instituto Nacional de Estadística e Informática (Perú)

1 ¿A qué se refiere el artículo cuando dice que "La emigración en el Perú tiene rostro de mujer." (línea 1)?

(A) Históricamente, muchas peruanas emigran.

(B) Históricamente, emigran más peruanas que peruanos.

(C) Más peruanas que peruanos emigraron entre 2007 y 2009.

(D) La crisis económica ha afectado más a las peruanas.

2 Según el artículo, ¿cuál de las siguientes afirmaciones sobre la emigración a nivel global es correcta?

(A) A nivel global, la emigración tiene rostro de mujer.

(B) A nivel global, la emigración tiene rostro de hombre.

(C) A nivel global, la emigración no tiene rostro definido.

(D) A nivel global, 51,80% de los emigrantes son mujeres.

3 Según en artículo, ¿cuál de las siguientes afirmaciones refleja mejor el impacto de la crisis económica mundial en los emigrantes peruanos?

(A) Ya no emigran a Estados Unidos.

(B) Solo emigran a países cercanos.

(C) Emigran en menor cantidad.

(D) Emigran a Estados Unidos y otros países.

4 Según el artículo, ¿cuál de las siguientes afirmaciones refleja mejor la situación actual de Perú?

(A) La economía crece, pero la emigración aumenta.

(B) La economía crece y la emigración se reduce.

(C) La economía no crece y la emigración aumenta.

(D) La economía no crece y la inmigración se reduce.

5 En el artículo, ¿por qué se describe el porcentaje de peruanos que afirman viajar por motivos de turismo (95,8%) como "contundente" (línea 50)?

(A) Porque la cifra es falsa

(B) Porque la cifra es muy alta

(C) Porque la cifra es muy baja

(D) Porque la cifra no se puede verificar

6 ¿Cuál es uno de los factores que influye en la decisión de emigrar de muchos peruanos?

(A) La excesiva oferta de empleo en Perú

(B) La crisis económica en Estados Unidos

(C) La falta de empleo en Perú

(D) Los recursos económicos de las familias

7 ¿Qué efecto tiene el auge petrolero de Venezuela sobre los emigrantes peruanos?

(A) Los atrae a Venezuela.

(B) Los aleja de Venezuela.

(C) No tiene mayor efecto.

(D) Hace que retornen a su país.

8 Según el artículo, ¿cuál de las siguientes afirmaciones resume mejor la situación de los emigrantes peruanos en 2008 y 2009?

(A) Regresaron a su país masivamente.

(B) Esperaban regresar a su país, pero se equivocaron.

(C) No regresaron a su país.

(D) Regresaron a su país, pero en números pequeños.

9 ¿Cuál de las siguientes afirmaciones sobre la emigración de peruanos en el período 2000-2005 es correcta en términos aproximados?

(A) La emigración se duplicó.

(B) La emigración se triplicó.

(C) La emigración disminuyó.

(D) La emigración se diversificó.

10 ¿Cuál de las siguientes describe mejor la emigración de peruanos entre 1995 y 2010?

(A) Ha crecido vertiginosamente.

(B) Ha decrecido pausadamente.

(C) Ha crecido equilibradamente.

(D) Se ha equilibrado rápidamente.

11 Tienes que hacer una presentación basada en el artículo y la tabla. ¿Cuál de los siguientes títulos sería apropiado para tu presentación?

(A) "Debido a la crisis, aumenta la emigración en Perú"

(B) "La crisis no afecta la emigración en Perú"

(C) "A pesar de la crisis, aumenta la emigración en Perú"

(D) "A pesar de la crisis, menos peruanas emigran"

Tema curricular: Las identidades personales y públicas
Contexto: Las creencias personales

En esta carta, una profesora de periodismo responde a las preguntas planteadas por un estudiante sobre la objetividad en su profesión.

Apreciado estudiante: Línea

Leí la carta que usted me envió preguntándome si creo que es posible ejercer
un periodismo objetivo. Mi respuesta a su interrogante es más compleja de lo
que parece, y a menudo causa decepción entre los estudiantes.

Es usual que los alumnos opinen que sí se puede y que la prensa tiene el   5
deber de ser objetiva. Pero ¿qué es la objetividad? Digamos que es informar
de modo que las creencias, los prejuicios y las preferencias personales del
periodista no interfieran en la manera como desarrolla su trabajo; es decir,
en el proceso que concluye con la publicación de la noticia. También, que
la noticia presente una realidad pura y libre de prejuicios y de la ideología   10
del redactor.

El proceso de elaboración de la noticia incluye, entre otros, el por qué se
elige un tema y no otro, quiénes serán los entrevistados, qué preguntas
hacer, la actitud del reportero con el entrevistado (de respeto, admiración,
desconfianza, de superioridad). También incluye el criterio para definir qué   15
parte de las respuestas elige y que parte no, para redactar la noticia.

Una manera de verificar la capacidad para ser objetivos es preguntar con
qué facilidad resultaría escribir sobre un partido de béisbol o de fútbol en
el cual perdió su equipo favorito, o sobre el candidato de la oposición que
ganó unas elecciones. ¿Cree que podría ser verdaderamente objetivo? Por esta   20
razón, le sugiero tratar de considerar principios tales como: imparcialidad,
equilibrio, ética...

Atentamente,

Mariana Tejeiros
Profesora asociada   25
Escuela Superior de Periodismo

1 En la carta, ¿cuál es el significado de la frase "a menudo causa decepción entre los estudiantes" (línea 4)?

(A) Con frecuencia causa decepción.

(B) Causa una pequeña decepción.

(C) Causa una gran decepción.

(D) Causa decepción a pocos estudiantes.

2 Según la carta, ¿cuál de las siguientes afirmaciones refleja mejor la opinión usual de los estudiantes sobre la objetividad en el periodismo?

(A) Los periodistas tienen la opción de ser objetivos.

(B) Los periodistas están obligados a ser objetivos.

(C) Los periodistas tienen el deseo de ser objetivos.

(D) Los periodistas siempre son objetivos.

3 Según la carta, ¿cuál de las siguientes afirmaciones define mejor qué es la objetividad?

(A) Informar sobre los prejuicios del periodista

(B) Informar de manera personal

(C) Informar a pesar de las interferencias

(D) Informar de manera neutral

4 Según la carta, ¿en qué momento concluye la labor de un periodista?

(A) Cuando logra ser objetivo

(B) Cuando desarrolla su trabajo

(C) Cuando se publica la noticia

(D) Cuando nada interfiere con su trabajo

5 ¿Por qué se menciona en la carta la actitud del reportero con el entrevistado?

(A) Porque los periodistas deben informar sobre sus actitudes

(B) Porque es parte del proceso de elaboración de noticias

(C) Porque es parte del proceso de la objetividad

(D) Porque los periodistas deben tener buenas actitudes

6 En la carta, ¿cuál es el significado de la frase "para redactar la noticia" (línea 16)?

(A) Para escribir la noticia

(B) Para publicar la noticia

(C) Para editar la noticia

(D) Para desmentir la noticia

7 ¿Cuál de las siguientes afirmaciones resume mejor el contenido de la carta?

(A) Los periodistas nunca pueden ser objetivos.

(B) La objetividad en el periodismo es difícil de lograr.

(C) Los periodistas siempre son objetivos.

(D) La objetividad es el deber de los periodistas.

PART B
Interpretive Communication:
Print and Audio Texts (combined)

Strategies   Print and Audio Texts

Section I, Part B requires you to interpret meaning from a combination of print and audio texts. This activity type has two formats: in one, you will listen to an audio report and read an article; and in the other, you will listen to a conversation and read a chart. Some strategies will be appropriate for both formats, but you will also want to apply strategies targeted to each format.

1. **Scan the entire selection to determine the activity format** By reviewing the activity, you can quickly see whether it is the *audio report/article* format or the *conversation/chart* format.

2. **Preview the entire selection before you begin** Read the titles and introductions to the texts, then skim the questions you will be asked.
   - Find clues to help you predict what the texts might be about.
   - Think about any personal experiences you've had that might be related to the topic.

3. **Compare and contrast** After previewing the selection, see if you can determine how the two texts are related. Try to determine what the texts might have in common and how they might differ.

4. **Plan your approach to listening** You will have a chance to listen to each audio text twice. You should approach the text differently depending on whether you are hearing it for the first or the second time.

   The first time you listen:
   - Try to understand who is speaking and the gist of what he or she is saying.
   - Determine each speaker's perspective and purpose.
   - Do not become frustrated over details or individual words that get in the way of comprehension.

   The second time you listen:
   - Focus more on details, such as who, what, where, and when.
   - Take notes on specific data, such as numbers and names.
   - Try to make sense of what you may not have understood the first time you listened.

5. Synthesize Integrate information from the two sources and draw conclusions. Incorporate new perspectives into your understanding of culture.

6. Review the strategies on pp. 4–5 and p. 135 of this book.

Audio report and article

1. **Understand the format** For this format, you will be asked to listen to an audio broadcast and read a printed article. Then, you will answer 10 multiple choice questions:
   - 4 questions on the article
   - 4 questions on the audio "text"
   - 2 questions related to both texts.

   Knowing how the questions are distributed will help you figure out where to look for answers.

2. **Determine the message and point of view** Keep in mind that most selections will focus on one central idea, and identifying that idea is critical. As you read and listen, think about answers to the following questions:
   - What is the writer/speaker trying to say and why?
   - How is the writer/speaker expressing it? Is information presented as…

     an analysis: objectively presenting information to examine a topic?

     an argument: subjectively presenting opinions intended to persuade?

3. **Evaluate** Make judgments about how and what information is being presented, as well as what evidence is used to support any arguments or hypotheses.
   - Is the writer/speaker presenting facts or opinions?
   - Does the writer/speaker provide supporting evidence or sources?

4. **Take notes and underline** Keep track of important information as you read and listen.

Conversation and chart

1. **Understand the format** For this format, you will be asked to listen to a conversation and read a chart. Then, you will answer 7 multiple choice questions:
   - 3 questions on the chart
   - 3 questions on the conversation
   - 1 question related to both sources

Knowing how the questions are distributed will help you figure out where to look for answers.

2. **Determine who the speakers are** As you listen to the conversation, keep track of who is speaking. Try to understand each speaker's perspective and the purpose of the conversation. Are the two participants friends? Colleagues? What is their relationship?

3. **Use the speakers' tone of voice** Recognizing whether the speakers have a serious, formal tone or an informal tone may help you understand the content of what they are saying.

4. **Evaluate similarities and differences in perspectives** If the speakers are taking different sides of an issue, evaluate the similarities and differences in their positions.

5. **Preview the chart** Read the title, the column headings, and the row headings.

6. **Read the chart systematically** Use a systematic approach to reading the chart.

- Read down the far left column and across the top row first to determine how the table is organized.
- Analyze any patterns you see in the table and the differences from one column to the next.
- Read any other text that has been written on or around the graphic.

7. **Memorize the direction lines below!**

Directions: You will listen to one or more audio selections. Some audio selections may be accompanied by reading selections. When there is a reading selection, you will have a designated amount of time to read it. For each audio selection, first you will have a designated amount of time to read a preview of the selection as well as to skim the questions that you will be asked. Each selection will be played twice. As you listen to each selection, you may take notes. Your notes will not be scored. After listening to each selection the first time, you will have 1 minute to begin answering the questions; after listening to each selection the second time, you will have 15 seconds per question to finish answering the questions. For each question, choose the response that is best according to the audio and/or reading selection and mark your answer on your answer sheet.

Instrucciones: Vas a escuchar una o varias grabaciones. Algunas grabaciones van acompañadas de lecturas. Cuando haya una lectura, vas a tener un tiempo determinado para leerla. Para cada grabación, primero vas a tener un tiempo determinado para leer la introducción y prever las preguntas. Vas a escuchar cada grabación dos veces. Mientras escuchas, puedes tomar apuntes. Tus apuntes no van a ser calificados. Después de escuchar cada selección por primera vez, vas a tener 1 minuto para empezar a contestar las preguntas; después de escuchar por segunda vez, vas a tener 15 segundos por pregunta para terminarlas. Para cada pregunta, elige la mejor respuesta según la grabación o el texto e indícala en la hoja de respuestas.

Tema curricular: Las familias y las comunidades
Contexto: La ciudadanía global

Fuente n.º 1

En este artículo, el periodista Andrés Oppenheimer escribe sobre la "fuga de cerebros" que afecta a muchos países de Latinoamérica y presenta un nuevo estudio sobre el tema. El artículo fue publicado en el diario *La Nación* de Argentina el 2 de agosto de 2005.

Otra cara de la fuga de cerebros

por Andrés Oppenheimer

Línea Desde hace mucho tiempo venimos escuchando que la fuga de cerebros de América Latina —los miles de científicos, médicos y académicos que anualmente emigran a Estados Unidos— es una

5 tragedia para los países exportadores de talento. No estén tan seguros: en muchos casos, puede ser una bendición.

Es cierto que los países latinoamericanos cuyas universidades estatales subvencionan la educación

10 gratuita pierden parte de su inversión en educación cuando sus graduados deciden irse. Pero, en la nueva economía global, lo que antes se llamaba "fuga de cerebros" se está convirtiendo en muchos casos en una ganancia económica y de conocimientos.

15 En la India, Taiwán y varios países de Europa del Este, miles de emigrados han regresado a sus países trayendo inversiones, nuevos conocimientos y contactos valiosos. En Taiwán, cerca del 40 por ciento de las compañías de alta tecnología

20 en el parque industrial-científico Hschinchu son dirigidas por expatriados —muchos de los cuales trabajaron en Silicon Valley, California— que han regresado.

Y muchos de los que se quedan en el extranjero

25 se han convertido en importantes fuentes de inversión y remesas, al igual que en entusiastas promotores de intercambios académicos con sus países. Por lo que he visto en viajes a Irlanda y a Polonia, una gran parte del progreso reciente

30 de ambos países se dio por las inversiones de sus comunidades en el exterior.

Estaba pensando en estos ejemplos en estos días, tras leer "La movilidad internacional de talento", un nuevo estudio del economista chileno

35 graduado del MIT Andrés Solimano, de la Comisión Económica para América Latina y el Caribe (CEPAL).

El estudio confirma que Estados Unidos continúa siendo el principal imán para el talento

40 latinoamericano: atrae a un 60 por ciento de los profesionales altamente calificados y empresarios de la región que van a vivir al exterior. La emigración de cerebros ha aumentado en los años 90, dice Solimano. Según estimaciones del Banco

45 Mundial, un 14,3 por ciento de los graduados universitarios mexicanos en el año 2000 residía en el exterior, mientras que el porcentaje en Colombia es del 11 por ciento; en Chile, del 5,3 por ciento; en Brasil, del 3,3 por ciento, y en la Argentina, del

50 2,5 por ciento. Los porcentajes más altos están en América Central y el Caribe.

Aun así, son relativamente pocos los profesionales latinoamericanos altamente calificados que son admitidos en Estados Unidos bajo las visas

55 H-1B, reservadas para personas con "méritos distinguidos". En 2002, el 65 por ciento de estas visas fue para emigrantes asiáticos, mientras que solo un 6 por ciento fue para sudamericanos.

Esto se debe a que Estados Unidos está dando la mayoría de estas visas a expertos en tecnología de la información, donde Asia sobresale, dice la Cepal.

Aunque el estudio no llega a afirmar contundentemente que la emigración de cerebros puede, en muchos casos, tener un efecto positivo para sus países de origen, sí ofrece una visión equilibrada del tema, que puede ayudar a cambiar el viejo concepto de la fuga de cerebros.

"Si la emigración sigue un ciclo, y el emigrante regresa a casa trayendo capital fresco, contactos y conocimiento, tenemos un efecto de desarrollo positivo para el país de origen" —dice el estudio de Solimano—. "Asimismo, el talento frecuentemente circula, en lugar de emigrar permanentemente. El talento a lo mejor hace visitas frecuentes al país, se compromete con organizaciones profesionales, universidades y otras instituciones similares locales."

Algunos países de América Latina están empezando a recibir el mensaje. El mes pasado, el Ministerio de Trabajo de la Argentina, la Fundación Chile y el Instituto de los Mexicanos en el Exterior realizaron separadamente encuentros con expatriados de sus respectivos países, con apoyo estatal, para construir puentes con ellos.

Solimano me señaló que los países latinoamericanos harían bien en crear programas oficiales para tratar de "reconectar" a expatriados altamente calificados con sus países y en conceder exenciones impositivas y otros incentivos a aquellos que estén dispuestos a volver. Sin embargo, uno de los principales obstáculos para el regreso de los talentos emigrados es la cultura de desconfianza, dijo Solimano.

Mi conclusión: la emigración va a continuar, les guste o no a los países exportadores de cerebros. De manera que América Latina debería empezar a sacarle provecho. En la nueva economía global, la "circulación de talento" puede ser una ganancia para todos.

Fuente n.º 2

En esta entrevista radial, Juan Artola, director regional para Sudamérica de la Organización Internacional para las Migraciones, habla sobre el fenómeno de la fuga de cerebros en la región. La entrevista se transmitió por el programa "Puntos Cardinales" de la Radio de las Naciones Unidas el 28 de junio de 2012.

Duración: 2 minutos 44 segundos

◀)) ————————————————————————

1 **¿Por qué Andrés Oppenheimer titula su artículo "Otra cara de la fuga de cerebros"?**

(A) Porque presenta los altos costos de la fuga de cerebros para Latinoamérica

(B) Porque en un artículo anterior ya ha hablado sobre el tema

(C) Porque presenta una visión positiva de la fuga de cerebros, distinta a la visión habitual

(D) Porque habla de la fuga de cerebros en otras regiones, no solamente en Latinoamérica

2 **¿Con que propósito se menciona en el artículo a dos países europeos, Irlanda y Polonia?**

(A) Para mostrar que en ellos nunca hubo fuga de cerebros

(B) Para mostrar las consecuencias negativas de la fuga de cerebros

(C) Para usarlos como ejemplos de países que han progresado gracias a sus emigrantes

(D) Para usarlos como ejemplos de países que no han progresado en los últimos años

3 ¿A qué se refiere el estudio de Andrés Solimano, mencionado en el artículo, al decir que "el talento frecuentemente circula" (líneas 72-73)?

(A) Los emigrantes con frecuencia vuelven de visita a sus países y trabajan con instituciones locales.

(B) Los países donde hay fuga de cerebros con frecuencia reciben talentos extranjeros.

(C) El talento no se concentra nunca en un solo país.

(D) Las personas capacitadas y talentosas con frecuencia buscan emigrar y no vuelven a sus países.

4 Según el artículo, ¿qué se puede decir sobre los inmigrantes sudamericanos con "méritos distinguidos" (líneas 55-56) en Estados Unidos?

(A) Un 60 por ciento de ellos no regresa nunca a sus países.

(B) Son relativamente pocos, comparados con inmigrantes de otras regiones.

(C) No son expertos en tecnología de la información.

(D) Desean regresar a sus países, pero no encuentran incentivos.

5 Según la fuente auditiva, ¿en qué período histórico cobró mayor auge la fuga de cerebros en Latinoamérica?

(A) En los años 80

(B) En la primera mitad del siglo XX

(C) En la actualidad

(D) En las décadas de 1960 y 1970

6 ¿Por qué se dice en la fuente auditiva que la "economía del conocimiento" alimenta la fuga de cerebros?

(A) Porque promueve la innovación en los países desarrollados.

(B) Porque requiere de personal calificado que a veces no está disponible en los países desarrollados.

(C) Porque permite a muchas compañías conocer dónde se encuentra el mejor personal.

(D) Porque el conocimiento es una necesidad vital de los países desarrollados.

7 En la fuente auditiva, ¿a qué se refiere la frase "disparidades salariales"?

(A) Los trabajadores calificados ganan más dinero en los países desarrollados que en sus países de origen.

(B) Los países de Latinoamérica están en proceso de crecimiento económico.

(C) Las grandes compañías del mundo buscan atraer personal calificado.

(D) En todos los países, el personal calificado gana más dinero que el personal no calificado.

8 Según la fuente auditiva, ¿cuál de las siguientes afirmaciones representa mejor la situación actual de la fuga de cerebros?

(A) La fuga de cerebros ha generado una crisis en Latinoamérica.

(B) La fuga de cerebros ha generado malas condiciones de trabajo en Europa.

(C) Debido a la crisis en los países desarrollados, hay un mayor porcentaje de retorno.

(D) A pesar de la crisis, el personal calificado prefiere no retornar a su país.

9 Según lo que has leído y escuchado, ¿cuál de las siguientes afirmaciones es correcta?

(A) El artículo dice que los países latinoamericanos no están interesados en que retornen sus emigrantes calificados, pero según la fuente auditiva, sí lo están.

(B) El artículo y la fuente auditiva muestran que algunos países latinoamericanos han empezado a promover el retorno de su personal calificado.

(C) La fuente auditiva y el artículo dan opiniones opuestas sobre el retorno de personal calificado.

(D) La fuente auditiva menciona el retorno; el artículo no lo menciona.

10 La fuente auditiva menciona que algunos países latinoamericanos están promoviendo la "revinculación" de sus emigrantes calificados. Según lo leído en el artículo, ¿cuál de los siguientes obstáculos dificulta esa iniciativa?

(A) La cultura de la desconfianza

(B) Los bajos salarios

(C) La falta de personas calificadas

(D) La ausencia de incentivos

2 **Tema curricular:** Las familias y las comunidades
Contexto: La estructura de la familia

Fuente n.º 1

Esta tabla registra los resultados de una encuesta hecha en mayo de 2012 por la revista *Credencial* a familias de cuatro ciudades colombianas.

¿Cuál considera que es el número ideal de hijos que debe tener una pareja?					
Número de hijos	**Bogotá**	**Medellín**	**Cali**	**Barranquilla**	**Total**
No debe tener hijos	1 %	1 %	0 %	0 %	1 %
Uno	7 %	9 %	11 %	2 %	7 %
Dos	72 %	70 %	69 %	56 %	67 %
Tres	16 %	15 %	16 %	33 %	20 %
Cuatro o más	4 %	5 %	4 %	9 %	5 %

Fuente: Credencial, "Como es la nueva familia colombiana", mayo de 2012

Fuente n.º 2

En esta grabación, Camila está conversando con su abuela, Olga. Camila está cursando el tercer semestre de Historia y debe investigar un poco sobre sus ancestros. Tiene que preparar una presentación sobre cómo ha evolucionado la estructura familiar en su ciudad durante el último siglo. Para ello, debe basarse en su propia familia.

Duración: 2 minutos 49 segundos

🔊))

1 **¿Qué tipo de información presenta la tabla?**

(A) El número de hijos que el gobierno de Colombia permite tener a las familias del país.

(B) Los resultados de una encuesta de opinión realizada en toda Colombia.

(C) Los resultados de una encuesta de opinión realizada en algunas ciudades colombianas.

(D) Los resultados de un censo de familias realizado en algunas ciudades de Colombia.

2 **¿A qué se refiere el encabezado de la primera columna, "Número de hijos"?**

(A) La cantidad promedio de hijos de las familias colombianas

(B) Opiniones sobre la cantidad de hijos que las familias deben tener

(C) Creencias sobre la cantidad de hijos que tienen las familias en Colombia

(D) Opiniones sobre la cantidad de hijos que las familias desean tener

3 Una familia de Medellín desea tener seis hijos. ¿En qué casillero de la columna correspondiente a esa ciudad debe colocarse a esa familia?

(A) El primer casillero de la columna

(B) El último casillero de la columna

(C) El casillero titulado "Dos"

(D) Esa familia quedaría fuera de la tabla.

4 Según la conversación, ¿cuántos hermanos tiene Camila en total?

(A) uno

(B) ocho

(C) dos

(D) ninguno

5 Según la conversación, ¿cuántos hijos tuvo la abuela de Camila?

(A) dos

(B) doce

(C) ocho

(D) cinco

6 Según la conversación, ¿cuál de las siguientes afirmaciones es correcta?

(A) En el pasado, solo las familias ricas tenían muchos hijos.

(B) En el pasado, las familias que vivían en el campo tenían pocos hijos.

(C) Las familias tenían más hijos en el pasado que en la actualidad.

(D) La cantidad de hijos que tienen las familias no ha cambiado con el tiempo.

7 ¿Qué porcentaje de la población de la ciudad de Bogotá opina lo mismo que Camila sobre el número ideal de hijos para una familia actual?

(A) 72%

(B) 67%

(C) 4%

(D) 1%

3 **Tema curricular:** Las familias y las comunidades
Contexto: Las tradiciones y los valores

Fuente n.º 1

En este artículo, la lingüista española Concepción Martínez Pasamar, profesora de la Universidad de Navarra, escribe sobre el rango geográfico de la lengua española y sus posibilidades de crecimiento y desarrollo en el futuro. El artículo fue publicado originalmente en la revista *Comunicación y sociedad* en el año 2005.

La lengua española en el mundo globalizado

por Concepción Martínez Pasamar

Línea Indudablemente, el español debe tenerse en cuenta al hablar de lenguas internacionales en el mundo globalizado. Desde el punto de vista cualitativo, la cifra que ya se maneja para los hispanohablantes
5 es la de 400 millones en todo el mundo, en la que podemos distinguir a aquellos que habitan territorios en los que la lengua es oficial —o co-oficial— y los que forman parte de minorías lingüísticas en países donde un idioma diferente tiene ese rango.
10 Como se sabe, en África el español se habla, además de en Ceuta y Melilla, en algunos puntos del antiguo protectorado español de Marruecos. Existen también minorías de hispanohablantes en Guinea Ecuatorial, un país multilingüe en el que
15 conviven siete lenguas autóctonas con un criollo portugués, un pidgin inglés y el español.
En Filipinas, la gran presión ejercida por Estados Unidos en pro del inglés a partir de 1898, con fuertes inversiones económicas, redujo considerablemente
20 el empleo de nuestra lengua, que perdió el rango de oficialidad en 1987. Su uso sigue disminuyendo desde entonces, excepto por la recuperación que supone su aprendizaje como lengua extranjera. En cambio, el criollo de base española, el chabacano,
25 se emplea con profusión.
Contrasta con estas situaciones la del español en Estados Unidos, donde se estima que son unos cuarenta millones de hispanohablantes —censados

o no— y se calcula un aumento constante no
solo debido a la inmigración, sino a la alta tasa 30
de crecimiento de sus usuarios. A las cifras cabe
añadir otros rasgos de ese español, como su
carácter de vínculo esencial para la población
hispana, grupo heterogéneo al que en realidad
unen la lengua y la herencia cultural común, esto 35
es, lo que de "español" presentan sus culturas.
De nuevo nos encontramos, pues, ante la lengua
como signo de identidad cultural, valorado así
también tanto por los poderes económicos como
informativos o políticos de aquel país. 40
En cuanto a los medios de comunicación, los
hispanohablantes son hoy por hoy una parte
importante de la audiencia: la radio, la prensa escrita
y la televisión en español gozan de muy buena salud
en Estados Unidos. 45
Especialmente en el último caso, el español ofrece
una competencia relativamente importante a los
canales en inglés. Pueden destacarse dos aspectos:
por un lado, en Estados Unidos, especialmente a
través de algunos géneros, como las telenovelas, 50
se ha contribuido a la afirmación de ciertos rasgos
comunes de identidad; por otra parte, algunos
productos televisivos han resultado determinantes
en la difusión de la norma culta hispánica de aquel
país, en la que se han nivelado distintas variedades 55
geográficas del español; también desde el punto

de vista lingüístico, cabe señalar, además, el hecho de que hoy más que nunca el futuro del español está en manos de América, ya que a los países tradicionalmente hispanohablantes se suma el papel, tal vez determinante, que para su futuro pueden desempeñar los Estados Unidos.

60

Fuente n.º 2

Esta grabación presenta algunas características del uso del idioma español en el mundo actual. Se transmitió originalmente en el programa "Futuro abierto" de Radio Nacional de España el 19 de abril de 2009. (Duración: 2 minutos 51 segundos)

1 **Según lo que has leído en la fuente escrita, ¿cuál de las siguientes afirmaciones es correcta?**

(A) Además de en España, el idioma español solo se habla en algunas regiones de África y Latinoamérica.

(B) El idioma español se habla en todos los continentes.

(C) Además de en España, el idioma español se habla en partes de Asia, África y el continente americano.

(D) El uso del español está disminuyendo en todo el mundo, salvo por los que lo estudian como lengua extranjera.

2 **Según la fuente escrita, ¿qué sucedía en Filipinas antes de 1987?**

(A) El español era idioma oficial.

(B) El español ejercía presión contra el inglés.

(C) No se hablaba español.

(D) No se hablaba español, pero sí chabacano.

3 **¿A qué se refiere el artículo al afirmar que en Estados Unidos "nos encontramos, (…) ante la lengua como signo de identidad cultural" (líneas 37-38)?**

(A) En Estados Unidos, el idioma español se usa poco en los medios de comunicación.

(B) Muchos estadounidenses aprenden español para conocer otras culturas.

(C) La población hispana de Estados Unidos es muy heterogénea y no tiene elementos en común.

(D) En Estados Unidos, el idioma español es un vínculo esencial para la población hispana.

4 **¿Qué afirma la fuente escrita sobre el futuro del idioma español?**

(A) Está en manos de la población hispanohablante de Estados Unidos.

(B) Está en manos de la población hispanohablante de Latinoamérica y Estados Unidos.

(C) Dependerá de su uso en los medios de comunicación y la televisión del mundo entero.

(D) En el futuro, el español tendrá que competir más y más con el inglés.

5 **Según la fuente auditiva, ¿en cuántos países del mundo es idioma oficial el español?**

(A) En veintiún países

(B) En cuatrocientos países

(C) En veintinueve países

(D) La fuente auditiva no da esa información.

6 **Según la fuente auditiva, ¿cuáles son los tres idiomas con mayor número de hablantes en el mundo?**

(A) El español, el inglés y el mandarín

(B) El mandarín, el inglés y el hindú

(C) El español, el inglés y el hindú

(D) El inglés, el español y el francés

7 Según la fuente auditiva, ¿por qué es posible hablar de la lengua española como fenómeno social, económico y político en Estados Unidos?

(A) Porque hay muchos estudiantes de español como lengua extranjera.

(B) Porque las universidades estadounidenses ofrecen más doctorados en español que en francés o alemán.

(C) Porque importantes figuras de la cultura estadounidense, como el escritor William Faulkner, se interesaron en el español.

(D) Porque la población hispana en Estados Unidos es numerosa y está creciendo.

8 Según la fuente auditiva, ¿qué reto está pendiente para el español en Internet?

(A) Que llegue a tener más usuarios

(B) Que llegue a tener mayor volumen de contenidos

(C) Que llegue a tener mejores programas y plataformas

(D) Que gane la "carrera de los idiomas"

9 Tanto la fuente auditiva como la fuente impresa destacan la importancia de los Estados Unidos para el futuro del idioma español. ¿Por qué?

(A) Porque la población hispana está creciendo y con ella crece la importancia social y económica del español.

(B) Porque el español compite con el inglés en todos los terrenos.

(C) Porque en Estados Unidos se genera un mayor volumen de contenidos para Internet.

(D) Porque muchos hispanohablantes viajan a Estados Unidos.

10 Si tuvieras que resumir lo que has leído y escuchado, ¿cuál de los siguientes títulos sería el más apropiado para tu resumen?

(A) Los idiomas del mundo

(B) El español como lengua extranjera

(C) Estados Unidos, país multilingüe

(D) El futuro del idioma español

Tema curricular: La ciencia y la tecnología
Contexto: El cuidado de la salud y la medicina

Fuente n.º 1

En este artículo, la periodista Diana Plasencia escribe sobre las virtudes nutricionales de la quinua y relata algunas experiencias personales con este alimento. El artículo fue publicado en el blog "Oveja Verde" del diario *El Comercio* de Lima, Perú, el 18 de junio de 2012.

A comer quinua una vez por semana

por Diana Plasencia

Línea Hace poco tiempo, la Primera Dama del Perú, Nadine Heredia, fue nombrada embajadora de la quinua ante el mundo por la Organización de Naciones Unidas para la Agricultura y la
5 Alimentación (FAO). Sin duda, esto nos hace voltear la mirada a esta planta tan nutritiva que, a pesar de ser reconocida por su nivel proteínico e incluso comparada con la leche y algunas carnes, no solemos ver mucho en nuestros almuerzos
10 diarios. ¿Se nos hace difícil prepararla o comerla? En mi caso, debo confesar que durante la niñez la quinua no fue precisamente mi comida favorita. El sabor me parecía algo amargo y además tenía el recuerdo de mi abuelita alimentando con
15 quinua recién cocida a unos pollitos que tenía por mascotas. Entonces para mí, a los 8 años, esa era comida para pollos.

Mi pelea con la quinua duró algún tiempo, no encontraba algún sabor agradable en ese pequeño
20 grano que por lo general se servía de una forma bastante aburrida. Sólo podía pasar la quinua bañada con chocolate en alguna golosina o camuflada en alguna mezcla para empanizar. Pero poco a poco, fui descubriendo lo versátil que era
25 en la cocina y fui encontrando diferentes maneras de comerla. Recuerdo que mi mamá comenzó a dármela en jugos o disfrazada con yogur y granola, y mi abuelita probó preparándomela en mazamorras dulces y acompañadas de frutas.

La quinua es un alimento sumamente nutritivo 30
que debería estar presente en la dieta de todos, no sólo en la de niños y personas vegetarianas. Deberíamos comerla al menos una vez por semana.

Un grano de quinua en promedio tiene 16% de proteínas y en algunos casos llega a tener 23%, el 35
doble de lo que nos puede proporcionar el arroz, la cebada o el maíz. Contiene diez aminoácidos esenciales para nuestro organismo y un alto porcentaje de lisina, fundamental para el desarrollo del cerebro. Aun cuando podríamos pensar que 40
se trata de un alimento calórico, la quinua es sumamente fácil de digerir y el 89% de sus ácidos grasos son no saturados, por lo que es perfecta para ser consumida por personas a dieta o que desean comer alimentos ligeros sin descuidar la calidad en 45
la nutrición. De hecho, me sorprendió oír hace poco en la radio a un fisicoculturista que mencionaba a la quinua negra como el alimento principal en su dieta en tiempos de competencia.

A la quinua se le han entregado premios, 50
condecoraciones y reconocimientos. Según la ONU, el 2013 será el Año Internacional de la Quinua, y ésta incluso forma parte del Programa de Reducción y Alivio de la Pobreza. Poco a poco este seudocereal (pues no es un cereal, 55
aunque lo conozcamos de esa manera por su valor nutricional) ha ingresado a las cartas de restaurantes muy reconocidos y está siendo

preparado cada vez de formas más gourmet. Sin
60 embargo, creo que no pierde ese halo de alimento
exótico más valorado por los extranjeros que por

nosotros mismos, quienes deberíamos consumirlo
más seguido y preocuparnos por hacerlo más
atractivo, sobre todo para los niños en casa.

Fuente n.º 2

Esta grabación trata de las virtudes de la quinua, un alimento originario de los Andes. En ella
se entrevista a Alan Bojanic, representante de la Organización de las Naciones Unidas para
la Alimentación y la Agricultura (FAO). La entrevista fue transmitida en julio de 2012 en el
programa "Puntos Cardinales" de la Radio de las Naciones Unidas.

Duración: 3 minutos

1 ¿Por qué la autora del artículo pensaba, a los 8 años de edad, que la quinua era un alimento para animales?

(A) Porque había visto a su abuelita alimentar con quinua a unos pollitos

(B) Porque su sabor es demasiado amargo para las personas

(C) Porque en su casa solo la cocinaban de formas aburridas

(D) Porque no era su comida favorita

2 La autora del artículo recomienda que se incluya la quinua en la alimentación semanal. ¿A qué población va dirigida esta recomendación?

(A) Únicamente a los niños y las personas vegetarianas

(B) Solo a las personas que se encuentran haciendo dieta

(C) A todas las personas

(D) Solo a los fisicoculturistas y otros atletas

3 ¿Qué propone Diana Plasencia para que en su país la quinua deje de considerarse un alimento exótico?

(A) Utilizarla con más frecuencia para alimentar mascotas

(B) Utilizarla con más frecuencia en preparaciones gourmet

(C) Hacerla valorar más por los extranjeros

(D) Consumirla con más frecuencia y prepararla en recetas más atractivas

4 ¿Cuál es el propósito principal del artículo escrito por Diana Plasencia?

(A) Describir la labor de la Primera Dama del Perú, Nadine Heredia, como promotora de la quinua en el año 2013

(B) Motivar a los lectores para que consuman más la quinua

(C) Promover el consumo de comidas gourmet entre los peruanos

(D) Narrar cómo su abuela la obligaba a comer quinua cada semana

5 De acuerdo con la fuente auditiva, ¿por cuánto tiempo se ha cultivado la quinua en la región andina?

(A) 7000 años

(B) Ha empezado a cultivarse en épocas recientes.

(C) 17.000 años

(D) Es imposible saberlo.

6 Según la fuente auditiva, ¿cómo sabemos que la quinua fue fundamental para el desarrollo de la civilización incaica?

(A) Porque hay muchos relatos antiguos sobre ella

(B) Porque todavía se consume en esa región

(C) Porque es un alimento de mucho valor nutricional

(D) Porque así lo demuestran algunos hallazgos arqueológicos

7 **¿Por qué, según Alan Bojanic, la quinua es un excelente alimento para los niños?**

(A) Porque posee un alto contenido de minerales

(B) Porque es fácil de digerir y su sabor les resulta agradable

(C) Porque puede prepararse de muchas maneras distintas

(D) Porque no los hace subir de peso

8 **Según Alan Bojanic, ¿en dónde se cultiva la quinua actualmente?**

(A) Únicamente en algunos países de América Latina

(B) Únicamente a 4000 o más metros de altura sobre el nivel del mar

(C) Únicamente en países del hemisferio sur

(D) En muchas regiones del mundo

9 **En ambas fuentes se afirma que la quinua suele ser confundida con un cereal debido a su contenido nutritivo. Sin embargo, no es un cereal. ¿Qué es?**

(A) una raíz o tubérculo

(B) una fruta o baya

(C) un grano o semilla

(D) una variante del maíz

10 **Según las dos fuentes, ¿por qué es importante incluir la quinua en nuestra alimentación semanal?**

(A) Porque fue fundamental en el desarrollo de la cultura incaica

(B) Porque la ONU decidió declarar 2013 como el Año Internacional de la Quinua

(C) Porque es un alimento muy nutritivo, que puede aportar proteínas, vitaminas y minerales a nuestra dieta

(D) Porque se cultiva en muchas partes del mundo, incluso en Europa y Estados Unidos, donde hay 10.000 hectáreas

5 **Tema curricular:** La ciencia y la tecnología
Contexto: Los fenómenos naturales

Fuente n.º 1

Esta tabla presenta las diversas maneras en que los metereólogos han nombrado históricamente los huracanes.

Los nombres de los huracanes	
Antes de 1950	Cada huracán empieza a ser bautizado con un número. El primer huracán se llama el 1, el segundo el 2, etc.
1953	Empiezan a identificarse con nombres de mujeres, en orden alfabético.
1978-1979	Se empiezan a usar nombres tanto femeninos como masculinos para identificar los huracanes.
1995	El nombre del primer huracán de cada año empieza a alternar: un año empieza con un nombre femenino y al siguiente con uno masculino.

Fuente: The Weather Channel (Español)

Fuente n.º 2

En esta grabación, María y Manuela son dos hermanas que están conversando. Ellas están solas en casa porque sus padres fueron a una fiesta y no planean regresar hasta el día siguiente. Es de noche, está muy oscuro y empieza a llover muy fuerte. María tiene 13 años y Manuela 19.

Duración: 3 minutos 6 segundos

◄)) ─────────────────────────────

1 Imagina que el primer huracán de 1997 recibió el nombre de Alberto. Según la tabla, ¿cuál de los siguientes nombres hubiera sido apropiado para el primer huracán de 1998?

(A) Ada
(B) Bernardo
(C) Huracán 1
(D) San Anselmo

2 Según la información de la tabla, ¿en cuál de los siguientes años podría haber ocurrido un huracán bautizado con el nombre de "Alan"?

(A) 1961
(B) 1951
(C) 1977
(D) 1991

3 Imagina que en 1954 hubo tres huracanes. ¿Cuál de las siguientes listas de nombres podría haber sido la apropiada para ellos?

(A) Alberto, Bernardo, Carlos

(B) Ada, Beatriz, Carla

(C) Ada, Bernardo, Carla

(D) Alberto, Beatriz, Carlos

4 ¿Qué quiere decir la frase "lo sé desde que tengo memoria", usada por María en la conversación?

(A) María recuerda la primera vez que su hermana tuvo miedo de la oscuridad.

(B) Manuela le ha dicho muchas veces a su hermana que tiene miedo de la oscuridad.

(C) María siempre ha tenido miedo de la oscuridad.

(D) María siempre ha sabido que su hermana tiene miedo de la oscuridad.

5 Según la conversación, María y sus padres consultaron el pronóstico del tiempo en Internet. ¿Qué información buscaban?

(A) Querían saber la hora.

(B) Querían saber cómo se llamaba el huracán.

(C) Querían saber si iba a llover o no.

(D) Querían saber qué tiempo haría el fin de semana.

6 Según la conversación, ¿cuál de las siguientes afirmaciones representa mejor la actitud de María?

(A) No siente miedo porque solo tiene 13 años.

(B) No siente miedo porque sabe que la lluvia es beneficiosa para la naturaleza.

(C) Siente miedo porque sus padres las han dejado solas.

(D) No siente miedo porque no conoce los riesgos de la lluvia.

7 Aunque ellas no lo saben, María y Manuela están viviendo el primer huracán del año 2012. Si el primer huracán de 2011 se llamó "Ada", ¿cuál de los siguientes nombres sería apropiado para el que viven las hermanas, según la tabla?

(A) Alberto

(B) Beatriz

(C) Santa Ana

(D) María

Tema curricular: La belleza y la estética
Contexto: El lenguaje y la literatura

Fuente n.º 1

Este artículo trata sobre la vida y obra del escritor guatemalteco Miguel Ángel Asturias, una de las figuras más importantes de la literatura latinoamericana del siglo XX. En 1967 fue galardonado con el Premio Nobel de Literatura. El artículo se publicó en el diario mexicano *El Universal* el 19 de octubre de 2010.

El Nobel que basó su narrativa en los mitos precolombinos

Línea El escritor guatemalteco Miguel Ángel Asturias, Premio Nobel de Literatura 1967 y Premio Lenin de la Paz 1966 y cuya obra se caracteriza por un alto contenido de mitos y tradiciones del mundo indígena, nació el 19 de octubre de 1899.

El autor inició sus estudios primarios en Salamá, Baja Verapaz, y los terminó en la capital de Guatemala, donde también cursó su bachillerato y la licenciatura de Derecho, de la que se graduó con la tesis *El problema social del indio*.

Desde muy joven incursionó en las actividades políticas y antidictatoriales de su país, que lo llevaron a representar a varios estudiantes universitarios en México.

También estudió Antropología en la Universidad de la Sorbona de París, institución donde recibió la influencia del famoso poeta surrealista francés André Breton.

Asturias, quien fue embajador de su país en Francia y México, organizó sus novelas en torno a los mitos precolombinos.

Su primera obra, *Leyendas de Guatemala* (1930), es una colección de cuentos basados en las tradiciones mayas. Sin embargo, la novela que le dio fama internacional fue *El señor presidente* (1946), narración en la que traza el retrato de un dictador de una manera caricaturesca, pero siguiendo una estructura regida por la lucha entre las fuerzas de la luz (el Bien, el pueblo) y las fuerzas de las tinieblas (el Mal, el dictador), de acuerdo con los mitos latinoamericanos.

Se trata de un libro de protesta militante: la descripción de un régimen dictatorial en términos de terror, maldad y muerte. En las cuatro cadenas de episodios que integran la trama predominan el miedo y la crueldad.

Este tema mítico vuelve a aparecer en su obra *Hombres de maíz* (1949), aunque ahora la luz está representada por los indígenas y las tinieblas por los hombres de maíz, los colonizadores que llegan a explotar las tierras de los campesinos con la intención de beneficiarse.

De acuerdo con la crítica, en esta obra el escritor guatemalteco logra hermanar de manera armoniosa lo mítico-maravilloso con la dura realidad de la vida indígena.

En los años siguientes escribió novelas y relatos entre los que destaca la trilogía formada por *Viento fuerte* (1950), *El papa verde* (1954) y *Los ojos de los enterrados* (1960). Otras novelas suyas son *Mulata de tal* (1963), *Malandrón* (1969) y *Viernes de Dolores* (1972).

Un campo poco explorado de su carrera es la producción teatral, en donde también aborda los mismos temas, como lo muestran sus piezas *Chantaje* o *Dique seco*, ambas de 1964.

En 1966 obtuvo el Premio Lenin de la Paz y acudió a la ciudad de Moscú a recibirlo. Pero fue el 19

de octubre de 1967 cuando recibió el máximo
60 reconocimiento, el Nobel de Literatura, por sus coloridos escritos profundamente arraigados en la individualidad nacional y en las tradiciones indígenas de América. Pasajes de su novela *Viento fuerte* fueron citados en el discurso de entrega
65 del galardón.

Como parte de su trayectoria literaria, política y diplomática, en 1942 fue elegido diputado en su país, pero también destacó como embajador en la Argentina y El Salvador, hasta que en 1954 se autoexilió de Guatemala.
70

Tras años de trabajo, Miguel Ángel Asturias murió el 9 de junio de 1974, de una sufrida y agobiante enfermedad, mientras se encontraba en Madrid, España.

Fuente n.º 2

En esta entrevista, Miguel Ángel Asturias habla sobre el premio Nobel, sobre los orígenes de su vocación literaria y sobre algunos aspectos de su vida personal. La entrevista se transmitió originalmente por UNESCO TV, la emisora de televisión de la UNESCO.

Duración: 3 minutos 12 segundos

🔊))

1 Según el artículo, ¿cuál de las siguientes afirmaciones sobre Miguel Ángel Asturias es correcta?

(A) Se interesó por la situación de los indígenas de su país desde sus años de estudiante en Guatemala.

(B) Se interesó por la situación de los indígenas de su país luego de seguir estudios de antropología en París.

(C) Le interesaban los mitos y tradiciones, pero no la situación social de los indígenas.

(D) Siempre estuvo de acuerdo con la situación social de los indígenas de su país.

2 ¿Cuál es el significado de la frase "Desde muy joven incursionó en las actividades políticas" (líneas 11-12), usada en el artículo?

(A) Desde muy joven decidió no participar en la política y dedicarse a la literatura.

(B) Desde muy joven escribió sobre la vida política de Guatemala.

(C) Desde muy joven participó en la política de Guatemala.

(D) Desde muy joven fue diputado y embajador.

3 Según el artículo, ¿cuál de las siguientes afirmaciones describe mejor la obra literaria de Miguel Ángel Asturias?

(A) Miguel Ángel Asturias empezó su carrera como escritor surrealista, pero a partir de su segundo libro se interesó en las tradiciones indígenas.

(B) Miguel Ángel Asturias llegó a ser muy conocido como autor de obras de teatro.

(C) Miguel Ángel Asturias usó mitos y tradiciones en su obra para mostrar la dura realidad de la vida de los indígenas de Guatemala.

(D) Miguel Ángel Asturias escribió su obra en lengua maya.

4 ¿A qué se refiere el artículo al afirmar que Miguel Ángel Asturias se "autoexilió" en 1954 (línea 70)?

(A) Miguel Ángel Asturias salió de Guatemala expulsado por el gobierno.

(B) Miguel Ángel Asturias salió de Guatemala por decisión propia.

(C) Miguel Ángel Asturias salió de Guatemala en automóvil.

(D) Miguel Ángel Asturias salió de Guatemala para ser embajador.

5 Según la fuente auditiva, ¿cuál fue la primera reacción de Miguel Ángel Asturias al enterarse de que había ganado el Premio Nobel de Literatura?

(A) Supo que se había convertido en un escritor de valor universal.

(B) Pensó en las oportunidades que tendría para dar a conocer en Europa la realidad de Guatemala y de la literatura hispanoamericana.

(C) Pensó en las oportunidades que tendría para que su obra se tradujera a otros idiomas.

(D) Pensó que era una recompensa a su vida de muchos sacrificios.

6 ¿Por qué fue importante para Miguel Ángel Asturias el terremoto de 1917 en Ciudad de Guatemala?

(A) Porque coincidió con el día en que cumplía 18 años.

(B) Porque la ciudad quedó enteramente destruida.

(C) Porque cambió el ritmo de su vida.

(D) Porque el sufrimiento y la destrucción lo motivaron a escribir sus primeros cuentos.

7 ¿Qué quiere decir Miguel Ángel Asturias al afirmar que escribió su novela *Hombres de maíz* "sin hacer concesiones al lector"?

(A) Hasta ese momento había basado su escritura en diálogos con sus lectores.

(B) Escribió ese libro intentando que fuera incomprensible para sus lectores.

(C) Escribió ese libro sin preocuparse de que fuera o no comprensible para sus lectores.

(D) Solo le interesaba que fuera comprensible para los lectores indígenas.

8 En la entrevista, Miguel Ángel Asturias dice que para escribir *Hombres de maíz* se concentró en mitos, leyendas y creencias. ¿Por qué lo hizo?

(A) Porque no los conocía y quería informarse sobre ellos.

(B) Porque quería dar a conocer en Europa esos mitos, leyendas y creencias.

(C) Porque quería que *Hombres de maíz* fuera un libro que reflejara el arte, el pensamiento y el sentimiento del pueblo indígena americano.

(D) Porque así se lo pidieron sus lectores.

9 Según lo que has leído y escuchado, ¿cuál de las siguientes afirmaciones describe mejor a Miguel Ángel Asturias?

(A) Fue un escritor muy interesado y preocupado por los temas sociales .

(B) Le interesaban principalmente los mitos y las leyendas, no la realidad social.

(C) Fue un escritor interesado principalmente en darse a conocer en Europa.

(D) Su principal interés fue obtener el premio Nobel.

10 Según el artículo y la entrevista, una cultura indígena en particular fue importante para inspirar libros como *Leyendas de Guatemala* y *Hombres de maíz*. ¿Cuál es esa cultura indígena?

(A) La cultura guatemalteca

(B) La cultura maya

(C) La cultura del maíz

(D) La cultura azteca

Tema curricular: La belleza y la estética
Contexto: La arquitectura

Fuente n.º 1

Esta tabla, publicada en la revista colombiana *Credencial* en mayo de 2012, resume algunas características de cinco edificios famosos.

5 de las obras modernas más famosas		
Obra	**Lugar**	**Comentarios**
Edificio Empire State (1931)	Nueva York	Art decó
Torre Chrysler (1930)	Nueva York	Edificio favorito de los arquitectos estadounidenses
Museo Guggenheim (1997)	Bilbao	Vanguardia arquitectónica del siglo XX
Torres Petronas (1998)	Kuala Lumpur	Inspirada en la cultura islámica
Burj Al Arab (1999)	Dubái	Construido sobre una isla artificial. Es el hotel más lujoso del planeta.

Fuente: Credencial, "10 edificios que hay que conocer antes de morir", noviembre de 2012

Fuente n.º 2

En esta grabación, Ana y Mariano son estudiantes de primer semestre de Arquitectura. Los dos aman su carrera y sueñan con llegar a ser excelentes arquitectos. Hoy tienen asesorías para sus respectivos proyectos de diseño.

Duración: 2 minutos 46 segundos

1 Según la información proporcionada en la tabla, ¿cuál de las siguientes afirmaciones describe mejor el Museo Guggenheim de Bilbao?

(A) Se inspira en estilos arquitectónicos de la antigüedad.

(B) Se inspira en los estilos arquitectónicos más avanzados del siglo XX.

(C) Se inspira en la cultura islámica.

(D) No es un edificio moderno.

2 Según la información de la tabla, ¿cuál de las siguientes afirmaciones representa mejor la preferencia de los arquitectos estadounidenses?

(A) Prefieren los edificios construidos en el extranjero.

(B) Prefieren los edificios construidos en tiempos recientes.

(C) Prefieren los edificios construidos en su propio país.

(D) Prefieren los edificios de estilo Art decó.

3 Según la información de la tabla, ¿cuál de las siguientes afirmaciones sobre el edificio Burj al Arab es correcta?

(A) Se construyó sobre una isla que estaba deshabitada desde hacía mucho tiempo.

(B) Se construyó sobre una isla en la que no se producen fenómenos naturales.

(C) Se construyó sobre una isla que no tiene nombre.

(D) Se construyó sobre una isla que antes no existía.

4 ¿A qué se refiere Ana cuando dice "hoy me acosté a las tres"?

(A) Se fue a dormir tres horas después de la medianoche y unas tres horas antes del amanecer.

(B) Le costó mucho despertar porque había trabajado mucho la noche anterior.

(C) Tuvo que irse a dormir aunque no había terminado su proyecto.

(D) Se despertó a las tres de la mañana para seguir trabajando.

5 ¿Por qué dice Mariano que su proyecto es "invisible"?

(A) Porque está dentro de un parque.

(B) Porque se mezcla con el paisaje.

(C) Porque contrasta con el paisaje.

(D) Porque tiene mucha armonía.

6 Según la conversación, ¿cuál de las siguientes afirmaciones es correcta?

(A) Los proyectos de Ana y Mariano se inspiran en edificios antiguos como El Partenón y la Catedral de Notre Dame.

(B) Los proyectos de Ana y Mariano son muy malos y los grandes arquitectos del pasado los lanzarían a la basura.

(C) Los proyectos de Ana y Mariano están basados en ideas modernas y los grandes arquitectos del pasado no los aceptarían.

(D) Los proyectos de Ana y Mariano se inspiran en la obra de Gaudí.

7 Si el proyecto de Ana se incluyera en la tabla de obras modernas famosas, ¿cuál de las siguientes descripciones sería apropiada para la sección de "Comentarios"?

(A) La biblioteca más lujosa del planeta.

(B) Un proyecto ecológico que armoniza con el paisaje.

(C) Una biblioteca construida para que la gente se sienta cómoda y feliz.

(D) Una biblioteca inspirada en los grandes edificios de la antigüedad.

8 **Tema curricular:** La vida contemporánea
Contexto: Las relaciones personales

Fuente n.º 1

Este artículo nos cuenta la historia de Dulce Tinoco Alvarado, una mujer mexicana decidida a tocar música de mariachi, un género tradicionalmente dominado por hombres. El artículo se publicó en el diario mexicano *El Universal* en enero de 2013.

Estilo bravío pero femenino

por Adrián Roa

Línea "Si los diplomáticos cantaran, no habría guerras", dijo alguna vez la cantante costarricense naturalizada mexicana, Chavela Vargas. Si de música se trata, México se aprieta el cinturón, se
5 faja la camisa, agarra el sombrero y se arranca con la primera canción; pues los mariachis cantan a pesar de las guerras.

Lo mismo pensó Dulce cuando tocó su trompeta por primera vez con el Mariachi Femenil Voz
10 de América. Había experimentado con distintos géneros: reggae, ska, punk. Y nada. Sin embargo, la batalla aún no estaba perdida. Su familia, oriunda de Guadalajara, contrataba mariachis para las fiestas y aniversarios. Fue en esos momentos que le
15 agarró el gusto.

"Cuando tenía el traje puesto y estaba con mis compañeras sentía tan bonito. Es la mejor experiencia que he tenido", confiesa. Dulce Jennifer Tinoco Alvarado nació y creció en la ciudad de
20 Mexicali, Baja California. De los 28 años que tiene, 13 los ha dedicado al estudio de la trompeta.

Hoy forma parte de la primera generación de la Escuela del Mariachi Ollin Yoliztli, la primera institución de este rubro en el país.
25 **Inicia la aventura**

Dulce se cansó de su jefe, se cansó de los clientes, botó su trabajo como diseñadora gráfica en una imprenta y decidió cambiar de aires pero conservar lo que más le gustaba: la trompeta.

Su sed de aprender la llevó a encontrar el Taller 30 de Mariachi en la Casa de la Música Mexicana S.C. en la ciudad de México y se vino a la ciudad de México. Trabajó de cajera en una tienda de conveniencia en las madrugadas. Su situación económica se complicó, comenzó a faltar a la 35 escuela y la dieron de baja.

"Después estuve medio año estudiando con un mariachi (Cristóbal Villanueva) aquí en Garibaldi, pero tuve mala experiencia con su esposa. Tenía celos de que me fuera con él, me la cantó y me dijo 40 que ya no lo buscara. Dejé de estudiar con él para evitar problemas".

Federico Torres Alfaro es trompetista "desde que estaba en el vientre de su madre". Antes de hablar, aprendió a soplar. Creció entre el viento 45 y los metales de este instrumento. Su papá, el reconocido músico, Federico Torres, formó parte del "mejor mariachi del mundo": el Mariachi Vargas de Tecalitlán. Bajo la tutela familiar, Torres Alfaro aprendió que el ponerse el traje de charro 50 "es un emblema, una categoría y una distinción". "No es ponerse el traje y vente vámonos a cotorrear a ver qué pasa. Para ser mariachi se tiene que llevar una formación, una disciplina".

Respecto al tema de las mujeres mariachi, 55 Federico reconoce que han rebasado las bardas que se les han puesto. Incluso, acepta haber conocido mujeres que tocan mejor que los hombres. Para él, un cambio fuerte debe venir en la sociedad.

"Todos tenemos derecho a portar el traje de charro, siempre y cuando estemos a la altura y al nivel musical que se pide".

Al dejar su natal Mexicali, soportar insinuaciones indecorosas y tocar fondo en el taller; llegó un rayo de esperanza para Dulce: la primera Escuela del Mariachi estaba por arrancar cursos. Se mudó a la calle de Montero, entre la estatua de Pedro Infante y Cirilo Marmolejo

dentro del mismo Garibaldi; en septiembre hizo su examen de admisión, un mes después ya estaba en clases.

La primera generación cuenta con 115 alumnos, 12 son mujeres y 3 estudian trompeta. Es decir, 10% de los mariachis que egresarán serán del sexo femenino. "Lo increíble es que se le abre la puerta a personas que como Dulce no tuvieron la oportunidad de aprender con su familia o que no hubo un mariachi que las aceptara por ser mujeres", dice Leticia Soto, directora de la escuela.

Fuente n.º 2

En esta entrevista, el músico mexicano Ernesto Villalobos habla sobre el género musical del mariachi, declarado Patrimonio Inmaterial de la Humanidad por la UNESCO. La entrevista se transmitió por Radio ONU, la emisora radial de la Organización de las Naciones Unidas, el 29 de noviembre de 2011.

Duración: 2 minutos 56 segundos

1 Según el artículo, ¿cómo descubrió Dulce su inclinación por la música de mariachi?

(A) Cuando descubrió que no le gustaba el ska

(B) Cuando ingresó a la escuela Ollin Yoliztli

(C) Cuando tocó la trompeta por primera vez

(D) Cuando escuchó los grupos que contrataba su familia

2 Según el artículo, ¿dónde es más probable que los músicos de mariachi hayan recibido tradicionalmente su educación musical?

(A) En escuelas especializadas en ese tipo de música

(B) Por su propia cuenta, porque no había maestros ni tutores

(C) En talleres y con sus familias, porque no había escuelas

(D) En conservatorios de música clásica

3 ¿Qué le sucedió a Dulce en el Taller de Mariachi en la Casa de la Música Mexicana S.C. cuando se complicó su situación económica?

(A) Tuvo que renunciar porque no tenía tiempo.

(B) La expulsaron por no asistir a clases.

(C) Le dieron una beca especial para ayudarla.

(D) La expulsaron por su corta estatura.

4 Según la fuente escrita, ¿cuál de las siguientes afirmaciones describe mejor la situación de las mujeres mariachi?

(A) Su número está creciendo.

(B) La mayoría prefiere la trompeta.

(C) Tocan mejor que los hombres.

(D) No tienen derecho a usar traje de charro.

5 ¿Qué se afirma al inicio de la fuente auditiva sobre la música de mariachi?

(A) La música de mariachi es popular en Nueva York.

(B) Hoy en día, la música de mariachi no es muy apreciada en México.

(C) Hoy en día, el mariachi es un símbolo universal de México.

(D) La música de mariachi incorpora instrumentos de cuerda.

6 Según Ernesto Villalobos, ¿cuál es la manera tradicional de aprender a tocar mariachi?

(A) Memorizando cinco mil canciones.

(B) Escuchando a otros músicos, como el Mariachi Real de México.

(C) En una escuela de música especializada.

(D) Por medio de la tradición oral transmitida entre los miembros de una familia.

7 Según la fuente auditiva, ¿cuál de las siguientes afirmaciones representa mejor los temas que trata el mariachi?

(A) El mariachi abarca sobre todo temas de amor.

(B) El mariachi abarca todos los aspectos de la vida en México.

(C) El mariachi se centra en fiestas y celebraciones tales como bautizos y bodas.

(D) El mariachi se centra en temas de la vida social.

8 Según Ernesto Villalobos, ¿qué sucedió en la música de mariachi a principios del siglo XX?

(A) El mariachi se volvió más profesional.

(B) El mariachi se volvió más autóctono y cotidiano.

(C) La música de mariachi dejó de usar trompetas.

(D) El mariachi empezó a ser conocido fuera de México.

9 Tienes que hacer una presentación sobre lo que has aprendido en las dos fuentes. ¿Cuál de los siguientes sería un título apropiado para tu presentación?

(A) "Tradición y cambio en la música de mariachi"

(B) "El mariachi y la cultura mexicana"

(C) "El mariachi y el machismo en México"

(D) "El aprendizaje de la música de mariachi"

10 ¿Cuál de las siguientes afirmaciones podría ser apoyada con referencias tomadas de las dos fuentes?

(A) Los primeros grupos de mariachi se formaron fuera de la Ciudad de México.

(B) Muchos grupos de mariachi están formados por familias.

(C) Hoy en día, hay más mujeres mariachis que en el pasado.

(D) El mariachi es un género musical muy difícil aprender.

9 **Tema curricular:** La vida contemporánea
Contexto: Las tradiciones y los valores sociales

Fuente n.º 1

Este artículo presenta diversas opiniones sobre la situación actual y el futuro de las corridas de toros en España, una tradición popularmente conocida como "la fiesta". El artículo fue publicado en el diario *El País* el 18 de septiembre de 2011.

¿Y dónde están los jóvenes?

por Rosa Jiménez Cano

Línea Las posturas son irreconciliables, pero entre taurinos y antitaurinos se encuentran algunas reflexiones coincidentes acerca de las malas perspectivas que acosan a la fiesta de los toros, que
5 no es lo mismo que decir puntos de encuentro.

Es decir, los taurinos reconocen que no hay relevo generacional, que los jóvenes no se interesan por la fiesta entre otras cosas porque es un espectáculo caro. Los antitaurinos coinciden en
10 este alejamiento de la juventud, pero lo consideran irreversible: una juventud más sensible y con más conciencia medioambiental marcará el fin de la fiesta.

Mariano Aguirre, presidente de la Real Federación Taurina de España, reconoce
15 abiertamente el momento por el que pasa el espectáculo: "Ir a los toros es caro, muy caro. Si una familia tiene que elegir, recorta en ocio. Sin público este espectáculo no tiene sentido".

Antonio García Jiménez, empresario de la plaza
20 de toros de Barcelona, ve la fiesta "como el país, quebrada. El futuro no es tan oscuro, pero nos falta invitar a los jóvenes a venir a los toros, no esperar a que lo hagan en la edad madura".

La delicada situación económica también afecta
25 a los ganaderos. Carlos Núñez, presidente de la Unión de Criadores de Toros de Lidia, contempla varios problemas en su parcela: "La crisis ha traído consigo una drástica reducción de festejos y, por tanto, un excedente de animales en el

campo. Por otra parte, existe una inadaptación 30
de la normativa sanitaria a las características de la cría de toros bravos. Y a esto hay que añadir el problema de los encastes (o razas de toro) en peligro de extinción, que, como no se tomen las medidas adecuadas, es posible que desaparezcan. 35
Esto obliga a los ganaderos a actuar de manera más profesional, a ser más exigentes en la selección y a calibrar mejor la demanda del público para ser capaces de ofrecer un buen espectáculo".

Los jóvenes son la clave entre estas dos posturas. 40
Para unos, son la puerta del futuro. Así lo entiende Cayetano Rivera Ordóñez en una reciente entrevista en este medio: "Los jóvenes no van porque no hay facilidades tampoco con los precios, ni con la organización de las ferias. Nos hemos estancado y 45
no llegamos a las próximas generaciones".

Para otros, son los mejores aliados para erradicar el toreo. Helena Escoda, miembro de la comisión promotora de la ILP por la abolición de las corridas de toros: "Cada vez se demuestra 50
más que los jóvenes respetan la naturaleza y son sensibles al medio ambiente. Por fortuna, no optan por un espectáculo anacrónico".

Así opina también Juan López de Uralde, fundador de EQUO y exdirector de Greenpeace: 55
"El proceso de prohibición en Cataluña ha sido ejemplar, con una discusión abierta y muy amplia. El resultado es bastante lógico porque no parece

apropiado usar el sufrimiento animal para el divertimento humano. La sociedad cambia y este declive es su reflejo". La formación que impulsa también se implica en esta línea. El programa de EQUO se discute en su propia red social, de ahí saldrán acciones concretas.

Fuente n.º 2

En esta grabación, Lucas Ospina, director del Departamento de Arte de la Universidad de los Andes, de Bogotá, discute la opinión de que las corridas de toros son una expresión artística. Se transmitió en el programa "Mundo Nuevo" de la emisora colombiana Caracol Radio el 30 de enero de 2012.

Duración: 2 minutos 15 segundos

1 **¿Por qué el artículo se titula "¿Y dónde están los jóvenes?"?**

(A) Porque los jóvenes españoles están en contra de las corridas de toros

(B) Porque los jóvenes españoles se interesan poco en las corridas de toros

(C) Porque ninguna de las personas entrevistadas es joven

(D) Porque en España no hay toreros jóvenes

2 **En el artículo, ¿a quiénes se refiere la palabra "taurinos"?**

(A) Se refiere a las personas que trabajan en el negocio de las corridas de toros.

(B) Se refiere a las personas que se dedican a la crianza de toros.

(C) Se refiere a las personas que están a favor de las corridas de toros.

(D) Se refiere a las personas que están en contra de las corridas de toros.

3 **Según el artículo, ¿cuál es uno de los principales factores que afecta a las corridas de toros en España?**

(A) La crisis económica

(B) La extinción de encastes

(C) La poca conciencia de los jóvenes sobre el medioambiente

(D) La competencia de otros espectáculos más económicos

4 **Según el artículo, algunas personas creen que los jóvenes son sus mejores aliados para erradicar las corridas de toros. ¿Por qué?**

(A) Porque los jóvenes no tienen dinero para asistir al espectáculo.

(B) Porque la juventud española se ha estancado con la crisis.

(C) Porque entre los jóvenes hay una mayor conciencia sobre el medioambiente.

(D) Porque las corridas de toros son un espectáculo anacrónico.

5 **Según Lucas Ospina, ¿en qué elementos de las corridas de toros es posible encontrar una expresión artística?**

(A) Únicamente en las vestimentas que usan los toreros

(B) En las vestimentas, las luces y la música

(C) No es posible encontrarla, porque el arte evade esas definiciones.

(D) En las danzas que realizan los toreros durante la corrida

6 **¿A qué se refiere Lucas Ospina al afirmar que "el arte tiene que lidiar con mentiras"?**

(A) El arte evita decir las cosas exactamente como existen en la realidad.

(B) Es mentira que las corridas de toros sean un arte.

(C) El arte nunca representa objetos reales, solo imaginarios.

(D) El arte siempre tiene que defenderse de las mentiras que se dicen sobre él.

Interpretive Communication: Print and Audio Texts (combined)

7 Según lo que declara Lucas Ospina en la fuente auditiva, ¿cuál de las siguientes afirmaciones es correcta?

(A) Las corridas de toros no poseen un lenguaje propio.

(B) Las corridas de toros generan un lenguaje complejo e interesante.

(C) Para entender el arte de las corridas de toros, es necesario hablar un lenguaje muy complejo.

(D) El lenguaje de las corridas de toros se ha ido perdiendo con los años.

8 Al final de la entrevista, Lucas Ospina dice que "difícilmente uno podría llamar arte" al momento de la muerte o herida del toro. ¿Por qué?

(A) Porque es un momento de mucha crueldad contra los animales.

(B) Porque el arte nunca debe ser un acto físico.

(C) Porque en ese momento hay un hecho concreto, físico, y no su representación.

(D) Porque en ese momento acaba la danza entre el torero y el toro.

9 Según lo que has leído y escuchado, ¿cuál de las siguientes afirmaciones es correcta?

(A) En Latinoamérica y España, las corridas de toros no generan ninguna controversia.

(B) Las corridas de toros generan controversia en España, pero no en Latinoamérica.

(C) Las corridas de toros son consideradas un arte en España, pero no en Colombia.

(D) En Latinoamérica y España, las corridas de toros generan controversia.

10 ¿Qué tienen en común las dos fuentes?

(A) Las dos fuentes están basadas en entrevistas.

(B) Las dos fuentes presentan diversos puntos de vista y opiniones.

(C) Las dos fuentes están a favor de las corridas de toros.

(D) Las dos fuentes están en contra de las corridas de toros.

Audio
Auto-graded

Tema curricular: La vida contemporánea
Contexto: Los estilos de vida

Fuente n.º 1

Esta tabla presenta la definición de tres tipos históricamente importantes de música rock y pop.

Definiciones de algunos tipos de rock y pop	
Rock sinfónico	Es una corriente del rock casi exclusiva de Londres. Sus exponentes producen un rock con impresionantes arreglos, creando un ambiente sinfónico, de música trabajada, de sonidos serios. Sus principales representantes han sido Marillion, Yes, Genesis y Queen.
Rock progresivo	Esta música tiene sus orígenes en el art rock de los setenta, rock sinfónico, psicodélica, rock clásico, folk y muchas otras formas de música. En los últimos veinte años se ha utilizado la palabra "progresivo" para describir la música que producen las bandas colegiales y el pop alternativo, entre otros.
Música Tecno	Es una variedad de la música pop desarrollada durante los años setenta y ochenta, que utiliza instrumentos musicales electrónicos, especialmente sintetizadores.

Fuente: Proyectosfindecarrera.com

Fuente n.º 2

En esta grabación, Federico y Juan Camilo, dos hermanos mellizos con personalidades muy diferentes, están conversando. Federico tiene una gran sensibilidad artística: le encanta la música y es guitarrista en un grupo de rock. Juan Camilo adora las matemáticas y prefiere la música clásica. A pesar de sus diferencias, se llevan muy bien y se divierten mucho juntos.

Duración: 2 minutos 48 segundos

1 Según la información proporcionada en la tabla, ¿cuál de las siguientes afirmaciones describe mejor al rock progresivo?

(A) Refleja la influencia de muchos estilos distintos.

(B) Solo ha existido en los últimos veinte años.

(C) Es el tipo de música que producen las bandas colegiales.

(D) Ha influenciado el origen del rock sinfónico.

2 Según la información de la tabla, ¿cuál de las siguientes características define la música tecno?

(A) No es un tipo de música seria.

(B) No se produce en Londres.

(C) Se originó en los años setenta y ochenta.

(D) Utiliza instrumentos de percusión.

3 En la tabla se describe el rock sinfónico como "música trabajada". ¿A qué se refiere esa definición?

(A) Tocar rock sinfónico es muy trabajoso.

(B) Los músicos de rock sinfónico son muy trabajadores.

(C) Cuesta mucho trabajo escuchar rock sinfónico.

(D) El rock sinfónico se compone y se toca con mucho cuidado y atención.

4 ¿Cuál de las siguientes afirmaciones sobre los hermanos Federico y Juan Camilo es correcta?

(A) Tienen el mismo padre pero madres diferentes.

(B) Tienen la misma madre pero padres diferentes.

(C) Juan Camilo es mayor que Federico.

(D) Juan Camilo y Federico tienen la misma edad.

5 Juan Camilo describe el artículo que está leyendo como "interesantísimo". ¿Qué quiere decir?

(A) Ha ido perdiendo el interés en el artículo.

(B) El artículo es interesante pero difícil de entender.

(C) El artículo es muy interesante.

(D) El artículo es interesante, pero no mucho.

6 Según la conversación, ¿qué opina Federico del grupo de rock Los Absurdos?

(A) Le gusta mucho.

(B) No le gusta el grupo, pero quiere conocer al guitarrista.

(C) Le gusta, pero no mucho.

(D) No los ha escuchado nunca.

7 En la conversación, Juan Camilo le propone a su hermano que escuchen música de Pink Floyd. Según la tabla, ¿cuál de las siguientes afirmaciones describe mejor a ese grupo de rock?

(A) Recibió la influencia de la música psicodélica, el rock clásico, folk y muchas otras formas de música.

(B) Probablemente se originó exclusivamente en Londres.

(C) Probablemente se originó en los años setenta y ochenta.

(D) Utiliza muchos instrumentos electrónicos, especialmente sintetizadores.

Tema curricular: La vida contemporánea
Contexto: Los viajes y el ocio

Fuente n.º 1

Esta tabla presenta los resultados de una encuesta mundial realizada en 2011 por la organización *New7Wonders*, con base en Suiza, para designar siete nuevas maravillas de la naturaleza.

Las nuevas siete maravillas naturales			
Puesto	**Nombre**	**País(es)**	**Continente**
1°	Selva Amazónica	Bolivia, Brasil, Colombia, Ecuador, Guayana Francesa, Guyana, Perú, Surinam, Venezuela	Suramérica
2°	Bahía de Ha-Long	Vietnam	Asia
3°	Cataratas del Iguazú	Argentina, Brasil	Suramérica
4°	Isla Jeju	Corea del Sur	Asia
5°	Parque Nacional de Komodo	Indonesia	Asia
6°	Río Subterráneo de Puerto Princesa	Filipinas	Asia
7°	Montaña de la Mesa	Sudáfrica	África

Fuente: RPP Noticias, "Conozca las nuevas siete maravillas naturales del mundo", diciembre de 2012

Fuente n.º 2

En esta grabación, Ángela y Gloria están planeando un viaje. Ellas son estudiantes universitarias que comparten un apartamento. En dos meses iniciarán las vacaciones de verano y piensan irse de viaje juntas.

Duración: 2 minutos 59 segundos

1 **¿Por qué la Selva Amazónica ocupa el puesto número 1 en la tabla?**

(A) Es la nueva maravilla natural más grande.
(B) Tiene un enorme importancia a nivel mundial.
(C) Recibió la mayor votación en la encuesta.
(D) Es la más nueva de las maravillas naturales.

2 **Según la información ofrecida en la introducción y en la tabla, ¿cuál de los siguientes NO podría ser incluido en la encuesta de *New7Wonders*?**

(A) El túnel de la montaña Mont Blanc (Francia, Italia)
(B) La bahía de Sídney (Sídney, Australia)
(C) Las cuevas de Altamira (España)
(D) El Mar de la Tranquilidad (la Luna)

3 Según la información presentada en la tabla, ¿cuál de las siguientes afirmaciones sobre las Cataratas del Iguazú es correcta?

(A) Son tan grandes que se extienden por dos países.

(B) Son la maravilla natural más importante de Suramérica.

(C) Están situadas en una frontera internacional.

(D) Se formaron en años recientes.

4 En la conversación, Ángela y Gloria deciden reunirse al día siguiente con sus amigos para planear un viaje. ¿En qué momento del día se reunirán?

(A) Lo más temprano posible

(B) Al mediodía

(C) A media tarde

(D) Al final del día

5 ¿A qué se refiere Ángela al afirmar que le gusta viajar en automóvil "pero como pasajera"?

(A) Prefiere que los viajes en automóvil sean cortos.

(B) Prefiere no ser ella la que conduce el automóvil.

(C) Le gusta ir admirando el paisaje.

(D) Le gusta comer mientras viaja.

6 Según la conversación, ¿cuál de las siguientes afirmaciones refleja mejor la actitud de Ángela y Gloria sobre Nueva York?

(A) Ya la han visitado y por eso prefieren ir a otro lugar.

(B) Ninguna de las dos la ha visitado nunca.

(C) Tiene muchos museos y a ellas no les gusta el arte.

(D) Visitar Nueva York no es un viaje de descanso.

7 En la conversación, Ángela afirma que le gustaría "ir a un parque natural, con mucha vegetación, ríos y animales salvajes". ¿Cuál de los países incluidos en la tabla preferiría visitar?

(A) Indonesia

(B) Filipinas

(C) Argentina

(D) Sudáfrica

Tema curricular: Los desafíos mundiales
Contexto: La población y la demografía

Fuente n.º 1

Este artículo nos informa sobre el crecimiento de la población mundial en épocas recientes y sobre algunas condiciones demográficas del mundo actual. Fue publicado en el diario español *El País* el 31 de octubre de 2011.

La población mundial alcanza los 7.000 millones de habitantes

por David Alandete

Línea

En solo 12 años la Tierra ha pasado de 6.000 a 7.000 millones de habitantes, el crecimiento demográfico más vertiginoso de la historia. Cada año nacen 83 millones de personas. En India, cada
5 minuto hay 51 nacimientos. África subsahariana, con 883 millones, es el lugar donde más ha crecido la población en las pasadas tres décadas. Son países subdesarrollados o en vías de desarrollo, donde semejantes crecimientos de población se
10 dan entre una profunda pobreza.

El mundo occidental ha llegado a la cifra de 7.000 millones arrastrado por otras áreas, ya que Europa y Norteamérica viven cierto estancamiento demográfico. Según la ONU, la estimación para
15 España, este año, es de 46,2 millones de habitantes. De aquí a 2050, esa cifra solo aumentará hasta los 49,1 millones. El país crece al ritmo del continente: en los últimos 30 años, Europa ha pasado de 693 a 740 millones de habitantes. Francia es la
20 excepción, alimentada por los flujos migratorios y los nuevos nacimientos asociados a ellos: crecerá en nueve millones en los próximos 39 años.

"Desde 1980, el mayor crecimiento de población se ha concentrado en los países más pobres,
25 lo que dificulta la erradicación de la pobreza", asegura Wendy Baldwin, presidenta del Buró de Referencia de Población de la ONU. En el África subsahariana, la población se ha multiplicado en los pasados 30 años: de 390 millones a 883.

30 Es probable, según la ONU, que en los próximos 40 años, esa zona alcance por sí misma los 2.000 millones. Un 48% de la población mundial vive con menos de dos dólares (1,4 euros) al día.

En el año primero de la era cristiana, la
35 población mundial era solo de 200 millones de personas. Aquella cifra creció de forma muy lenta a lo largo de los siglos, hasta llegar al hito de los 1.000 millones en 1804. En los pasados 200 años, sin embargo, el incremento de población en el
40 planeta ha sido vertiginoso, según reflejan las cifras de la ONU. Entre 1930 y 2011, nacieron 5.000 millones de seres humanos. La ONU achaca ese crecimiento a los avances científicos y a la generalización del acceso a la medicina.

45 Hoy se vive más que nunca. La esperanza de vida se sitúa en 70 años (68 para hombres, 72 para mujeres). Aunque puede no sorprender en Occidente, es un avance insólito. En 1900 era de 31 años. A mediados del XX creció tímidamente
50 hasta los 48 años.

Los países desarrollados tienen las poblaciones más longevas. Japón rompe todas las marcas, con una esperanza de vida de 83 años, la mayor del planeta. Los países de Europa occidental y del sur van también a la cabeza, con 80,5 años. Entre
55 ellos, destaca España, con 82 años de esperanza de vida, al nivel de Francia y Suiza. En EE.UU., es de 78 años.

En el África subsahariana, sin embargo, cae a los 55 años, 53 para los hombres y 56 para las mujeres. Naciones arrasadas por guerras civiles e invasiones extranjeras caen dramáticamente en las clasificaciones. De las siete naciones cuya esperanza de vida es menor de 50 años, seis son africanas. Pero es Afganistán, después de tres décadas de conflictos (44 años), la peor del planeta.

Fuente n.º 2

Esta grabación radial habla sobre los problemas que podría causar el crecimiento rápido de la población mundial. La grabación fue transmitida el 15 de mayo de 2011 en el programa "Futuro abierto" de Radio Nacional de España.

Duración: 2 minutos 43 segundos

1 En el artículo, ¿cuál es el significado de la frase "en vías de desarrollo" (línea 8)?

(A) Países que tienen su propia manera de alcanzar el desarrollo

(B) Países de África

(C) Países que están en proceso de alcanzar el desarrollo

(D) Países donde la población aumenta rápidamente

2 En el artículo, ¿a qué se refiere la frase "el incremento de población en el planeta ha sido vertiginoso" (líneas 39-40)?

(A) La población mundial ha crecido muy rápidamente.

(B) La población mundial ha crecido con lentitud durante siglos.

(C) La población mundial ha crecido sobre todo en los países más pobres.

(D) No ha habido crecimiento de la población mundial en épocas recientes.

3 Según el artículo, ¿cuál es uno de los factores que contribuyen al crecimiento de la población en Francia?

(A) La pobreza

(B) El subdesarrollo

(C) La inmigración

(D) El ritmo del continente

4 Según el artículo, ¿cuál de las siguientes afirmaciones es correcta?

(A) En promedio, los estadounidenses viven más años que los españoles.

(B) En promedio, los españoles viven más años que los suizos.

(C) En promedio, los europeos occidentales viven más años que los europeos del sur.

(D) En promedio, los japoneses viven más años que los estadounidenses.

5 Según la grabación, ¿cuál de las siguientes afirmaciones representa mejor las ideas de Thomas Malthus sobre el crecimiento poblacional?

(A) La población creció muy rápidamente en el siglo dieciocho.

(B) El crecimiento poblacional se produce principalmente en las ciudades.

(C) El crecimiento poblacional podría causar guerras y hambre.

(D) El crecimiento podría causar un elevado consumismo.

6 Según la grabación, ¿cuál es la función de un organismo llamado Consejo Demográfico?

(A) Aconsejar a expertos sobre temas demográficos

(B) Impedir que ocurran brutales matanzas por la comida

(C) Promover la disminución de la natalidad en los países pobres

(D) Analizar el crecimiento demográfico en el planeta

7 Según la grabación, ¿cuál de las siguientes afirmaciones resume mejor la situación demográfica de las sociedades industrializadas?

(A) Hay más personas mayores que niños.

(B) La población crece más rápidamente que en los países pobres.

(C) Hay más personas jóvenes que personas mayores.

(D) Las personas viven menos tiempo que en el pasado.

8 En la grabación, ¿a qué se refiere la cifra "547 kilos de basura"?

(A) Basura generada anualmente por cada persona en la Comunidad Europea.

(B) Basura generada anualmente por cada persona solo en España.

(C) Basura generada anualmente por todas las personas del mundo.

(D) Basura generada anualmente en los países pobres.

9 Según la grabación, Thomas Malthus advirtió sobre los peligros del crecimiento poblacional a finales del siglo XVIII. ¿Cuál era la población mundial en esa época?

(A) 200 millones de personas

(B) 2.000 millones de personas

(C) Menos de 1.000 millones de personas

(D) Más de 1.000 millones de personas

10 ¿Cuál de las siguientes afirmaciones resume mejor el contenido de las dos fuentes?

(A) El crecimiento de la población podría causar muchos problemas.

(B) La población de los países industrializados es cada vez más joven.

(C) La población mundial está creciendo rápidamente, en especial en los países pobres.

(D) Casi la mitad de la población mundial vive con pocos recursos.

Audio Auto-graded

13 **Tema curricular:** Los desafíos mundiales
Contexto: El pensamiento filosófico y la religión

Fuente n.º 1

Esta tabla compara y contrasta dos definiciones distintas de ética y moral: la definición ofrecida por la Real Academia Española de la Lengua y la que desarrolla el teólogo brasileño Leonardo Boff en su libro *Ética y moral*, publicado en 2003.

Definiciones de ética y moral		
	Real Academia Española	**Leonardo Boff**
Ética	4. f. Parte de la filosofía que trata de la moral y de las obligaciones del hombre. 5. f. Conjunto de normas morales que rigen la conducta humana. *Ética profesional*	La ética es parte de la filosofía. Considera concepciones de fondo, principios y valores que orientan a personas y sociedades. Una persona es ética cuando se orienta por principios y convicciones.
Moral	4. f. Ciencia que trata del bien en general, y de las acciones humanas en orden a su bondad o malicia. 5. f. Conjunto de facultades del espíritu, por contraposición* a *físico*.	La moral forma parte de la vida concreta. Trata de la práctica real de las personas que se expresan por costumbres, hábitos y valores aceptados. Una persona es moral cuando obra conforme a las costumbres y valores establecidos.

*contraposición: contraste

Fuentes: *Diccionario de la Real Academia Española*.
Boff, Leonardo. *Etica y moral*. Editorial Sal Terrae: Bilbao, España, 2003.

Fuente n.º 2

Ricardo y Clemencia estudian dos carreras diferentes: él estudia Ingeniería química y ella Literatura, pero ambos asisten a la misma universidad. Hace poco se conocieron en el restaurante estudiantil. Los nuevos amigos están discutiendo sobre la ética y la moral.

Duración: 2 minutos 47 segundos

Interpretive Communication: Print and Audio Texts (combined)

1 Según la tabla, ¿cuál de las siguientes afirmaciones refleja mejor las coincidencias entre las definiciones de ética de la Real Academia Española y Leonardo Boff?

(A) La ética es un conjunto de normas morales.

(B) La ética es parte de la filosofía.

(C) La ética orienta a las sociedades.

(D) La ética trata de principios y convicciones.

2 Según la tabla, la Real Academia define la moral como un "conjunto de facultades del espíritu". ¿Qué quiere decir esto?

(A) La moral es un conjunto de obligaciones espirituales, no físicas.

(B) La moral solo se ocupa de temas espirituales, no físicos.

(C) La moral es un conjunto de limitaciones espirituales, no físicas.

(D) La moral es un conjunto de capacidades espirituales, no físicas.

3 ¿Cuál de los siguientes títulos sería el más apropiado para un libro que incluya la información de la tabla?

(A) Dos definiciones contrapuestas de la ética y la moral

(B) Dos definiciones clásicas de la ética y la moral

(C) La Real Academia de la Lengua y la filosofía

(D) Cómo ser personas éticas

4 En la conversación, ¿a qué se refiere Ricardo al afirmar que "la moral es individual"?

(A) Cada persona tiene su propia moral y hay que respetarla.

(B) La moral no se relaciona con lo que piensan los demás, sino con los principios de cada persona.

(C) No es importante ser una persona moral cuando nadie nos está mirando.

(D) No basta con ser personas morales, también hay que parecerlo.

5 ¿A qué se refiere Clemencia al afirmar que ella "es creyente"?

(A) Es una persona que cambia de opinión con facilidad.

(B) Si le cuentan una mentira, lo más probable es que la crea.

(C) Tiene firmes creencias morales.

(D) Tiene firmes creencias religiosas.

6 Al final de la conversación, ¿por qué dice Clemencia que el plan de Ricardo le parece "muy ético"?

(A) Porque el plan de Ricardo le sorprende

(B) Porque Ricardo planea actuar por convicción individual

(C) Porque Ricardo quiere compartir en clase una definición dada por Clemencia, pero mencionando el nombre de ella

(D) Porque con ese plan, Ricardo demuestra que se respeta a sí mismo

7 En la conversación, Ricardo define la ética de la siguiente manera: "La ética es civil y tiene que ver con los deberes en las relaciones con los demás; por ejemplo, en el campo profesional". ¿Con cuál de las definiciones de ética dadas en la tabla estaría Ricardo más de acuerdo?

(A) Con la de Leonardo Boff

(B) Con la de la Real Academia Española

(C) Estaría igualmente de acuerdo con ambas.

(D) No estaría de acuerdo con ninguna.

14 **Tema curricular:** Los desafíos mundiales
Contexto: La población y la demografía

Fuente n.º 1

Este artículo trata sobre la situación de los inmigrantes colombianos en España durante la fuerte crisis económica que afectó al país ibérico. Fue publicado en el suplemento *Portafolio.co* del diario colombiano *El Tiempo* el 17 de agosto de 2012.

Colombia se prepara para recibir afectados por la crisis

por Cristina Bustamante

Línea La creencia de que es mejor ser pobre en España que en Colombia parece no ser aplicable para los nacionales que vivían en ese país y ahora están de regreso.

5 Aunque no se sabe con exactitud cuántos son, el Gobierno y organizaciones internacionales se preparan para recibir a quienes desean retornar de los países que antes fueron su sueño, y huir así de la crisis económica, que solo en España deja cifras
10 de desempleo que rondan el 24,6 por ciento.

Les dicen "retornados" y los estudios coinciden en que durante las crisis muchos inmigrantes laborales regresan a su país de origen, especialmente cuando las condiciones económicas de este son mejores que
15 en el de residencia, como en el caso de Colombia y los países latinoamericanos en el contexto actual.

Según datos de Migración Colombia, a julio de este año habían retornado al país 1.593.771 colombianos, 67,96 por ciento del total que ingresó
20 durante el año pasado.

Sin embargo, no se sabe cuántos de estos lo hacen para quedarse y cuántos vienen solamente de paso, un problema que impide medir de manera exacta los efectos colaterales de la crisis en
25 el mercado local.

"Hay expectativa de que vuelvan los colombianos, pero no va a ser tan masivo como para que haya aviones chárter llenos regresando. Seguramente, empezaremos a estudiar este fenómeno para tener una respuesta más 30 sistemática", aseguró Marcelo Pisani, jefe de misión en Colombia de la Organización Internacional para las Migraciones (OIM).

Pero hay quienes no son tan positivos al respecto. Por ejemplo, según un estudio adelantado por 35 la Asociación Sociocultural y de Cooperación al Desarrollo por Colombia e Iberoamérica, que fue divulgado en los últimos días, la mitad de los colombianos que viven en España estarían pensando en volver al país por la crisis. 40

LA CAÍDA DE LAS REMESAS

En los cinco primeros meses del 2012, los giros se redujeron en 0,66% frente al mismo periodo del año pasado.

Pese a que el clima en torno a las remesas, 45 en general, ha sido positivo durante el año, los datos divulgados por el Banco de la República evidencian un comportamiento en las remesas parecido al del 2009, cuando se redujeron los envíos de dinero de colombianos en el exterior por 50 cuenta de la crisis económica mundial.

Al comparar las variaciones de las remesas que entraron al país durante los cinco primeros meses del 2011 y 2012, se evidencia que, aunque este año han crecido mes a mes, el acumulado es menor 55 que el que había en la misma fecha del anterior, pues esta vez solo se alcanzaron 1.664,3 millones de dólares.

En cuanto a países, llama la atención la
60 disminución en las remesas provenientes de tres
de los cinco principales países en el tema, dos de
los cuales están en crisis: España (14,34 por ciento
menos) e Italia (17,12 por ciento menos).

Sin embargo, cabe resaltar el aumento de la
65 importancia que tienen los envíos hechos desde
naciones de la región, que ya representan el 18.96
por ciento de las remesas que ingresan al país. En
el caso de Brasil, por ejemplo, el aumento fue de
69,64 por ciento.

70 **TRABAJADORES EUROPEOS
VENDRÍAN AL PAÍS**

Debido al desarrollo económico, ciudadanos
de naciones en crisis querrían migrar, en busca
de oportunidades.

Del mismo modo en que los colombianos 75
buscan huir de la crisis económica mundial,
muchos europeos empiezan a explorar la
posibilidad de migrar a países donde establecerse.

En este sentido, América Latina se percibe como
una región privilegiada, donde el mercado laboral 80
y las condiciones de vida son atractivas, gracias a
su desarrollo económico y resistencia ante la crisis.
"Hemos visto que los europeos están viniendo
a Latinoamérica en busca de oportunidades de
empleo. Ese es uno de los temas que aparece 85
repetidamente en nuestras reuniones; están
especialmente interesados en los países que no les
piden visa para entrar, como Colombia", destacó
Marcelo Pisani, jefe de misión de la Organización
Internacional para las Migraciones. 90

Fuente n.º 2

En esta entrevista, la economista chilena Sandra Manuelito, que trabaja en la Comisión Económica
para América Latina y el Caribe (CEPAL), explica los efectos de la crisis económica española en los
países latinoamericanos. La entrevista fue transmitida el 21 de agosto de 2012 por Radio ONU, la
emisora de las Naciones Unidas.

Duración: 2 minutos 40 segundos

1 **¿A quiénes se refiere el artículo cuando
menciona a "los nacionales que vivían en ese
país y ahora están de regreso" (líneas 3-4)?**

(A) Españoles que vuelven a Colombia

(B) Colombianos que vuelven a España

(C) Colombianos que vuelven a Colombia

(D) Españoles que vuelven a España

2 **Según el artículo, ¿qué porcentaje de
colombianos residentes en España estarían
pensando en retornar a su país?**

(A) El 67,96 por ciento

(B) El 50 por ciento

(C) El 25 por ciento

(D) El 24,6 por ciento

3 **Según el artículo, ¿cuál de las siguientes
afirmaciones describe mejor la situación en
Colombia en los primeros meses de 2012?**

(A) Las remesas desde España e Italia aumentaron.

(B) Las remesas desde Latinoamérica y
Europa aumentaron.

(C) Las remesas desde Brasil disminuyeron.

(D) Las remesas desde Latinoamérica aumentaron.

4 **Según el artículo, ¿cuál es uno de los factores que
impulsa a los europeos a migrar a Latinoamérica?**

(A) Buscan trabajo.

(B) Buscan mejores sueldos.

(C) No pueden resistir la crisis.

(D) Quieren explorar.

5 Según la entrevista radial, ¿cuál de las siguientes afirmaciones refleja mejor la relación comercial entre España y Latinoamérica?

(A) España es el principal socio de Latinoamérica.

(B) España ha dejado de ser el principal socio de Latinoamérica.

(C) España no es el principal socio de Latinoamérica.

(D) Latinoamérica y España no son socios comerciales.

6 Según la grabación, ¿qué países latinoamericanos se han visto más afectados por la crisis en España?

(A) Argentina y Perú

(B) Colombia, Argentina y Brasil

(C) Ecuador y Argentina

(D) Colombia y Ecuador

7 Según la entrevista, ¿en qué meses de 2012 cayeron las remesas de España a Ecuador en un 25 por ciento?

(A) Entre enero y junio

(B) En enero y febrero

(C) De enero a marzo

(D) De abril a junio

8 ¿Qué se afirma en la entrevista radial sobre la situación de los trabajadores latinoamericanos afectados por la crisis en España?

(A) Por lo general, permanecen en España.

(B) Por lo general, abandonan España.

(C) Por lo general, envían el mismo dinero que antes.

(D) Por lo general, buscan otro trabajo.

9 ¿En qué coinciden el artículo y la grabación con respecto a la cantidad de trabajadores colombianos que retornan a su país desde España?

(A) Su número ha decrecido.

(B) Su número no se conoce con exactitud.

(C) Buscan emigrar a Brasil.

(D) Quieren volver a emigrar.

10 ¿Cuál de las siguientes afirmaciones refleja mejor una comparación entre el artículo y la entrevista radial?

(A) Mencionan los mismos datos.

(B) Mencionan datos totalmente distintos.

(C) Mencionan casi los mismos datos.

(D) No tienen puntos en común.

Audio Auto-graded

Tema curricular: Los desafíos mundiales
Contexto: Los temas del medioambiente

Fuente n.º 1

Esta tabla, preparada por el Ministerio del Ambiente de Ecuador y publicada por la administración del parque Nacional Galápagos de ese país, describe los tipos de lugares turísticos en el parque y los usos que se le puede dar a cada uno.

Lugares "intensivos" del Parque Nacional Galápagos*		
Intensivos naturales	**Intensivos manejados**	**Intensivos cercanos**
Excelente estado de conservación, con especies de flora y fauna endémica, o única, y formaciones geológicas particulares. Usos permitidos:	Excelentes paisajes y atractivos naturales y biológicos, con infraestructura turística debido a su fragilidad o erosión. Usos permitidos:	Cercanos a las áreas pobladas, de acceso marino o terrestre, con rasgos naturales sobresalientes, pero con evidencia de alteración humana. Usos permitidos:
✓ Visitas interpretativas de grupo de visitantes con guía naturalista ✓ Fotografía y filmación ✓ Caminatas guiadas ✓ Actividades accesorias autorizadas por la DPNG en los itinerarios de las embarcaciones autorizadas	✓ Visitas interpretativas de grupo de visitantes con guía naturalista ✓ Fotografía y filmación ✓ Caminatas guiadas ✓ Actividades accesorias autorizadas por la DPNG en los itinerarios de las embarcaciones autorizadas	✓ Visitas interpretativas y educativas ✓ Fotografía y filmación ✓ Fogatas y parrillas en los humedales

*Son lugares del Parque Nacional Galápagos con rasgos espectaculares del paisaje, biodiversidad o geodiversidad de sus ecosistemas, que presentan un entorno natural de variable naturalidad y fragilidad, cuyo rango de variación presenta desde sitios de poca o ninguna intervención hasta sitios muy intervenidos por elevada accesibilidad, pero con grandes oportunidades para la educación e interpretación ambiental que optimizan la utilización del recurso. Se dividen en tres tipos, según su estado y actividades permitidas.

Fuente: Parque Nacional Galapagos, Ecuador

Fuente n.º 2

En esta grabación, Marco conversa con Alejandra. Marco es un empresario que planea construir un complejo turístico en un lugar exótico y quiere tomar una buena decisión. Por esta razón, se reúne con Alejandra, una experta en parques naturales a quien planea invitar para que sea socia del proyecto.

Duración: 3 minutos 3 segundos

1 Tu escuela está planeando una visita al Parque Nacional Galápagos. El primer día, visitarán un lugar intensivo manejado. Según la tabla, ¿cuál de las siguientes actividades NO podrán realizar allí?

(A) Visita educativa guiada por la maestra de la clase

(B) Visita guiada por un naturalista del parque

(C) Caminata para observar animales de la zona

(D) Paseo en barco

2 Las famosas tortugas galápagos son una especie única de las islas. Según la tabla, ¿en qué tipo de lugar es más probable que un visitante pueda observarlas?

(A) Intensivo manejado

(B) Intensivo natural

(C) Intensivo cercano

(D) En todos

3 Los visitantes salen de su hotel y caminan durante diez minutos por un sendero asfaltado. Llegan a un observatorio desde el que se puede ver el mar. Ahí también pueden usar los servicios higiénicos. Según la tabla, ¿en qué tipo de lugar se encuentra el observatorio?

(A) Intensivo natural

(B) Intensivo manejado

(C) Área poblada

(D) Intensivo cercano

4 Según la conversación, ¿por qué motivo quiere Marco consultar sobre su proyecto con Alejandra?

(A) Ella sabe mucho sobre las islas de Sudamérica.

(B) Ella sabe mucho sobre turismo.

(C) Ella sabe mucho sobre parques naturales.

(D) Ella sabe mucho sobre negocios.

5 Según la conversación, los nativos de Isla de Pascua la llaman Rapa Nui, que significa "ombligo del mundo". ¿Cuál de las siguientes afirmaciones refleja mejor lo que los nativos piensan sobre su isla?

(A) Está en un extremo del mundo.

(B) Es la más grande del mundo.

(C) Está en el centro del mundo.

(D) Está muy cerca de Chile.

6 Marco y Alejandra están considerando construir su proyecto ecológico en las islas Galápagos, Isla de Pascua o Isla Gorgona. Según la conversación, ¿dónde es más probable que se les permita hacerlo?

(A) Isla Gorgona

(B) Isla de Pascua

(C) Islas Galápagos

(D) Islas Galápagos o Isla de Pascua

7 Al final, Marco y Alejandra decidieron realizar su proyecto en Islas Galápagos. Construirán unas cabañas de madera para que los visitantes descansen de sus paseos. Según la tabla, ¿en qué tipo de lugar podrán construirlas?

(A) En cualquiera de los tres

(B) Intensivo natural

(C) Intensivo cercano

(D) Intensivo manejado

 Audio Auto-graded

16   Tema curricular: Los desafíos mundiales
Contexto: La población y la demografía

Fuente n.º 1

Esta tabla presenta datos sobre la esperanza de vida de la población mundial por regiones, compilados por el Fondo de Población de las Naciones Unidas y publicados en su informe *Estado de la población mundial 2012.*

Estado de la población mundial actualizada a 2012			
	Población total en millones	**Esperanza de vida al nacer**	
		Hombres	**Mujeres**
Total mundial	7.052,1	67	72
Regiones más desarrolladas	1.244,6	75	81
Regiones menos desarrolladas	5.807,6	66	69

Fuente: Fondo de Población de las Naciones Unidas (UNFPA), *Estado de la población mundial 2012*

Fuente n.º 2

En esta grabación, Eliana, una adolescente de trece años, habla con su padre. Ella leyó en Internet un informe sobre la población mundial en 2012 y está muy asombrada. Le cuenta a su padre, Carlos, algunos datos de este informe.

Duración: 2 minutos 19 segundos

1 **¿Qué tipo de información presenta la tabla?**
- (A) La población mundial proyectada a partir de 2012
- (B) La población mundial medida antes de 2012
- (C) La población mundial en 2012
- (D) El estado de desarrollo mundial en 2012

2 **En la tabla, ¿qué indican las cifras presentadas en las dos columnas de la derecha, bajo el título de "Esperanza de vida al nacer"?**
- (A) Años
- (B) Días
- (C) Promedios
- (D) Porcentajes

3 Según la tabla, ¿cuál de las siguientes personas nacidas en 2012 tiene más posibilidades de alcanzar una edad más avanzada?

(A) Un niño nacido en Ghana

(B) Un niño nacido en Suecia

(C) Una niña nacida en Japón

(D) Una niña nacida en El Salvador

4 Según la conversación, ¿por qué piensa Eliana que nadie debería tener más hijos?

(A) Porque no hay suficientes recursos renovables en el planeta.

(B) Porque ya hay demasiadas personas en el mundo.

(C) Porque las familias pequeñas son preferibles.

(D) Porque lo leyó en Internet.

5 ¿A qué se refiere Eliana cuando dice que se imagina "un mundo triste y aburrido"?

(A) Un mundo sin recursos renovables

(B) Un mundo superpoblado

(C) Un mundo con 7.000 millones de habitantes

(D) Un mundo lleno de personas de edad avanzada

6 Según los cálculos de Carlos, ¿qué porcentaje de la población mundial vive en China?

(A) 50%

(B) 5%

(C) Más del 20%

(D) Menos del 20%

7 Carlos y Eliana quieren continuar investigando sobre la esperanza de vida de las personas nacidas en distintos países. Según la tabla, ¿en cuál de los siguientes sitios Web podrían encontrar la información que buscan?

(A) www.unesco.org

(B) www.unfpa.org

(C) www.oea.org

(D) www.usgov.gov

 **Tema curricular:** Los desafíos mundiales
Contexto: La población y la demografía

Fuente n.º 1

Este artículo trata sobre el ejercicio de la profesión de periodista en Ciudad Juárez, México. Fue publicado en el diario *El País* de Madrid el 13 de mayo de 2012.

Donde la noticia vale una vida

por Luis Prados

Línea   Lucy Sosa comenzó a cubrir la información sobre el crimen organizado en 2008.

La primera noticia que tuvo que redactar fue el asesinato de Armando Rodríguez, el compañero
5   que se ocupaba de la fuente policiaca, o la nota roja, como se dice aquí, el 13 de noviembre de ese año. Choco, como se le conocía en la redacción, llevaba meses ocupándose de la guerra que enfrentaba en Ciudad Juárez, en la frontera con
10   Texas, a los carteles de Sinaloa, el que dirige Joaquín "el Chapo" Guzmán, y los remanentes del de Juárez, fundado veinte años atrás por Amado Carrillo Fuentes, "El Señor de los Cielos".

El combate entre los dos grupos criminales
15   había sumergido Juárez en un baño de sangre sin precedentes, 791 muertos en octubre, 729 en noviembre... La ciudad era ya para entonces la más violenta de México y, probablemente, del mundo. Una fría mañana de un jueves, junto a su casa,
20   cuando se disponía a llevar al colegio a su hija de ocho años en su modesto automóvil, el reportero recibió 10 balazos, la mayoría en el abdomen.

El Diario de Juárez inició las averiguaciones del crimen en colaboración con las autoridades. El
25   principal sospechoso del asesinato del periodista resultó ser un policía judicial del Estado de Chihuahua miembro de La Línea, el grupo de agentes al servicio del cartel de Juárez. El "pecado" de Armando Rodríguez fue investigar los vínculos
30   de familiares de la procuradora (fiscal) general,

Patricia González, y del narcotráfico. Dos años después, tras el asesinato de otro redactor, el periódico lanzó una llamada de auxilio al mundo con un dramático editorial titulado *¿Qué quieren de nosotros?*.   35

La ola de violencia que recorre México, que ha causado desde 2007 más de 50.000 muertos, ha cambiado la forma de hacer periodismo. Muchas fuentes se han secado por miedo, se ha sacrificado la exclusividad y, en gran número de casos, las   40 firmas. Publicar un vídeo, una pancarta o levantar un teléfono puede costar vidas.

"Dejamos de firmar la información de alto riesgo, salimos a cubrir los sucesos siempre acompañados y nos avisamos unos a otros entre   45 los distintos medios para ir juntos a ver un cadáver", cuenta Sosa, que desde agosto no se dedica a la información policial. "Fui amenazada. Por eso me apartaron".

Pero Lucy Sosa asegura no sentir miedo. "Cuando   50 uno tiene un compromiso de vida con el periodismo debe hacer su trabajo. El mensaje para todos los compañeros de Veracruz, Nuevo Laredo, Torreón o Tamaulipas es que no se rindan, que el miedo no se imponga ante la obligación de informar".   55

El Estado mexicano garantiza constitucionalmente la libertad de prensa, y el Congreso acaba de aprobar una nueva ley para proteger a los periodistas. Periódicos, revistas, emisoras, televisiones y unas redes sociales en auge   60

—ya son 10 millones los mexicanos enganchados a Twitter— contribuyen diariamente a un vivo debate público sobre los problemas del país.

Pero contar la verdad de los poderosos —y el
65 narcotráfico lo es, y mucho— siempre ha sido una operación de alto riesgo, y lo es más aún si se rema en una ciénaga de impunidad.

En 2011 fueron asesinados nueve periodistas, dos desaparecieron y otros dos empleados de
70 prensa murieron violentamente. Se registraron ocho ataques con armas de fuego o explosivos contra sedes de medios de información y 172 agresiones relacionadas con el ejercicio del periodismo, según los datos de Artículo 19, una
75 ONG que lucha por la libertad de expresión. La mayoría de las víctimas son periodistas locales que investigaban casos de corrupción para medios modestos, con unos sueldos que oscilan entre los 470 y los 700 euros al mes, y sus muertes
80 continúan sin esclarecer.

Fuente n.º 2

En esta entrevista, la reconocida periodista mexicana Alma Guillermoprieto habla sobre su profesión y sus experiencias, tras haber recibido un importante premio en España. La entrevista se transmitió en el programa "Hispanorama" de Radio Exterior de España el 23 de diciembre de 2011.

Duración: 2 minutos 38 segundos

◀))

1 **¿Qué técnica usa el autor en los párrafos iniciales del artículo para comunicar su mensaje?**

(A) Información estadística

(B) Narrativa

(C) Ensayo de opinión

(D) Entrevistas

2 **¿A qué se dedica en la actualidad Lucy Sosa?**

(A) Es periodista pero ya no en Ciudad Juárez.

(B) Es periodista pero ya no se ocupa de noticias policiales.

(C) Ya no es periodista.

(D) Es periodista internacional.

3 **¿A qué se refiere el artículo al afirmar que en el periodismo mexicano "se ha sacrificado... las firmas" (líneas 39-40)?**

(A) Las compañías ya no ponen anuncios en los periódicos.

(B) Muchos periodistas famosos han sido víctimas de la violencia.

(C) Los periodistas ya no publican sus nombres en los artículos.

(D) Las compañías dueñas de periódicos han tenido que cerrar.

4 **Según el artículo, ¿para qué tipo de medio de información trabajaba la mayoría de periodistas asesinados en México?**

(A) Medios de información de pocos recursos

(B) Medios de circulación internacional

(C) Medios de muchos recursos

(D) Cadenas de televisión y emisoras de radio

5 **En la grabación, ¿a qué se refiere Alma Guillermoprieto al afirmar que la gente tiene cosas "insólitas" que contarle?**

(A) La gente prefiere hablarle cuando están a solas.

(B) Muchas personas quieren contarle sus historias.

(C) La gente le cuenta cosas que pocas personas han visto.

(D) Es un privilegio que la gente le cuente cosas.

6 Según la grabación, ¿cuál de las siguientes afirmaciones refleja mejor el trabajo periodístico de Alma Guillermoprieto?

(A) Trabaja para diversas publicaciones internacionales.

(B) Trabaja únicamente para publicaciones latinoamericanas.

(C) Trabaja únicamente para publicaciones mexicanas.

(D) Trabaja únicamente para *The Washington Post*.

7 Según Alma Guillermoprieto, ¿qué efecto produce el cambio tecnológico entre muchos periodistas latinoamericanos?

(A) Entusiasmo, porque pueden hacer mejor su trabajo.

(B) Temor, porque pueden perder su trabajo.

(C) Confusión, porque no saben cómo trabajar con las nuevas tecnologías.

(D) Sorpresa, porque les permite hacer cosas insólitas .

8 Según Alma Guillermoprieto, ¿cuál es uno de los factores que ha causado la muerte de muchos periodistas en México en los últimos diez años?

(A) La intimidación

(B) La falta de recursos

(C) Comentarios feroces

(D) El narcotráfico

9 Según el artículo y la grabación, ¿cuál de las siguientes afirmaciones describe mejor los sueldos que reciben muchos periodistas mexicanos por su trabajo?

(A) Son sueldos altos: más de 1000 euros al mes.

(B) Son sueldos bajos: 700 o menos euros al mes.

(C) Son sueldos altos: hasta 700 euros al mes.

(D) Son sueldos justos: empiezan en 470 euros al mes.

10 Tienes que hacer una presentación sobre el artículo y la grabación. ¿Cuál de los siguientes títulos sería el más apropiado para tu presentación?

(A) Periodismo: Un trabajo arriesgado

(B) Periodismo: Un trabajo de excelencia

(C) Periodismo: Un trabajo insólito

(D) Periodismo: Mil vidas en un año

18

Tema curricular: Las identidades personales y públicas
Contexto: Los héroes y los personajes históricos

Fuente n.º 1

Esta tabla, tomada del libro *Los hombres que cambiaron al mundo* del escritor José Lugo, presenta información sobre siete científicos cuyas ideas tuvieron una gran influencia en la historia.

Algunos de los hombres que cambiaron el mundo con sus ideas y descubrimientos	
Tales de Mileto (640-547 a. C.)	Se le considera el primer representante de la historia de la filosofía occidental.
Nicolás Copérnico (1473-1543)	Reafirma la idea de Aristarco: la Tierra gira alrededor del Sol y no es el centro del Universo.
Galileo Galilei (1564-1642)	Aporta pruebas que apoyan la hipótesis de Copérnico. Es obligado a negar su hipótesis.
Charles Darwin (1809-1882)	Desarrolla la teoría de la evolución de las especies.
Los esposos Curie (Marie, 1876-1934; Pierre, 1859-1906)	Descubren la radiactividad.
Albert Einstein (1879-1955)	Desarrolla la teoría de la relatividad.

Fuente: Lugo Hubp, José, Los hombres que cambiaron el mundo

Fuente n.º 2

En esta grabación, Santiago y Patricia están conversando. Ellos son dos líderes estudiantiles de la universidad. Los dos forman parte del comité organizador de la semana de actividades académicas y recreativas que la universidad celebra todos los años, y están planeando el tema central del evento.

Duración: 2 minutos 49 segundos

1 **Según la tabla, ¿cuál de las siguientes afirmaciones es correcta?**

(A) Aristarco creía que la Tierra giraba alrededor del Sol.

(B) Aristarco creía que la Tierra era el centro del universo.

(C) Aristarco tenía pruebas de que la Tierra giraba alrededor del Sol.

(D) Copérnico negó las ideas de Aristarco.

2 **Según la tabla, ¿cuál de las siguientes afirmaciones refleja mejor la actitud de Charles Darwin con respecto a la teoría de la relatividad?**

(A) No creía en ella.

(B) Influyó profundamente en sus ideas.

(C) No la conocía.

(D) Creía en ella.

3 **Según la tabla, ¿qué idea reafirmó Nicolás Copérnico?**

(A) La relatividad

(B) La radiactividad

(C) La evolución de las especies

(D) La Tierra gira alrededor del Sol y no es el centro del Universo.

4 **En la conversación, ¿a qué se refiere Patricia cuando dice que un héroe es "un personaje que hace cosas valientes"?**

(A) Un héroe hace cosas que valen mucho dinero.

(B) Un héroe hace cosas que requieren vencer el miedo.

(C) Un héroe hace cosas sin importarle la fama o la publicidad.

(D) Un héroe hace cosas que tienen mucho valor histórico.

5 **¿Cuál de las siguientes afirmaciones refleja mejor la opinión de Patricia y Santiago sobre los héroes?**

(A) Los héroes son personas famosas.

(B) Los héroes siempre son anónimos.

(C) Los héroes cambian la historia.

(D) Los héroes pueden ser personas comunes y corrientes.

6 **Al final de la conversación, Patricia tiene la idea de organizar un concurso de relatos. ¿Cómo podrías participar en ese concurso?**

(A) Realizando un acto heroico.

(B) Escribiendo un poema sobre algún personaje histórico.

(C) Escribiendo una narración personal sobre un acto heroico.

(D) Escribiendo un ensayo sobre la diferencia entre los héroes y los personajes históricos.

7 **Según las definiciones dadas por Patricia y Santiago en la conversación, ¿cuál de los siguientes títulos sería apropiado para la tabla?**

(A) Grandes personajes históricos de la ciencia

(B) Grandes héroes de la ciencia

(C) Científicos valientes

(D) Héroes anónimos de la ciencia

PART C
Interpretive Communication:
Audio Texts

Strategies   Audio Texts

Section I, Part C requires you to listen to audio recordings and answer multiple choice questions about them. You will be asked to interpret meaning from three different types of recordings: interviews, instructions, and presentations. You will have a chance to listen to each audio text twice. Use these strategies to help you succeed.

1. **Understand the format** You will hear three different types of audio recordings, and each is followed by a specific number of multiple choice questions:

   • Interviews are followed by 5 multiple choice questions. These audio selections may have more than one speaker, so keep track of who is speaking. Be aware that different points of view may be presented.

   • Instructions are followed by 5 multiple choice questions. These audio selections will contain instructions for carrying out certain activities. Listen carefully for the order of steps, and pay attention to how the task should be achieved.

   • Presentations are followed by 8 multiple choice questions. These audio selections will contain a narrative about a particular topic. Ask yourself what the speaker is trying to say and why. Think about whether the speaker is presenting information, an argument, or a story.

2. **Preview the entire selection before you begin**

3. **Don't get distracted** If you are still trying to figure out a word you just heard, you may miss what comes next in an audio. Do not get hung up trying to figure out meanings of isolated words or expressions. Focus on the main points and understanding the big picture.

4. **Listen once** The first time you listen to the recording, focus on the main ideas. Draw a picture or diagram, or create a graphic organizer, to help you visualize what is being described.

5. **Listen again** The second time you listen, hone in on the supporting details. Write down numbers and specific data, and use words or phrases that are repeated to identify a common idea or topic.

6. **Memorize the direction lines on p. 89.**

Tema curricular: Las familias y las comunidades
Contexto: La estructura de la familia

Esta grabación presenta los resultados de una investigación sociológica. El reporte fue transmitido por una emisora de Radio y Televisión Española, el 5 de diciembre de 2011. (Duración: 3 minutos)

1 Según esta investigación, ¿cómo influye la clase social en el cuidado de los niños?

(A) Las familias con escasos recursos delegan excesiva responsabilidad en los abuelos.

(B) Las familias adineradas prefieren no contratar guarderías.

(C) En las familias de clase media baja, los abuelos se ven forzados a vivir con sus hijos y nietos.

(D) No tiene ninguna influencia.

2 ¿Cómo se sienten los abuelos españoles frente a la responsabilidad de cuidar de sus nietos?

(A) No disfrutan del contacto con sus nietos.

(B) Preferirían tener más tiempo libre.

(C) No están interesados en cuidar a sus nietos.

(D) Se sienten un tanto angustiados y utilizados.

3 Según la investigación sociológica, ¿qué porcentaje de abuelos españoles se ocupan de sus nietos casi todos los días?

(A) Menos de la mitad

(B) Cerca del 100 por ciento

(C) Más de la mitad

(D) Un 25 por ciento

4 La periodista dice que las abuelas españolas cuidan a sus nietos "unas seis horas de media al día". ¿Qué quiere decir "de media"?

(A) Se ocupan de sus nietos por seis horas al día en promedio.

(B) Sus nietos están en la escuela media.

(C) Son horas intermitentes o discontinuas.

(D) Son seis horas y media.

5 Según la periodista, ¿Qué beneficios obtienen los abuelos del cuidado de sus nietos?

(A) No obtienen ningún beneficio.

(B) El contacto intergeneracional los rejuvenece y disfrutan de la relación con sus nietos.

(C) Ayudan a sus familias cuando estas no tienen apoyo de las instituciones.

(D) Se mantienen ocupados y entretenidos.

6 ¿Cuál es la principal demanda de los "abuelos canguro" españoles?

(A) Que puedan pasar más tiempo con sus nietos

(B) Que se les recompense por el tiempo invertido

(C) Que se acepten sus criterios educativos

(D) Que existan límites y que sus obligaciones se establezcan de manera clara

7 ¿Cuál es el propósito de esta transmisión radial?

(A) Prevenir el maltrato a los abuelos en España

(B) Expresar la opinión de la periodista sobre quiénes deben cuidar a los niños

(C) Informar sobre una investigación sociológica

(D) Pedir que se impongan límites a las obligaciones de los abuelos

8 En una presentación, quieres citar información adicional para apoyar las conclusiones del estudio sociológico presentado en este reporte. ¿Cuál de los siguientes artículos periodísticos sería apropiado citar?

(A) "La importancia económica de los abuelos en España"

(B) "El rol tradicional de los abuelos en España"

(C) "El nuevo rol de los abuelos en España"

(D) "Los abuelos españoles buscan nuevos trabajos"

Tema curricular: Las familias y las comunidades
Contexto: La geografía humana

Esta grabación trata sobre las representaciones de inmigrantes de origen árabe en la literatura de América Latina. El entrevistado es el experto cubano Rigoberto Menéndez, autor de un estudio sobre el tema. La entrevista se transmitió originalmente en el programa *Hora América* de la emisora Radio Exterior de España en junio de 2012. (Duración: 2 minutos 28 segundos)

1 **Según la fuente auditiva, ¿en qué trabaja el entrevistado, Rigoberto Menéndez?**

(A) Es profesor de literatura en La Habana.

(B) Es director del museo "Casa de los Árabes".

(C) Es periodista radial.

(D) Es escritor de novelas y cuentos sobre la inmigración en Cuba.

2 **Según el entrevistado, ¿en qué se basan sus afirmaciones sobre el tema de la presencia de inmigrantes árabes en la literatura de América Latina?**

(A) En investigaciones que ha desarrollado por varios años

(B) En historias que ha escuchado de su propia familia

(C) En muchos años vividos en América Latina

(D) En muchos años de estudios universitarios especializados

3 **¿Qué quiere decir el entrevistado al afirmar que la presencia de inmigrantes árabes en la literatura de América Latina es "un reflejo de la realidad"?**

(A) Que la literatura de América Latina casi siempre es realista

(B) Que refleja la importancia de la inmigración árabe en América Latina

(C) Que en América Latina hay inmigrantes de muchas nacionalidades

(D) Que la inmigración árabe en América Latina continúa hasta la actualidad

4 **El entrevistado afirma que a los inmigrantes árabes en Cuba se les llamó moros "cariñosamente". ¿Qué quiere decir con esto?**

(A) Que los cubanos sentían mucho cariño por los inmigrantes árabes

(B) Que los inmigrantes árabes usaban ese nombre para sí mismos

(C) Que ese nombre no era un insulto

(D) Que los cubanos usaban ese nombre para burlarse de los inmigrantes

5 **¿Qué afirma el entrevistado sobre las personas de origen árabe en América Latina en la actualidad?**

(A) Que están muy integrados y participan en todos los campos de la sociedad, la cultura y la política

(B) Que ya no se percibe su presencia en la sociedad

(C) Que nunca llegaron a estar muy integrados

(D) Que quedan muy pocas personas procedentes de aquella inmigración

3 **Tema curricular:** Las familias y las comunidades
Contexto: Las tradiciones y los valores

Esta grabación fue tomada del sitio web practicopedia.com, una enciclopedia virtual de consejos prácticos en idioma español. (Duración: 1 minuto 33 segundos)

1 **¿Cuál es el propósito de esta grabación?**

(A) Dar instrucciones a los padres sobre cómo evitar que sus hijos adolescentes vayan a una fiesta de Nochevieja

(B) Dar instrucciones a los adolescentes sobre cómo organizar una fiesta de Nochevieja

(C) Dar instrucciones a los adolescentes sobre cómo convencer a sus padres para que los dejen ir a una fiesta de Nochevieja

(D) Dar instrucciones a los padres sobre cómo tratar a sus hijos adolescentes

2 **Según el narrador, ¿por qué es especialmente difícil para los adolescentes conseguir permiso para salir en Nochevieja?**

(A) Porque sus padres no los escuchan

(B) Porque en Nochevieja, todo el mundo está muy revolucionado

(C) Porque ese día hay muchos accidentes en las calles

(D) Porque es una buena ocasión para celebrar en familia

3 **Según la grabación, ¿por qué es importante que los adolescentes se porten especialmente bien en los días previos a la fiesta?**

(A) Porque, de esa manera, sus padres considerarán que se merecen ir a la fiesta

(B) Porque, de esa manera, sus padres estarán más tranquilos

(C) Porque, de esa manera, sus padres no se darán cuenta de que quieren ir a una fiesta

(D) Porque hay muchas cosas que hacer en la casa en los días previos a Nochevieja

4 **Según la grabación, ¿qué deben hacer los adolescentes si la respuesta de sus padres es "no"?**

(A) Deben echarse a llorar hasta conseguir lo que quieren.

(B) Deben dar más detalles sobre la fiesta, por ejemplo, dónde se llevará a cabo y quién irá con ellos.

(C) Deben explicar con fundamentos válidos por qué creen que se merecen el permiso.

(D) Deben dejar de insistir.

5 **¿Por qué motivo se dice en la grabación que mentir a los padres "nunca es la solución adecuada" para los adolescentes?**

(A) Porque todos los adolescentes mienten alguna vez a sus padres

(B) Porque si algo ocurre, sus padres no sabrán dónde encontrarlos

(C) Porque si sus padres descubren la mentira, nunca más les darán permiso

(D) Porque una mentira nunca es un fundamento válido

Audio
Auto-graded

Tema curricular: La ciencia y la tecnología
Contexto: Los fenómenos naturales

Este relato es una obra de ficción de la escritora mexicana Elena Poniatowska, y presenta las experiencias de una víctima del terremoto de 1985 en México, Distrito Federal. Se transmitió por primera vez en el programa *Estado Literal* de Código D.F., una emisora del gobierno de la Ciudad de México, el 29 de septiembre de 2011. (Duración: 2 minutos 13 segundos)

1 **¿En qué momento empieza el relato de esta víctima del terremoto de 1985?**

(A) Al inicio del terremoto

(B) Durante el terremoto

(C) Inmediatamente después del terremoto

(D) Algunos días después del terremoto

2 **Tras salir de su habitación, el narrador se encuentra con otros personajes. ¿A qué se refiere al afirmar que algunos de ellos "están lívidos"?**

(A) A que están asustados

(B) A que están impacientes

(C) A que están felices

(D) A que están vivos

3 **¿Por qué dice el narrador que el Paseo de la Reforma "hierve de gente"?**

(A) Porque la gente tiene mucho calor

(B) Porque hay mucha gente

(C) Porque la gente está muy nerviosa

(D) Porque la gente está muy apurada

4 **Luego del terremoto, el narrador dice que lo invade "un inmenso alivio". ¿Cuál de las siguientes afirmaciones refleja mejor sus emociones en ese momento?**

(A) Ya no siente miedo.

(B) Siente mucho miedo.

(C) Siente mucha alegría.

(D) Se siente muy lívido.

5 **¿Por qué dice el narrador que quiere "exorcizar esos cuatro minutos"?**

(A) Porque el terremoto terminó hace cuatro minutos

(B) Porque después del terremoto, tardó cuatro minutos en llegar a la calle

(C) Porque en cuatro minutos sucederá el terremoto

(D) Porque el terremoto duró cuatro minutos

6 **El narrador observa que los edificios vecinos están "reducidos a mil losas" de concreto y fierro. ¿En qué estado se encuentran?**

(A) Derrumbados

(B) Enteros

(C) Empequeñecidos

(D) Enterrados

7 **¿Por qué dice el narrador que al ver los edificios vecinos sintió miedo "de verdad"?**

(A) Porque piensa que puede haber otro terremoto

(B) Porque piensa que los edificios pueden caerle encima

(C) Porque su familia estaba en esos edificios

(D) Porque antes no imaginó que algo le podía suceder a él

8 **¿Cuál es el propósito de esta grabación radial?**

(A) Informar sobre los peligros de los terremotos

(B) Ayudar a las víctimas de los terremotos

(C) Narrar las experiencias de una persona

(D) Preparar a los oyentes para un terremoto

Audio Auto-graded

Tema curricular: La ciencia y la tecnología
Contexto: El acceso a la tecnología

Esta grabación trata sobre la visibilidad de la investigación científica en Iberoamérica. Se transmitió originalmente en el programa *El debate iberoamericano* de la emisora Radio Exterior de España, en febrero de 2012. (Duración: 2 minutos 33 segundos)

1 Según la grabación, ¿cuál afirmación describe mejor el efecto de las telecomunicaciones?

(A) Ayudan al avance científico y tecnológico.

(B) Detienen el avance científico y tecnológico.

(C) No afectan la ciencia ni la tecnología.

(D) Ayudan a la tecnología, pero no a la ciencia.

2 ¿Qué dice el narrador sobre las inversiones en investigación y desarrollo científico (I+D)?

(A) Iberoamérica ocupa el primer lugar en el mundo en inversión en I+D.

(B) La inversión en I+D en Iberoamérica ha crecido en un 90 por ciento.

(C) La inversión en I+D ha crecido en muchas partes del mundo, pero no en Iberoamérica.

(D) La inversión en I+D en Iberoamérica ha crecido más que en Asia.

3 Según la grabación, ¿qué sucede con el número de personas en la ciencia y la tecnología?

(A) Ha decrecido aceleradamente.

(B) No ha crecido en Iberoamérica.

(C) Se ha mantenido constante.

(D) Ha pasado a más de 7 millones de personas.

4 ¿Cuál es el propósito de mencionar países industrializados en esta presentación?

(A) Indicar que Iberoamérica invierte más en las ciencias que los países industrializados

(B) Indicar que la situación en Iberoamérica es idéntica a la de cualquier región del mundo

(C) Resaltar que muchos de los científicos en Iberoamérica vienen de esos países

(D) Comparar los niveles de inversión en desarrollo científico con los de Iberoamérica

5 ¿Cuál de los siguientes países invierte un mayor porcentaje de su Producto Interno Bruto (PIB) en investigación científica y tecnológica?

(A) Brasil

(B) Argentina

(C) España

(D) Venezuela

6 ¿Por qué el 5% de científicos en Iberoamérica es "poco representativo" en el mundo?

(A) Porque Iberoamérica tiene el 9% de la población mundial

(B) Porque son muchos científicos, pero producen pocos avances

(C) Porque no están bien representados en las organizaciones internacionales

(D) Porque las revistas especializadas se niegan a publicar sus trabajos

7 ¿A qué organismo internacional pertenece el Centro de Altos Estudios Universitarios?

(A) Organización de Estados Iberoamericanos

(B) Organización de las Naciones Unidas

(C) Instituto Científico Iberoamericano

(D) Banco Interamericano de Desarrollo

8 Vas a dar una presentación que resume lo que escuchaste. ¿Cuál de los siguientes es el mejor título para tu presentación?

(A) "Historia de la ciencia en Iberoamérica"

(B) "Obstáculos para el desarrollo científico en Iberoamérica"

(C) "Ciencia y economía en Iberoamérica"

(D) "El futuro de la investigación científica en el mundo"

6 **Tema curricular:** La ciencia y la tecnología
Contexto: El cuidado de la salud y la medicina

Esta grabación ofrece instrucciones y consejos sobre la mejor manera de lavarse las manos para cuidar la salud. Se transmitió originalmente en el programa *A su salud* de la emisora española Radio 5, en junio de 2012. (Duración: 2 minutos 41 segundos)

🔊))

1 **¿Cúal es el propósito de esta grabación?**

(A) Instruir a las personas sobre la higiene.
(B) Promover un mejor uso del jabón.
(C) Promocionar una marca de jabón.
(D) Instruir sobre el ahorro de agua.

2 **En la grabación, ¿cuál es el significado de la frase "es imprescindible el jabón"?**

(A) El jabón no es necesario para la buena higiene de las manos.
(B) El jabón es necesario para la buena higiene de las manos.
(C) El jabón solo limpia la suciedad visible.
(D) El exceso de jabón es dañino para la piel.

3 **Según la grabación, ¿cuál es el primer paso en el correcto lavado de las manos?**

(A) Limpiarlas con una toalla o servilleta
(B) Revisar si hay suciedad visible
(C) Aplicar jabón
(D) Mojarlas

4 **Según la grabación, frotarse las manos es fundamental para la higiene. ¿Cuál es el significado de la expresión "frotarse las manos"?**

(A) Juntar las manos
(B) Juntar las manos y moverlas rápidamente una contra la otra
(C) Cubrir las manos con jabón
(D) Poner las manos bajo el agua para quitarles el jabón

5 **Según la grabación, ¿cómo se aconseja cerrar el grifo?**

(A) Con la toalla
(B) Con la palma de la mano
(C) Con las dos manos
(D) Con las puntas de los dedos

7 **Tema curricular:** La belleza y la estética
Contexto: El lenguaje y la literatura

Esta grabación trata sobre el escritor mexicano Juan Rulfo. Se transmitió originalmente en el podcast "La invención de lo posible", producido por Radio 2010 del Instituto Mexicano de la Radio, el 21 de octubre de 2010. (Duración: 2 minutos 28 segundos)

1 **¿Quién seleccionó *Pedro Páramo* como el mejor libro en lengua española del siglo XX?**

(A) Jorge Luis Borges

(B) Un grupo de autores, editores y críticos españoles

(C) Un grupo de especialistas mexicanos

(D) Los gobiernos de España y México

2 **¿Qué quiere decir el presentador al afirmar que la distinción recibida por el libro de Juan Rulfo en el año 2000 no es "menor ni casual"?**

(A) Que es una distinción de naturaleza mediática

(B) Que otros, como el escritor Jorge Luis Borges, ya habían dicho lo mismo

(C) Que es una distinción importante

(D) Que Rulfo ya había ganado muchos premios

3 **Según la fuente auditiva, ¿cuál es la diferencia entre Juan Rulfo y otros escritores mexicanos?**

(A) Ninguno de los méritos literarios de Rulfo es relativo, circunstancial o histórico.

(B) La importancia de Rulfo es solamente histórica.

(C) A diferencia de esos escritores, Rulfo obtuvo grandes reconocimientos internacionales.

(D) La novela de Rulfo no tiene ningún mérito literario en otros países.

4 **Según la fuente auditiva, ¿qué evento importante sucedió en la vida de Juan Rulfo antes de cumplir los diez años de edad?**

(A) Murieron sus abuelos.

(B) Su familia se trasladó a Guadalajara.

(C) Decidió convertirse en escritor.

(D) Murieron sus padres.

5 **¿Por qué Juan Rulfo optó por trasladarse de Guadalajara a México en 1933?**

(A) Porque no tenía recursos para asistir a la Universidad de Guadalajara

(B) Porque sus abuelos vivían en México

(C) Porque la Universidad de Guadalajara estaba cerrada

(D) Porque México ofrecía mejores oportunidades

6 **¿Qué le sucedió a Juan Rulfo después de trasladarse a México?**

(A) No consiguió trabajo.

(B) Obtuvo enseguida una beca.

(C) Tuvo que trabajar en muchas cosas antes de poder hacerse escritor.

(D) Ingresó a la universidad.

7 **¿Cuántas novelas escribió Juan Rulfo?**

(A) Una sola. *Pedro Páramo* fue su única novela.

(B) No escribió ninguna. Era escritor de cuentos breves y guiones de cine.

(C) Escribió muchas novelas, pero solo *Pedro Páramo* se hizo famosa.

(D) Escribió tres novelas.

8 **En una presentación, quieres citar información adicional para apoyar lo que dice el narrador sobre los logros de Juan Rulfo. ¿Cuál de los siguientes libros sería apropiado citar?**

(A) *Juan Rulfo y México: la voz de los olvidados*

(B) *Juan Rulfo: Biografía de un gran escritor*

(C) *Historia de la literatura latinoamericana: S. XIX.*

(D) *Pedro Páramo*

Tema curricular: La belleza y la estética
Contexto: Definiciones de la creatividad

Esta es una entrevista con el poeta español Vicente Aleixandre, ganador del Premio Nobel de Literatura en 1977. En ella, Aleixandre habla sobre el inicio de su vocación literaria y de sus primeras experiencias como lector. La entrevista forma parte de los archivos sonoros de la UNESCO (Organización de las Naciones Unidas para la Educación, la Ciencia y la Cultura). (Duración: 2 minutos 52 segundos)

1 **¿Cuándo nació la vocación poética de Vicente Aleixandre, según esta entrevista?**

(A) Tardíamente, pues en un principio prefería leer prosa

(B) Tempranamente, pues Vicente Aleixandre siempre supo que quería ser poeta

(C) Tras la lectura de los grandes clásicos de la literatura universal

(D) Al leer sus primeros poemas en la escuela

2 **Según el entrevistado, ¿qué lecturas fueron las primeras en despertar su imaginación?**

(A) Las novelas de Benito Pérez Galdós

(B) Los libros que le prestaban sus amigos

(C) Los cuentos de hadas y de aventuras

(D) Los poemas que leía en la escuela

3 **En la entrevista, Vicente Aleixandre dice que hasta los dieciocho años no cayó en sus manos "un libro válido de poesía"? ¿Cuál es el significado de la expresión "libro válido"?**

(A) Un libro de precio muy elevado

(B) Un libro de auténtico valor literario

(C) Un libro que ha tenido grandes ventas

(D) Un libro aprobado por sus maestros

4 **¿Por qué dice Vicente Aleixandre que tuvo "mala suerte" a los trece años?**

(A) Porque a esa edad tuvo que abandonar la escuela

(B) Porque los modelos de poesía que estudiaba en la escuela eran de muy baja calidad

(C) Porque los modelos de poesía que estudiaba en la escuela eran de gran calidad, pero no podía imitarlos

(D) Porque no estudiaba literatura en la escuela

5 **¿Por qué pensaba Vicente Aleixandre que él "no había nacido para la poesía"?**

(A) Porque no tuvo ningún maestro serio hasta que conoció a Benito Pérez Galdós

(B) Porque los primeros poemas que escribió eran de baja calidad

(C) Porque no entendía la poesía

(D) Porque el tipo de poesía que leía en la escuela no le hacía sentir nada

Tema curricular: La belleza y la estética
Contexto: Las artes visuales y escénicas

Esta grabación presenta un taller de fandango, un género musical típico de España, y da instrucciones para aprender a cantarlo. La grabación se transmitió originalmente en el programa *Reportajes en Radio 5* de Radio 5, una emisora radial española, en julio de 2012. (Duración: 3 minutos)

1 **¿A qué se refiere en esta grabación la frase "los organizadores del taller apuntan alto"?**

(A) Se refiere a que aprender a cantar este tipo de música es un reto muy difícil.

(B) Se refiere a que para cantar este tipo de música se requiere un doctorado.

(C) Se refiere a que no hay buenos maestros de este tipo de música.

(D) Se refiere a que es muy difícil encontrar estudiantes interesados en este tipo de música.

2 **Según esta grabación, ¿cuál es el primer paso para cantar música flamenca?**

(A) Dejarnos llevar por los sonidos que emite nuestra garganta

(B) Lanzarse al escenario sin temores

(C) Aprender a seguir el ritmo o compás

(D) Asistir a un taller especializado

3 **Según la grabación, ¿con qué se debe seguir el ritmo o compás al cantar fandango?**

(A) Con las palmas de las manos

(B) Con los pies, zapateando en el suelo

(C) Con algún instrumento de percusión

(D) Con una guitarra española

4 **¿A qué se refiere la presentadora con la frase "el oído de cada uno es diferente"?**

(A) A que cada persona tiene un gusto musical diferente

(B) A que no todas las personas tienen la misma habilidad para seguir el ritmo

(C) A que cada persona escucha de manera distinta

(D) A que hay personas que no saben apreciar la música

5 **Según la grabación, ¿para qué acude la gente al taller de música flamenca?**

(A) Para reír un rato

(B) Para convertirse en cantantes profesionales

(C) Para enterarse de las tradiciones de España

(D) Para aprender y para pasar un buen rato

10

Tema curricular: La vida contemporánea
Contexto: El entretenimiento y la diversión

En esta entrevista radial, el periodista Leonardo Faccio presenta su biografía del futbolista argentino Lionel Messi. La entrevista se transmitió por primera vez en el programa *Hora América* de Radio Exterior de España, en diciembre de 2011. (Duración: 2 minutos 56 segundos)

1 **Según la entrevistadora, ¿por qué no hace falta saber mucho sobre Lionel Messi?**

(A) Porque Lionel Messi habla muy poco sobre sí mismo

(B) Porque Lionel Messi ya ha superado los problemas de su infancia

(C) Porque Lionel Messi ya tiene 24 años de edad

(D) Porque Lionel Messi realmente se expresa jugando en un campo de fútbol

2 **Según Leonardo Faccio, ¿para qué sirve conocer el pasado de las personas?**

(A) Para conocer mejor su presente

(B) Para estar al tanto de las últimas noticias

(C) Para entender cómo superaron sus problemas

(D) Para entender cómo hicieron cosas extraordinarias

3 **Según Leonardo Faccio, ¿por qué motivo debía Messi inyectarse medicinas sintéticas?**

(A) Para ser mejor futbolista

(B) Para alcanzar una estatura normal

(C) Para tener éxito en las competencias

(D) Para prevenir enfermedades

4 **En la entrevista, Leonardo Faccio afirma que el desarraigo es difícil para todos los inmigrantes. ¿Qué significa "desarraigo"?**

(A) Vivir lejos de los abuelos

(B) Estar enfermo desde muy temprana edad

(C) Haber perdido el eslabón de la adolescencia

(D) Vivir lejos del lugar natal, donde están nuestras raíces

5 **¿Qué pregunta sería más apropiada para formular a Leonardo Faccio al final de la entrevista?**

(A) ¿Qué tipo de responsabilidades asumió Lionel Messi en la adultez?

(B) ¿Qué influencia tuvieron esas experiencias adolescentes en el estilo futbolístico de Lionel Messi?

(C) ¿Cómo superó Lionel Messi sus problemas en la adultez?

(D) ¿Qué influencia tuvieron esas experiencias en el desarrollo personal de Lionel Messi?

11 **Tema curricular:** La vida contemporánea
Contexto: El entretenimiento y la diversión

Esta es una entrevista radial sobre la industria del libro en América Latina y España. Los entrevistados son Rogelio Blanco, Director General de Libros, Archivos y Bibliotecas de España, y Fernando Zapata, Director del Centro Regional para el Fomento del Libro de América Latina. La entrevista se transmitió originalmente en el programa *Hispanorama* de Radio Exterior de España, en octubre de 2011. (Duración: 3 minutos 3 segundos)

◀))

1 **¿A qué se refiere el primer entrevistado, Rogelio Blanco, al afirmar que "hay que subrayar la no complacencia" cuando se habla sobre la producción editorial en España?**

(A) Aunque es fuerte, la producción editorial española aún no es suficiente y se debe promover su crecimiento.

(B) Hay que tener cuidado al hablar sobre el tema, porque no existen suficientes datos.

(C) Es necesario hacer que la industria editorial española se vuelva más internacional.

(D) Aunque la producción editorial española es fuerte, no complace a sus lectores.

2 **Según Rogelio Blanco, ¿por qué se considera que España es una "sociedad lectora"?**

(A) Porque la industria editorial española tiene mucha capacidad de producción

(B) Porque ha habido un incremento sobresaliente de la lectura en los últimos años

(C) Porque la lectura siempre ha sido un hábito muy común entre los españoles

(D) Porque España produce libros de gran calidad

3 **¿Por qué afirma Sr. Blanco que el término "nuevas tecnologías" está mal utilizado?**

(A) Las "nuevas tecnologías" vienen usando desde hace ya muchos años.

(B) Hace muchos años que nadie las utiliza.

(C) El 40% de la población se considera "no lectora".

(D) Las "nuevas" tecnologías han sido desplazadas por soportes en papel en diversas modalidades.

4 **Según Fernando Zapata, ¿cuáles son los principales obstáculos para el desarrollo de la lectura?**

(A) La falta de interés por parte del público

(B) La falta de ejemplo y la falta de dinero para comprar libros

(C) La mala calidad de los libros en venta

(D) La falta de acceso a las nuevas tecnologías

5 **Según Fernando Zapata, ¿cuál de las siguientes afirmaciones describe mejor la situación de la industria del libro en el mundo actual?**

(A) El libro como concepto goza de buena salud, pero la industria tiene que modernizarse.

(B) Las nuevas tecnologías están acabando con la industria del libro.

(C) La industria del libro no se enfrenta a ningún reto en el mundo actual.

(D) La industria del libro no puede crecer porque no hay autores que escriban para los nuevos formatos.

Audio
Auto-graded

Tema curricular: La vida contemporánea
Contexto: Los viajes y el ocio

En esta grabación, se ofrece una receta para preparar crema pastelera, un dulce tradicional en España y América Latina. La grabación se transmitió originalmente en el programa *Comer de oído* de la emisora española Radio 5, en abril de 2010. (Duración: 2 minutos 13 segundos)

1 **Al principio de la grabación, ¿con qué propósito menciona el presentador la "ropa imprescindible en nuestro armario"?**

(A) Para indicar que debe guardarse la ropa en el armario antes de empezar a preparar crema pastelera

(B) Para advertir que al preparar crema pastelera podemos ensuciarnos la ropa

(C) Para compararla con la receta de crema pastelera, que será útil en muchas ocasiones

(D) Para presentar la metáfora de que tanto los ingredientes para la crema como la ropa se encuentran en un armario

2 **Según la grabación, ¿cuál es el primer paso para preparar crema pastelera?**

(A) Poner todos los ingredientes en el microondas

(B) Poner la leche en un bol o recipiente de cristal que sirva para el microondas

(C) Derretir la mantequilla

(D) Abrir la vainilla

3 **Según el presentador, ¿para qué se usa una cucharita de café al preparar crema pastelera?**

(A) Para mezclar los ingredientes

(B) Para probar el sabor

(C) Para medir los ingredientes

(D) Para extraer las semillas de la vainilla

4 **Según la grabación, ¿en qué momento se deben batir los ingredientes de la crema pastelera?**

(A) Cuando estén muy fríos

(B) Luego de calentarlos en el microondas

(C) Antes de ponerlos en el microondas

(D) Antes de colocarlos en un bol de cristal

5 **¿Qué ingrediente dice el presentador que debe incorporarse al final y fuera del microondas?**

(A) Los huevos

(B) El azúcar

(C) La vainilla

(D) La mantequilla

Tema curricular: Los desafíos mundiales
Contexto: Los temas del medioambiente

Esta grabación trata sobre la situación de los recursos naturales en América Latina. Se transmitió originalmente en el programa *Hora América* de la emisora Radio Exterior de España, en agosto de 2011. (Duración: 2 minutos 56 segundos)

1 Según la fuente auditiva, ¿cuál de las siguientes frases describe mejor a América Latina?

(A) América Latina es una de las regiones más vulnerables del mundo.

(B) América Latina es una de las regiones del mundo con menos recursos.

(C) América Latina es una de las mayores riquezas ambientales del mundo.

(D) América Latina es una de las regiones con menos problemas ecológicos.

2 ¿Qué porcentaje de la superficie de América Latina está cubierta de bosques?

(A) El 45 por ciento

(B) Más de la mitad

(C) Ya no quedan bosques.

(D) No puede saberse.

3 Según la fuente auditiva, ¿qué región del planeta sufre la mayor deforestación?

(A) Rusia

(B) América Latina

(C) En todo el planeta se produce la misma deforestación.

(D) Desde los años 90 se ha rectificado la deforestación en el planeta.

4 En la grabación se afirma que América Latina tiene la mayor cantidad de recursos hídricos del mundo. ¿Qué significa "recursos hídricos"?

(A) Recursos no renovables

(B) Recursos renovables

(C) Recursos arqueológicos

(D) Recursos de agua

5 América Latina tiene una reserva de agua de 27.4 mil metros cúbicos por persona. ¿De dónde provienen estas cifras?

(A) Del Banco Mundial

(B) Son cálculos personales de la entrevistada.

(C) La grabación no menciona la fuente.

(D) Son cálculos de científicos canadienses.

6 Según la fuente auditiva, ¿qué se incluye en el concepto de "recursos hídricos renovables"?

(A) Lagos, océanos y lluvia

(B) Únicamente los ríos

(C) Acuíferos

(D) Ríos, glaciares y agua subterránea

7 ¿A qué se debe la gran biodiversidad existente en América Latina?

(A) Dado que es una región que va del norte al sur, tiene muchos tipos de ambientes.

(B) Incluye muchos ambientes vulnerables.

(C) Conserva muchas selvas.

(D) Los recursos se explotan intensivamente.

8 Vas a dar una presentación que resume lo que escuchaste. ¿Cuál de los siguientes es el mejor título para tu presentación?

(A) "América Latina conserva sus recursos"

(B) "Recursos renovables en América Latina"

(C) "América Latina: recursos abundantes, poca conservación"

(D) "América Latina se queda sin recursos"

14

Tema curricular: Los desafíos mundiales
Contexto: Los temas económicos

Esta grabación trata sobre un proyecto de la Organización de las Naciones Unidas en Colombia. La grabación se transmitió originalmente en el programa *Puntos Cardinales* de Radio de las Naciones Unidas, en marzo de 2012. (Duración: 2 minutos 42 segundos)

1 Vas a dar una presentación que resume lo que escuchaste. ¿Cuál de los siguientes es el mejor título para tu presentación?

(A) La labor de la ONU en América Latina

(B) La pobreza en Tadó

(C) La ONU y los campesinos recuperan técnicas de cultivo

(D) La ONU enseña a cultivar

2 ¿En qué parte del departamento del Chocó, en Colombia, se ubica el municipio de Tadó?

(A) Al occidente

(B) En la zona central

(C) Al oriente

(D) Al oeste

3 ¿Qué lograron hacer las familias del Chocó gracias a las Naciones Unidas?

(A) Recuperaron sus historias y tradiciones orales.

(B) Desarrollaron nuevos cultivos.

(C) Recuperaron sus tradiciones de cultivo.

(D) Empezaron a trabajar en manufacturas.

4 En la grabación, ¿por qué se dice que el municipio de Tadó es "paradójicamente" uno de los más pobres de Colombia?

(A) Porque ahí la extracción de oro se hace a veces de forma ilegal

(B) Porque ese municipio es pobre a pesar de su inmensa riqueza natural

(C) Porque, en realidad, sus habitantes tienen un alto nivel económico

(D) Porque ese municipio está ubicado dentro del departamento del Chocó

5 ¿Qué les impide a las familias de esa comunidad obtener servicios?

(A) Que está muy lejos de los centros urbanos

(B) Que en esa comunidad viven solo 120 familias

(C) Que no recibe ayuda de las Naciones Unidas

(D) Que en esa región hay un conflicto armado

6 ¿Cuál de las siguientes es la mejor descripción de una huerta?

(A) Un área cultivada cerca de la casa

(B) Una tienda de abarrotes y alimentos

(C) Un programa de las Naciones Unidas

(D) Una densa selva de la cual se pueden recoger alimentos

7 Según la grabación, ¿qué les enseñan los técnicos de la ONU a los habitantes de Tabor cuando les indican cómo hacer composta "casera"?

(A) A ahorrar dinero al hacer composta

(B) A hacer composta usando hormigas y plantas

(C) A hacer composta utilizando productos industriales

(D) A hacer composta en sus propias casas, usando ingredientes naturales.

8 ¿Cuál de las siguientes afirmaciones refleja mejor las motivaciones de la voluntaria María Jenny Perea, según la grabación?

(A) Quiere ayudar a que los niños crezcan sanos.

(B) Le gusta cocinar para su familia.

(C) Desea inventar nuevos platos en la cocina.

(D) Quiere que los niños de la región conozcan sus tradiciones.

Audio
Auto-graded

Tema curricular: Los desafíos mundiales
Contexto: Los temas del medioambiente

Esta grabación fue transmitida originalmente por *Radio Canelo* de Chile como parte de una campaña de difusión de temas del medioambiente. (Duración: 1 minuto 53 segundos)

1 ¿Qué afirma la grabación sobre los pequeños cambios en nuestros hábitos?

(A) Nos ayudan a ser más saludables.

(B) Aunque sean costosos para nuestra economía, son beneficiosos para el medioambiente.

(C) No tienen ningún efecto; es necesario hacer grandes cambios.

(D) Son beneficiosos para el medio ambiente y nuestra economía.

2 Según la grabación, ¿qué debemos hacer al lavarnos los dientes?

(A) Afeitarnos

(B) Abrir el grifo

(C) Cerrar el grifo

(D) Jalar la cadena

3 En la grabación, se recomienda regar las plantas al anochecer. ¿Por qué?

(A) Porque las plantas lo prefieren

(B) Para promover la evaporación

(C) Para evitar pérdidas por evaporación

(D) Para ahorrar electricidad

4 Según la grabación, ¿en qué se emplea la mayor parte de la energía usada por una lavadora?

(A) En calentar el agua

(B) En el lavado

(C) En seleccionar bajas temperaturas

(D) En girar a gran velocidad

5 Según la grabación, ¿qué recomiendan los fabricantes de ropa para algunas telas?

(A) Usar mucho detergente

(B) No secarlas

(C) Secarlas a bajas temperaturas

(D) Secarlas al aire

Audio
Auto-graded

Tema curricular: Las identidades personales y públicas
Contexto: Los héroes y los personajes históricos

Esta grabación trata sobre las experiencias del escritor norteamericano Ernest Hemingway en España. Se transmitió por primera vez en la serie "Documentos RNE" de Radio y Televisión Española, en junio de 2011. (Duración: 3 minutos)

1 **¿Cuál de las siguientes afirmaciones describe mejor la visión del mundo de Hemingway?**

(A) Hemingway era un hombre tranquilo que buscaba el silencio y la soledad.

(B) Hemingway era un hombre curioso que buscaba viajar y conocer lugares nuevos.

(C) Hemingway era un hombre apasionado que buscaba las emociones y el vitalismo.

(D) Hemingway era un hombre combativo que buscaba enfrentarse a animales salvajes.

2 **¿Por qué España fascinó a Ernest Hemingway?**

(A) Porque es un país de gran intensidad vital

(B) Porque sus paisajes se parecían a los de África

(C) Porque ahí se recuperó luego de ser herido

(D) Porque en España había muchas fiestas

3 **¿A qué se refiere la frase "mundo occidental"?**

(A) A todos los países ubicados al oeste de España

(B) A los países que Hemingway visitó durante la Primera Guerra Mundial

(C) A los países industrializados de Europa y los Estados Unidos

(D) Al resto del mundo

4 **¿Cómo veía España en comparación con el resto del mundo occidental?**

(A) En España había más enfrentamientos con animales salvajes.

(B) A España no había llegado la "Generación Perdida" del mundo occidental.

(C) Eran muy similares.

(D) En España encontró valores que en el mundo occidental se estaban perdiendo.

5 **¿Cuál de las siguientes oraciones describe mejor la situación de Hemingway en España?**

(A) Le fue difícil hacer amigos.

(B) Solo hizo amigos entre otros norteamericanos.

(C) Le resultaba muy fácil hacer amistad con personas de toda clase.

(D) Tuvo malas experiencias.

6 **¿Qué conocimiento tenía Hemingway de las distintas regiones de España?**

(A) Hemingway trataba las distintas regiones de España como si todas fueran iguales.

(B) Hemingway conocía a la perfección las diferencias entre las distintas regiones.

(C) Vivió largas temporadas en cada región.

(D) Escribió libros sobre varias regiones.

7 **¿Cómo puede Hemingway ser considerado "patrimonio para la sociedad española"?**

(A) Porque escribió muchas obras en español

(B) Porque sus obras son populares en España

(C) Porque sus obras reflejan un conocimiento real de España, su gente y su cultura

(D) Porque Hemingway vivió ahí mucho tiempo

8 **¿Qué influencia tuvo España en su obra?**

(A) España influyó profundamente en la manera en que Hemingway veía el mundo.

(B) Aunque Hemingway vivió en España, ese país no tuvo ninguna influencia sobre su obra.

(C) España influyó sobre todo en el contenido de algunas de las obras de Hemingway.

(D) En su obra, comparó a España con los Estados Unidos.

Tema curricular: Las identidades personales y públicas
Contexto: La enajenación y la asimilación

En esta entrevista, el presidente de la Fundación España-Florida 500 Años, Emilio Sánchez, habla sobre la historia de la presencia española en la Florida y algunas celebraciones que su institución está organizando. La entrevista se transmitió originalmente en el programa *Hora América* de Radio Exterior de España, en enero de 2012. (Duración: 2 minutos 48 segundos)

1 Según el entrevistado, ¿por qué la fundación de San Agustín es una "fecha emblemática"?

(A) Porque se celebra con grandes festividades

(B) Porque es una fecha de gran importancia en la historia de España

(C) Porque San Agustín no fue un asentamiento permanente

(D) Porque San Agustín, fundada por españoles, es la ciudad más antigua de los Estados Unidos

2 Según el entrevistado, ¿cuál es el propósito principal de las actividades de la Fundación España-Florida 500 Años?

(A) Celebrar las contribuciones de España a la historia de Estados Unidos

(B) Promover la amistad entre el pueblo español y el norteamericano

(C) Promover el estudio de la historia de la Florida

(D) Organizar actividades festivas y celebraciones

3 Según la entrevistadora, ¿por qué es especialmente importante recordar el legado español en la Florida?

(A) Porque conocer la historia es importante para las nuevas generaciones

(B) Porque hay muchos aniversarios significativos

(C) Porque la población latina está creciendo en los Estados Unidos

(D) Porque es un legado de mucha riqueza

4 ¿A qué se refiere el entrevistado al afirmar que lo hispano "está en la raíz" de lo que son hoy los Estados Unidos?

(A) A que los primeros asentamientos españoles se establecieron en lo que hoy son los Estados Unidos hace 500 años, bastante antes de la llegada de los colonos ingleses

(B) A que la población latina de los Estados Unidos tiene presencia en muchos sectores de la vida norteamericana

(C) A que hubo muchos exploradores españoles en la historia de los Estados Unidos

(D) A que Juan Ponce de León es un personaje de mucha importancia histórica

5 ¿Qué pregunta sería más apropiada para formular a Emilio Sánchez al final de la entrevista?

(A) ¿Desde dónde se inició la exploración del sur de Estados Unidos?

(B) ¿Cuándo volverán a visitar Estados Unidos los reyes de España?

(C) ¿Cuándo se celebrará el aniversario de San Agustín?

(D) ¿Cómo se celebrará el aniversario de San Agustín?

Audio
Auto-graded

Tema curricular: Las identidades personales y públicas
Contexto: Los intereses personales

Esta grabación se transmitió originalmente en el sitio web *Practicopedia,* una enciclopedia virtual española de consejos prácticos. (Duración: 3 minutos 5 segundos)

1 ¿Cuál es el propósito de esta grabación?

(A) Dar instrucciones para el cuidado de los loros

(B) Dar información general sobre los loros

(C) Dar instrucciones para enseñar a hablar a un loro

(D) Dar consejos sobre el cuidado de las mascotas

2 ¿Qué afirma esta grabación sobre el carácter de los loros?

(A) Los loros son animales muy inteligentes, pero poco sociables.

(B) Los loros son animales muy sociables e inteligentes.

(C) Los loros son animales poco inteligentes, pero muy sociables.

(D) Los loros son animales poco inteligentes y poco sociables.

3 Según la grabación, ¿cuál de las siguientes afirmaciones es correcta?

(A) Todos los loros pueden aprender a hablar.

(B) Todos los loros tienen las mismas habilidades.

(C) Algunos loros son menos sociables que otros.

(D) Algunos loros no aprenden nunca a hablar.

4 ¿Por qué es importante no practicar el habla con el loro por más de diez o quince minutos diarios?

(A) Porque las personas se pueden aburrir y dejar de prestar atención

(B) Porque los loros se cansan muy rápido

(C) Porque ese es el tiempo necesario para que aprendan

(D) Porque el loro se puede aburrir y dejar de prestar atención

5 Según la grabación, ¿cómo es más conveniente empezar el entrenamiento del loro?

(A) Con palabras sencillas de una o dos sílabas

(B) Con sonidos aislados que no formen palabras

(C) Con palabras de más de dos sílabas

(D) Con el nombre de la persona que lo entrena

SECTION II
Free Response

Strategies | Free Response

The Free Response section of the *AP® Spanish Language and Culture Exam* focuses on your Interpersonal and Presentational Communication Skills. Use these strategies:

1. Understand the format The Free Response section represents 50% of your overall grade on the exam. You will encounter 4 sections during approximately 85 minutes:

Section	Number of Questions	Percent of Final Score	Time
Section II: Free Response			**Approx. 85 minutes**
Interpersonal Writing: E-mail Reply	1 prompt	50% (12.5% each)	15 minutes
Presentational Writing: Persuasive Essay	1 prompt		Approx. 55 minutes
Interpersonal Speaking: Conversation	5 prompts		20 seconds for each response
Presentational Speaking: Cultural Comparison	1 prompt		2 minutes to respond

2. **Pay attention to the context and register** Before responding, make sure you understand the context and decide which linguistic register to use.

   • E-mail Replies require formal language.

   • Persuasive Essays require formal language and have a set structure, with a thesis statement or introduction, a development or argument, and a conclusion.

   • Conversations vary according to the person you are addressing (e.g. classmate or teacher, known or unknown person, young person or adult).

   • Oral presentations use formal language, as they require you to present information as if to a group.

3. **Understand the sources** Read the sources provided carefully. Understand their purpose and think about how you will use them in your responses. Make connections between sources if the activity has more than one. Refer to the sources properly in your writing or presentation.

4. **Plan ahead** While a free response activity will often require some ability to improvise, in all instances, you will need to plan your responses and presentations.

   • Make outlines when appropriate.

   • Think about what you know about the activity topic.

   • Consider the time allotted for your response.

5. **Use your prior knowledge** Always look for opportunities to use knowledge you have acquired about the Spanish-speaking world or about the topic in general.

6. **Stay on topic** Make sure that your written or oral responses and your conversational exchanges address the topic. As you look for opportunities to use your prior knowledge, be careful not to veer from the conversational path or to introduce topics not included in the prompt; this may be interpreted as an incorrect understanding of the activity.

7. **Focus on the language** Remember: the point of these activities is to demonstrate your knowledge and command of the Spanish language. Focus on the most appropriate language to express your ideas and on using correct grammar structures.

8. **Vary your vocabulary** Always strive to use a variety of phrases, words, and expressions. Use different sentence structures and idiomatic expressions, even if they are equivalent or synonymous. Employing a broad and diverse vocabulary is likely to improve your results.

9. **Revise and correct** Always revise and edit your writing for grammar, spelling, and punctuation. Always correct any errors you notice you have made when speaking by going back and rephrasing your response.

10. **Be clear and precise** Make sure you write in complete sentences and paragraphs that express your ideas clearly. Speak in an audible voice and enunciate your words carefully.

PART A
Interpersonal Writing: E-mail Reply

Strategies **E-mail Reply**

1. **Understand the format** As the directions state: "You will write a reply to an e-mail message. You have 15 minutes to read the message and write your reply." Your reply should contain at least 125–150 words in order to answer the email effectively.

2. **Budget your time wisely** In order to complete the task in the 15 minutes provided, make sure you leave yourself enough time to compose a comprehensive reply.

3. **Use the formal register** The directions explicitly state that your reply should use a formal form of address. Be sure to write your e-mail using the *Usted* form, and use appropriately formal expressions for your greeting and your closing.

4. **Determine the task** As you read the e-mail, identify the questions you are being asked and underline them. As you formulate your reply, make sure you re-read the questions to see that you've covered everything.

5. **Mark up the page** Avoid having to re-read parts of the e-mail: underline or circle key words or sections that prompt you for information you need to answer or provide, or for which you need to ask for more details. This helps conserve time and guides your thought process.

6. **Respond to the questions** Focus your reply on responding to the questions you are being asked. Make sure your answers are complete and comprehensible.

7. **Request more details** It is a requirement of this format that you request more details about something mentioned in the message. Remember to engage with the e-mail by asking for more details and eliciting further information about something mentioned.

8. **Pay attention to cultural references** Include cultural references mentioned in the e-mail in your reply, as appropriate.

9. **Vary your vocabulary** Try not to repeat words or expressions; look for appropriate synonyms and alternate ways of saying things to prove you have a broad vocabulary. Avoid overly-used words.

10. Use complex language Raise your level of communication by using a variety of structures. Include compound sentences and complex structures rather than sticking to basic language.

11. Watch your verb tenses Be consistent in your use of verb tenses. You will want to show a range of verb tenses if appropriate, but be careful to maintain consistency. If you are writing in the present tense, stay in the present tense. Alternating between past and present tenses can make your writing confusing.

12. Use what you know Incorporate what you know —historical and/or cultural information— if it applies in order to demonstrate your knowledge.

13. Be accurate Check your writing for grammar, punctuation, spelling, and accentuation errors. You will be graded on both your ideas and the quality of your expression.

14. Make sure your message is complete Be sure to include all the elements requested in the directions: "Your reply should include a greeting and a closing and should respond to all the questions and requests in the message. In your reply, you should also ask for more details about something mentioned in the message."

15. Check your work Once you finish writing, re-read your response to make sure you have answered all the questions and asked for further information. Pay attention to the following:

- Eliminate repetition.
- Be concise.
- Eliminate weak verbs.
- Is your reasoning logical?
- Does your writing flow well? Have you used appropriate transitions?
- Is your e-mail clear and cohesive?

16. Memorize the direction lines below!

Directions: You will write a reply to an e-mail message. You have 15 minutes to read the message and write your reply. Your reply should include a greeting and a closing and should respond to all the questions and requests in the message. In your reply, you should ask for more details about something mentioned in the message. Also, you should use a formal form of address.

Instrucciones: Vas a escribir una respuesta a un mensaje electrónico. Vas a tener 15 minutos para leer el mensaje y escribir tu respuesta. Tu respuesta debe incluir un saludo y una despedida, y debe responder a todas las preguntas y peticiones del mensaje. En tu respuesta, debes pedir más información sobre algo mencionado en el mensaje. También debes responder de una manera formal.

1 **Tema curricular:** Las familias y las comunidades
Contexto: Las tradiciones y los valores

Este mensaje electrónico te lo envía Carlos Smith, un profesor de sociología de la Universidad Panhispánica. Él está investigando las tradiciones entre las familias y cómo van cambiando ahora que muchas familias viven separadas por distancias muy largas.

De:	Carlos Smith
Asunto:	Las tradiciones familiares

Apreciado/a estudiante:

La Universidad Panhispánica está actualmente realizando un nuevo proyecto de investigación sociocultural sobre el papel que desempeñan las tradiciones en las familias de las sociedades actuales. Se llama "Las tradiciones familiares en la era de la globalización" y su objetivo es explorar la relación que tienen los jóvenes de hoy en día con las tradiciones familiares con las que se han criado.

Para contar con valiosa información de primera mano, el director del equipo del proyecto, el catedrático Manuel Soler, nos ha autorizado a invitar a todos los estudiantes de la universidad a participar.

¿Te gustaría ayudarnos? Si deseas participar, puedes hacerlo contestando esta pregunta:

¿Consideras importante mantener las tradiciones de tu familia cuando te independices?

• En caso afirmativo, describe alguna tradición especial que te gustaría mantener viva en tu propia familia y explica las razones por las cuales quieres hacerlo. Explica un poco cómo piensas conservarla.

• En caso negativo, explica las razones que consideres esenciales para no conservar las tradiciones de tu familia.

¿Te animas? ¡Contamos contigo!

En nombre de todo el equipo te doy las gracias de antemano por tu interés y colaboración.

Recibe un cordial saludo,
Carlos Smith
Becario del Departamento de Antropología
Universidad Panhispánica

2

Tema curricular: La ciencia y la tecnología
Contexto: El cuidado de la salud y la medicina

Eres estudiante de Medicina y colaboras de manera habitual en el periódico de tu universidad. En el próximo número planean publicar un informe especial de cibermedicina y quieren que escribas un artículo sobre el uso de Internet para el autodiagnóstico de problemas de salud.

De:	Renata Burgos, Editora de *La Voz*
Asunto:	Artículo de la perspectiva estudiantil

Apreciado/a estudiante:

El periódico de nuestra universidad está preparando un informe especial sobre cibermedicina, para la edición del mes próximo. El tema será el uso cada vez más extendido de Internet que está haciendo la gente de todas las edades para autodiagnosticarse problemas de salud.

En el informe incluiremos el análisis de este problema visto desde la perspectiva estudiantil y queremos que Ud. lo escriba. Con carácter urgente le pedimos que nos envíe un correo electrónico con un borrador del artículo en el que responda la siguiente pregunta:

¿Cree que Internet es una ayuda o un riesgo para los pacientes que se autodiagnostican por medio de la web? ¿Por qué?

Quedamos a la espera del borrador de su artículo. Si tiene alguna duda o quiere proponer más preguntas, por favor no dude en consultarme.

Renata Burgos
Editora
Periódico Universitario *La Voz*

3 **Tema curricular:** La belleza y la estética
Contexto: La moda y el diseño

Eres usuario de una marca de ropa que está consultando los gustos de sus consumidores para diseñar la próxima colección.

De:	Kelly Alegría
Asunto:	Gustos de los consumidores

Apreciado usuario:

Nuestra marca de ropa *Diseño4u* está realizando una encuesta entre las personas registradas como usuarias de las diferentes líneas de productos que tenemos disponibles en el mercado. La encuesta busca sondear sus percepciones sobre la relación entre moda y comodidad, con el fin de aplicar los resultados en el desarrollo de la colección de primavera del próximo año. El lema de esta colección será "La moda no incomoda".

La identidad de *Diseño4u* se basa en la creación de diseños hechos a la medida de los deseos de nuestros usuarios, y no tenemos miedo ni de desarrollar diseños poco convencionales, en los que importa más el diseño que la comodidad, ni de producir prendas básicas, en las que lo único importante sea la comodidad.

Estas son las preguntas que le solicitamos que responda:

- ¿A qué le da mayor importancia a la hora de elegir las prendas que usa: a la moda o a la comodidad? ¿Por qué?

- ¿Cree que la forma como se viste la gente refleja su personalidad? ¿De qué manera la refleja?

Sus respuestas son muy importantes para nosotros, muchas gracias por su participación en esta encuesta.

Atentamente,
Kelly Alegría
Departamento de Mercadeo

4

Tema curricular: La vida contemporánea
Contexto: El entretenimiento y la diversión

La escuela en la que estudias quiere hacer una investigación sobre los hábitos de lectura de los estudiantes, y la coordinadora académica te pide que respondas a unas preguntas.

De: Geraldine Cifra
Asunto: Hábitos de lectura

Estimado/a estudiante:

En la escuela hemos estado preocupados por el poco interés que los jóvenes de hoy parecen tener en la lectura. El creciente gusto por los videojuegos y los dispositivos electrónicos nos han llevado a creer que a los estudiantes solo les interesa la diversión y no se están preparando para la vida profesional, que vivimos en una sociedad cada vez más superficial y que la lectura ha perdido protagonismo frente a las nuevas formas de entretenimiento.

En nuestra escuela queremos conocer los hábitos de lectura de los estudiantes del último año y queremos descubrir si esta es o no es una de sus actividades recreativas favoritas. Por lo anterior, le pedimos que responda a las siguientes preguntas:

• Haga una breve descripción de usted mismo/a y de sus hábitos de lectura; incluya el número de libros que lee por año y sus temas favoritos de lectura.

• ¿En cuál de estos formatos prefiere leer: libro impreso, tableta, celular, computadora, otro formato? ¿Cuál es la razón?

• ¿Prefiere leer libros solo de texto o prefiere navegar a través de contenidos virtuales? ¿Por qué? Explique.

Le solicitamos redactar sus respuestas en un breve texto y enviarlo a este mismo correo electrónico.

Cordialmente,

Geraldine Cifra
Coordinación Académica

Tema curricular: Los desafíos mundiales
Contexto: Los temas del medioambiente

Un diario ecologista de tu ciudad está preparando un informe sobre lo que los ciudadanos piensan acerca de la importancia de proteger el medioambiente y les envió una encuesta virtual a los suscriptores. Tú decides responderla.

De:	Alcira Fuenmayor
Asunto:	La protección del medio ambiente

Apreciado suscriptor:

El diario *Mundo Verde* está realizando una encuesta entre los lectores de nuestro periódico para conocer cuál es su interés en temas del medioambiente como el reciclaje de basuras, el control de gases contaminantes que afectan la capa de ozono y la protección de los bosques y los pulmones verdes de las ciudades.
El objetivo es preparar un informe especial que será entregado a los dirigentes políticos de nuestro país.

Por esta razón, queremos invitarlo a que conteste la siguiente pregunta, de la manera más completa y precisa posible.

- ¿Cómo considera que la especie humana está afectando el equilibrio ecológico del planeta?, ¿o cree que no tenemos la capacidad para desestabilizar el ecosistema? Explique.

Para nuestro diario es de gran interés conocer y divulgar las propuestas ecológicas de nuestros suscriptores. Muchas gracias por atender nuestra invitación.

Cordialmente,
Alcira Fuenmayor
Editora General *Mundo Verde*

6

Tema curricular: Las identidades personales y públicas
Contexto: La autoestima

Eres estudiante de periodismo y debes participar en un debate que será presentado por el canal de televisión de tu universidad. El tema del debate es la relación entre la autoestima y el éxito social. Para prepararte para el programa debes responder a unas preguntas que te sugiere el profesor.

De:	María Juana Villa
Asunto:	Preparación para el debate

Estimado/a estudiante:

En este momento, los profesores del área audiovisual nos encontramos planeando los temas que incluiremos en el próximo programa: "Los estudiantes opinan", para el canal universitario. Usted ha sido elegido/a para participar en un debate sobre la relación entre la autoestima y el mayor o menor éxito social de los jóvenes.

Nos gustaría que preparara una breve exposición en la que explique si usted está de acuerdo o en desacuerdo con que para ser líder estudiantil, o un personaje público, hay que tener alta autoestima. ¿Considera que la baja autoestima puede ser un obstáculo para tener éxito entre los jóvenes? ¿Por qué?

Debe mandar su resumen a más tardar el viernes al mediodía, para que podamos evaluarlo.

Atentamente,
María Juana Villa
Directora Canal Universitario

7

Tema curricular: Las familias y las comunidades
Contexto: Las redes sociales

Este mensaje electrónico te lo envía la junta directiva de la empresa donde trabajas, que es una compañía de publicidad.

De: Junta Directiva

Asunto: Acceso del personal a las redes sociales y a Internet

Estimado/a empleado/a:

La Junta Directiva de la empresa está considerando la posibilidad de bloquear el acceso del personal a las redes sociales y a Internet durante toda la jornada laboral. La restricción se haría extensiva a los teléfonos móviles y a todo tipo de dispositivos electrónicos con aplicaciones virtuales.

Como trabajamos en la industria publicitaria, necesitamos información de mercadeo actualizada, por eso comprendemos que es necesario el acceso a Internet para fines del negocio. Sin embargo, se ha detectado que, durante la jornada laboral, los empleados con frecuencia acceden a las redes sociales. Esto ha generado entre la directiva el temor de que esto esté afectando el rendimiento laboral.

Antes de tomar alguna decisión, la Junta Directiva ha decidido consultar la opinión de los empleados. Por esta razón, le solicitamos responder al cuestionario que le anexamos. Su respuesta será anónima, así que le rogamos que responda sinceramente.

• ¿Cómo utiliza Internet en su vida diaria en el trabajo? Dé ejemplos específicos.

• ¿Estaría de acuerdo con que se bloquee el acceso de los empleados a Internet? ¿Por qué?

Atentamente,
Junta Directiva
Gerencia General

8

Tema curricular: La ciencia y la tecnología
Contexto: La ciencia y la ética

La enfermera de tu escuela es activista de los derechos de los animales y debe preparar una exposición sobre el tema de los experimentos con animales vivos. Ella necesita recoger opiniones para preparar su charla y quiere que contestes las preguntas que preparó para sus entrevistados.

De: Clara Pastor

Asunto: La experimentación con animales

Querido amante de los animales:

Como defensor de los derechos de los animales, creo que estará de acuerdo con que debemos hacer todo lo que sea necesario para protegerlos del dolor y el sufrimiento que padecen por culpa de los experimentos que hacen con ellos en los laboratorios médicos y farmacéuticos, y en la industria cosmética.

Este es un asunto polémico, que debería discutirse en el salón de clase en las escuelas de medicina y de otras áreas relacionadas con este tema. Quisiera invitarle a que me responda las siguientes preguntas para incluirlas en mi exposición.

¿Cree que se justifican los experimentos con animales vivos para buscar nuevas medicinas que ayuden a salvar vidas humanas? ¿Por qué? Si pudiera decirles algo a los que experimentan con animales vivos, ¿qué les diría?

Espero con mucho interés sus respuestas.
Atentamente,
Clara Pastor

---

9 **Tema curricular:** La belleza y la estética
Contexto: Definiciones de la creatividad

Una empresa de publicidad quiere lanzar una campaña sobre la creatividad y está buscando ideas originales. Para lograr su objetivo, está invitando a personas de todas las edades para que les envíen sus ideas.

De: Luciana Estévez

Asunto: Definiciones de la creatividad

Estimados participantes:

Todos en nuestro interior tenemos algo de artistas, de poetas y de locos. Pero, ¿cómo se define la creatividad? Responda a las siguientes preguntas y ayúdenos a encontrar ideas originales sobre lo que significa la creatividad.

- ¿Cuál de sus artistas favoritos considera que es el más creativo? ¿Por qué?

- ¿Conoce algún personaje exitoso en el mundo de los negocios o de la ciencia que se haya vuelto famoso por sus ideas originales o por su creatividad? Cuéntenos quién es y cuáles son sus logros.

Las diez ideas más originales serán incluidas en la campaña sobre la creatividad que lanzaremos el próximo semestre para todo el país. Participe y vuélvase famoso de la noche a la mañana.

Atentamente,
Luciana Estévez
Directora Creativa

10

Tema curricular: La vida contemporánea
Contexto: Los viajes y el ocio

Este mensaje te lo envió el señor Ismael González, director del programa de la asociación educativa "Vida y Cultura", ubicada en Lima, Perú. Esta organización ofrece becas internacionales para el aprendizaje del idioma español y la cultura local. Has recibido el mensaje porque solicitaste una de esas becas.

De:	Ismael González
Asunto:	Programa de becas internacionales

Estimado/a estudiante,

Hemos recibido su solicitud para participar en nuestro programa de becas internacionales, y me complace comunicarle que ha avanzado a la segunda etapa del proceso de selección.

Como usted sabe, el número de becas que podemos ofrecer anualmente es limitado, y por lo tanto debemos seleccionar cuidadosamente a los candidatos; por eso le agradecería que responda algunas preguntas.

En primer lugar, quisiéramos saber por qué eligió nuestro programa. ¿Tiene usted un interés especial en la cultura peruana?

Por otra parte, aunque nuestro programa cubre muchos de los costos, recuerde que un viaje internacional implica gastos adicionales, como transporte, alimentación o eventos imprevistos. En promedio, nuestros becarios requieren unos $2000 para su transporte de ida y vuelta a Lima y para vivir en la ciudad por tres meses. ¿Estaría usted en capacidad de cubrir estos gastos?

También nos interesa que nuestros becarios puedan contribuir a la comunidad dando clases de inglés en una escuela secundaria local, para lo cual reciben un estipendio de $1200. ¿Le interesaría participar en este programa? En caso afirmativo, ¿qué experiencia ha tenido usted en la enseñanza del idioma inglés o en pedagogía en general?

Finalmente, dado que uno de nuestros objetivos es promover la ayuda mutua entre las instituciones participantes en los programas internacionales, nos gustaría saber de qué manera cree que su estadía en "Vida y Cultura" puede favorecer a su comunidad una vez que usted regrese a su país.

Quedamos atentos a su pronta respuesta, para así concluir el proceso de selección de becarios.

Cordialmente,
Ismael González
Director de Programas Internacionales
Asociación Educativa "Vida y Cultura"

11

Tema curricular: Los desafíos mundiales
Contexto: La conciencia social

Tienes el trabajo de defensor del lector de la revista virtual *Nativos Digitales*. Este correo te lo envía Ken Morgan-Ramírez, presidente del consejo editorial.

De:	Ken Morgan-Ramírez
Asunto:	Reclamo de una lectora

Estimado defensor:

Como usted bien sabe, el cargo de defensor del lector de nuestra revista *Nativos Digitales* es de gran responsabilidad, por cuanto usted es el vocero de los lectores y el encargado de escribir y publicar las respuestas a los lectores.

Nos envió hoy una lectora el siguiente reclamo, y quisiéramos que Ud. le respondiera:

Señores, Nativos Digitales:

Les escribo para informarles que estoy bastante molesta. El artículo que publicaron la semana pasada sobre los jóvenes y las redes sociales me pareció muy mal investigado. ¿Creen que los jóvenes de hoy son superficiales porque usamos las redes sociales? El artículo dejó de mencionar las muchas causas que apoyamos y los actos de caridad que hacemos por medio de las redes sociales. Nosotros los lectores jóvenes merecemos una explicación.

Atentamente,
Cecilia Vázquez

Por parte de la revista, ofrézcale una explicación convincente. Asegúrele que esta publicación reconoce los múltiples aportes que hacen los jóvenes a las causas sociales, y dele ejemplos de cómo ayudan las redes sociales.

Un cordial saludo,
Ken Morgan-Ramírez
Presidente Consejo Editorial
Revista virtual *Nativos Digitales*

---

12 **Tema curricular:** Las identidades personales y públicas
Contexto: Los intereses personales

Los estudiantes de último grado de tu escuela deben planear diferentes actividades para la despedida de fin de año, y crearon equipos de trabajo para desarrollar sus propias ideas. Fuiste nombrado coordinador de tu equipo y debes mandarle una propuesta a tu profesor contándole lo que planean hacer.

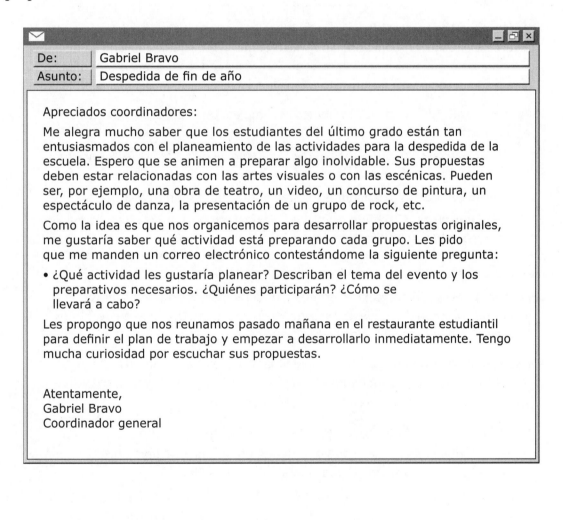

De: Gabriel Bravo
Asunto: Despedida de fin de año

Apreciados coordinadores:

Me alegra mucho saber que los estudiantes del último grado están tan entusiasmados con el planeamiento de las actividades para la despedida de la escuela. Espero que se animen a preparar algo inolvidable. Sus propuestas deben estar relacionadas con las artes visuales o con las escénicas. Pueden ser, por ejemplo, una obra de teatro, un video, un concurso de pintura, un espectáculo de danza, la presentación de un grupo de rock, etc.

Como la idea es que nos organicemos para desarrollar propuestas originales, me gustaría saber qué actividad está preparando cada grupo. Les pido que me manden un correo electrónico contestándome la siguiente pregunta:

• ¿Qué actividad les gustaría planear? Describan el tema del evento y los preparativos necesarios. ¿Quiénes participarán? ¿Cómo se llevará a cabo?

Les propongo que nos reunamos pasado mañana en el restaurante estudiantil para definir el plan de trabajo y empezar a desarrollarlo inmediatamente. Tengo mucha curiosidad por escuchar sus propuestas.

Atentamente,
Gabriel Bravo
Coordinador general

SECTION II

PART B
Presentational Writing: Persuasive Essay

Strategies   Persuasive Essay

1. **Understand the format** You will write a persuasive essay based on three sources: an article, a table or graphic, and an audio recording. The sources may present different points of view on the same topic. You will need to read and listen to these sources to develop your argument.

2. **Pace yourself** You will have 55 minutes to complete this task, broken down approximately as follows:

   - **Print sources:** 6 minutes to read the *Tema curricular* and *Tema del ensayo* (the prompt), to read Source 1, and to study Source 2

   - **Audio source:** Up to 9 minutes to listen to the audio source twice

   - **Plan and write:** 40 minutes to plan and write your persuasive essay, addressing the *Tema del ensayo* (the prompt)

Read and Listen

3. **Prepare to read** Before tackling Source 1, underline or jot down key phrases in the *Tema curricular* and the *Tema del ensayo* to help you focus. Do the same with the *Introducción* that precedes each of the 3 sources.

4. **Use your prior knowledge** Think about what you may have learned previously about the topic in formal or informal situations. Relying on what you know will help you understand the sources and build a coherent essay.

5. **Identify each source's point of view on the essay topic**
   - An informational article or audio presentation may have a more objective tone. Look for data and examples that support a point of view.

   - In an opinion piece, look for arguments with which you may agree or disagree.

   - In a table or graph, look for data, trends over time, and comparisons between different categories represented (e.g. countries, age groups, genders).

6. **Take notes** As you read and listen, underline and take notes on information that may provide evidence or examples to support your writing. You will have access to the print sources and your notes during the entire 40-minute writing period.

Plan your writing

7. **Develop your thesis** After considering the points of view presented by the sources, determine what position you will take on the *Tema del ensayo*. Support your thesis with evidence from the sources, adding your own analysis.

8. **Write an outline** A persuasive essay will require a thesis, an argument, and a conclusion. The outline should include these three elements.

   • Your thesis should take a position on the topic.

   • Your argument should incorporate information you have gathered from the sources. You will have time to edit and refine as you write.

   • Your conclusion should restate your initial thesis in light of the data and evidence you have presented.

9. **Use all three sources** You MUST use all three sources in your essay —this is crucial for a high score. Provide examples from the viewpoints presented in all the sources.

   • Include opinions expressed in the sources with which you agree or disagree.

   • Justify your agreements and disagreements using evidence from the sources.

10. **Synthesize the sources** Where appropriate, synthesize information and draw conclusions that incorporate multiple sources.

    • Compare and contrast the sources.

    • Find points of agreement between the sources.

    • Find evidence in one source that may support statements made in others.

Write

11. **Write in complete paragraphs** Paragraphs in a persuasive essay are not independent informational statements, but steps in the development of an argument towards the conclusion.

    • Use the first paragraph to state your viewpoint on the topic and your thesis.

    • Use 2–4 paragraphs to develop your argument in a logical and coherent manner. Each paragraph should build on previous information.

    • Use the last paragraph to summarize the topic and state your conclusion. Predict, evaluate, and make inferences based on your initial thesis.

12. **Refer to the sources** Show understanding of the sources, but add your own perspective and use your own words.

    • Be discriminatory in which information you choose to cite; choose information that helps support your viewpoint.

    • Pick out interesting details. Avoid vague or general references.

    • If you cite a source directly, keep it brief and use quotation marks « ».

13. **Use your own words** You are the author of your persuasive essay. Readers need evidence of how *you* communicate in Spanish.

14. Use formal language A persuasive essay is a formal piece of writing. Make sure that you use the appropriate register and vocabulary.

15. Raise your level of communication Use complex structures, rich vocabulary, and culturally-appropriate idiomatic expressions rather than sticking to basic language. Use different verb tenses and both indicative and subjunctive moods.

16. Write fluidly Use transitional phrases and cohesive devices to add fluency to your essay, especially when moving from one point to another.

Review and Revise

17. Review flow Check for proper transitions between sentences and paragraphs. Make sure your sentences are complete and your paragraphs express complete ideas.

18. Edit and revise Leave time to edit your work.
- Check for common errors, such as *ser* vs. *estar, por* vs. *para,* preterite vs. imperfect, verb forms, personal *a,* correct use of articles and pronouns, and noun/adjective agreement.
- Review and edit your essay for proper spelling and punctuation.

19. Memorize the direction lines!

Directions: You will write a persuasive essay to submit to a Spanish writing contest. The essay topic is based on three accompanying sources, which present different viewpoints on the topic and include both print and audio materials. First, you will have 6 minutes to read the essay topic and the printed material. Afterward, you will hear the audio material twice; you should take notes while you listen. Then, you will have 40 minutes to prepare and write your essay. In your persuasive essay, you should present the sources' different viewpoints on the topic and also clearly indicate your own viewpoint and defend it thoroughly. Use information from all of the sources to support your essay. As you refer to the sources, identify them appropriately. Also, organize your essay into clear paragraphs.

Instrucciones: Vas a escribir un ensayo persuasivo para un concurso de redacción en español. El tema del ensayo se basa en las tres fuentes adjuntas, que presentan diferentes puntos de vista sobre el tema e incluyen material escrito y grabado. Primero, vas a tener 6 minutos para leer el tema del ensayo y los textos. Después, vas a escuchar la grabación dos veces; debes tomar apuntes mientras escuchas. Luego vas a tener 40 minutos para preparar y escribir tu ensayo. En un ensayo persuasivo, debes presentar los diferentes puntos de vista de las fuentes sobre el tema, expresar tu propio punto de vista y apoyarlo. Usa información de todas las fuentes para apoyar tu punto de vista. Al referirte a las fuentes, identifícalas apropiadamente. Organiza también el ensayo en distintos párrafos bien desarrollados.

Tema curricular: Las familias y las comunidades
Contexto: La geografía humana

Tema del ensayo:

¿Valen la pena las cooperativas?

Fuente n.º 1

Esta lectura es una porción del estudio "Principales desafíos de las cooperativas en Venezuela", publicado en mayo de 2008, por la investigadora y profesora Camila Piñeiro Harnecker. Una "cooperativa" se define como una empresa administrada por los trabajadores.

Principales desafíos de las cooperativas en Venezuela

Línea El número de cooperativas en Venezuela ha aumentado superlativamente en los últimos años, haciendo ese país el segundo—después de China—con el número más alto de esas
5 organizaciones (Gil, 2005). De menos de 1,000 cooperativas en 1998, hay ahora entre 30,000 y 60,000 aproximadamente en funcionamiento. El extraordinario crecimiento en el número de estas empresas democráticamente administradas
10 por los trabajadores (es decir, autogestionadas) en Venezuela ha sido, más que un proceso espontáneo desde abajo, en gran medida el resultado de políticas públicas que las promueven. Algunos años después del comienzo de esta nueva
15 ola de cooperativas hay importantes preguntas sobre su sustentabilidad, así como el papel que estas empresas autogestionadas deben jugar en la economía venezolana.

La creación de decenas de miles de nuevas
20 cooperativas ha contribuido ciertamente a la disminución del desempleo y el aumento del empleo formal. Pero las cooperativas de producción, especialmente agrícola, han decepcionado la expectativa de que ellas
25 contribuirían a aliviar la creciente escasez de productos básicos. Aunque más de 184,000 cooperativas estaban registradas en marzo de

2007, solo 30,000-60,000 (17-34 por ciento) de ellas parecen estar en funcionamiento.

Las cooperativas, como cualquier organización 30 económica, deben usar sus recursos financieros efectivamente, organizar la producción de manera que los recursos productivos sean usados eficientemente, asegurar proveedores de insumos y compradores de sus productos, y cumplir con 35 las regulaciones y legislaciones pertinentes. Dependiendo de la complejidad del proceso de producción, así como de los estándares y prácticas de contabilidad, contratación y normas legales establecidas, los trabajadores de empresas 40 autogestionadas pueden encargarse ellos mismos de su realización, o contratar administradores y técnicos externos (que no sean miembros). Uno de los mayores desafíos que las cooperativas venezolanas tienen se debe a que la inmensa 45 mayoría de ellas están formadas por miembros de los sectores más marginalizados históricamente en ese país. Más del 85 por ciento del total de 229 cooperativistas que estudié son mujeres, y más del 72 por ciento no tenía ninguna experiencia 50 de trabajo no doméstico anterior, ni siquiera en el sector informal. Esta escasa experiencia con tareas administrativas y técnico-productivas de los miembros, combinada con su relativamente

55 bajo nivel educativo, dificulta considerablemente que ellos aprendan tareas gerenciales tan sencillas como la contabilidad básica. De hecho, el superintendente de SUNACOOP, Juan Carlos Alemán, ha reconocido que los problemas más comunes entre las cooperativas venezolanas son de tipo administrativo, debido sobre todo al desconocimiento de cómo llevar los libros (Tovar, 2007). 60

Fuente n.º 2

Esta es una tabla de un informe sobre la formación de una cooperativa de trabajo entre los municipios de Sopó y La Calera (Colombia). En ella se enumeran las ventajas y desventajas de dos modelos económicos.

Escenario 1. Empresa de Economía Capitalista	Escenario 2. Empresa de Economía Solidaria
1. Su principal objetivo es la ganancia	1. Su primer objetivo es la persona y la comunidad
2. En la asamblea de socios, cada accionista o aportante tiene a tantos votos como acciones tenga	2. En la asamblea un asociado sólo se tiene derecho a un voto sin importar el capital que tenga
3. Los trabajadores son asalariados solamente	3. Los trabajadores son los mismos asociados, aportantes o propietarios
4. Las ganancias son repartidas según los aportes o acciones que cada socio tengan sin importar que unos trabajen más que otros	4. Los excedentes son en primer lugar, para prestar servicios, segundo, para distribuirlos entre sus asociados
5. El trabajo es asalariado	5. El trabajo es autogestionario
6. Prima capital sobre el trabajo	6. Prima el trabajo sobre el capital
7. Los trabajadores son asalariados generalmente	7. Los asociados trabajadores son los mismos dueños
8. El socio que tenga más acciones tiene más poder de decisión	8. Hay democracia participativa
9. Cada asalariado trabaja por un sueldo	9. Se trabaja por un fin grupal

Fuente: Universidad de Ciencias Aplicadas y Ambientales, Bogotá, Colombia.

Fuente n.º 3

Esta grabación de 2009 es parte de una serie recopilada por la Alianza Cooperativa Internacional-Américas para mostrar el éxito de las cooperativas. Presenta una organización de 49 cooperativas en Bolivia donde trabajan más de 1200 familias productoras de cacao orgánico. (Duración: 2 minutos 44 segundos)

◀)) ──────────────────────────

2

Tema curricular: Las familias y las comunidades
Contexto: Las tradiciones y los valores

Tema del ensayo:

¿Deben prohibirse las corridas de toros?

Fuente n.º 1

En esta entrevista, publicada en la revisita digital colombiana *Bitácora* en febrero de 2010, el periodista y gran defensor de las corridas Julián Vélez defiende la fiesta brava.

Falaces y falsos, muchos argumentos antitaurinos: Julián Vélez

por Gloria Lucía García Valencia

Línea **En el mundo globalizado y moderno en el que nos encontramos, ¿qué tan válida es la fiesta taurina?**

Es muy válida. Es una tradición traída de
5 España que se fundamenta en muchísimos valores culturales. Como cualquier manifestación cultural, me parece interesante tenerla porque de la fiesta brava vive y se divierte muchísima gente.

Es como si cuestionáramos por qué hay teatro,
10 ópera, música o pintura. Porque tiene elementos de arte, valor artístico y estético que le gusta a mucha gente.

¿Hasta qué punto sería viable que se gozara del espectáculo sin tener que llegar a los límites
15 **de sacrificio y maltrato que hasta hoy se han contemplado?**

Es viable. Es una de las teorías de algunas corrientes antitaurinas y las respeto mucho. Sin embargo, creo que perdería varias de las esencias
20 que tiene la fiesta brava, debido a que en esta hay muerte ya sea del toro o del torero. Esta muerte es muy importante porque una corrida sin muerte del toro no sería tan atractiva para aquellos que les gusta la fiesta brava. Obviamente no se va solo por
25 esto, sino porque creen que la muerte del toro en el ruedo es una de las mejores salidas para el mismo animal, puesto que muere en la plaza, haciéndose

ver, luchando por su vida y muere después de un proceso de nacimiento, crecimiento y preparación para el cual ha sido un privilegiado".
30

¿Cree que con estos actos que para muchos son considerados inhumanos, estamos fomentando la autodestrucción de la sociedad?

Nadie duda de que en las corridas hay violencia, eso lo aceptamos. Pero tampoco creo que si las
35 quitamos seremos más pacifistas o menos violentos.

En los últimos años los movimientos antitaurinos en Medellín han sido cada vez más fuertes. ¿Cree que esto ha afectado la fiesta brava como tal y de qué forma?
40

No hay duda de que la han afectado y de varias formas. Primero, convenciendo a la gente: gracias a su organización y juicio se han llevado gente para su bando. Segundo, han metido un ruido a veces infundado con mentiras que tergiversan
45 la realidad. Esto no solo es malo para la fiesta brava, sino también para ellos mismos porque sus argumentos son falaces y falsos.

Medellín está en busca de una sociedad "más educada". ¿Cree que esto pueda fundamentar
50 **la transformación de los espectáculos que involucran animales?**

La gente no es mal educada porque le gusten los toros, porque los toros no son mala educación.

---

55 Hay personas a las que no les gustan las corridas, lo respeto pero no lo comparto, ya que desde mi punto de vista taurino y desde mis elementos de formación y de entendimiento, considero que antes de dejar mal al toro, lo dignifican y lo hace un animal más bonito y más valioso. 60

Fuente n.º 2

La información de esta tabla apareció en el sitio web de Aplausos, una publicación semanaria de Valencia, en noviembre de 2011. Se presentan datos que reflejan el desarrollo de varios asuntos taurinos.

Estadística de asuntos taurinos de España, 2011		
	Número total	Aumento (%) desde 2010
Profesionales taurinos	9.293	7,7
Matadores de toros	756	6,2
Matadores de novillos	2.881	8,4
Mozos de espada	2.348	10,3
Empresas ganaderas de reses de lidia	1.391	2,9
Escuelas taurinas	42	0,0
Festejos taurinos	2.290	13,6

Fuente: Aplausos.es, según una Estadística del Ministerio de Cultura.

Fuente n.º 3

En esta grabación, se discute el efecto que tienen las corridas en los toros. Se transmitió en el programa "Mundo Nuevo" de la emisora colombiana Caracol Radio el 30 de enero de 2012. (Duración: 3 minutos 5 segundos)

◀)) ————————————————————————————————

3

Tema curricular: La ciencia y la tecnología
Contexto: El cuidado de la salud y la medicina

Tema del ensayo:

¿Las ventajas de la "medicina virtual" son mayores que las desventajas?

Fuente n.º 1

Este artículo forma parte de una evaluación de las desventajas de la medicina virtual. Fue publicado en el periódico mexicano *El Universal* en abril de 2009.

En Internet, medicina que mata

por Ruth Rodríguez

Línea   La Comisión Federal para la Protección contra Riesgos Sanitarios (Cofepris) emitió una alerta para pedirle a la población que no compre medicamentos a través de internet, debido a que
5 la mayoría de los productos que se venden por este medio son falsos o están caducos o alterados.

    Con esta alerta, la Cofepris busca evitar que en el país se presenten casos de muertes provocadas por medicamentos adquiridos a través de internet,
10 como ha ocurrido en otros países; en especial porque, ahora, en un entorno de crisis económica, el consumo de productos farmacéuticos a través de internet puede incrementarse.

"Mercado negro" vía internet

15   [La senadora priísta] María Elena Orantes reconoce que la venta de medicamentos falsificados a través de internet es un problema fuerte, que no sólo afecta a nuestro país, sino a nivel mundial; pero la diferencia, dice, es que
20 en Estados Unidos y en Europa hay un sistema de regulación más efectivo que el que tiene la Cofepris en México.

    Al respecto, Miguel Ángel Toscano, responsable de la Cofepris, reconoce que existe un mercado negro de
25 medicamentos que son vendidos a través de páginas de internet, y que en su mayoría no cuentan con ningún tipo de control sanitario y que son falsos.

    En el mejor de los casos, dice el comisionado, los productos que adquieren los consumidores son placebos, es decir medicamentos que no 30 sirven para nada.

    Pero, agrega, hay casos de medicinas que sustentan su información en pruebas ilícitas o caducas, que contienen dosis debajo de lo permitido o sobredosis, que pueden poner en 35 riesgo la salud de quienes las consuman.

    Tal fue el caso de una mujer en Canadá, que durante un periodo prolongado consumió un medicamento que solicitó a través de internet para bajar de peso y que finalmente la llevó a 40 la muerte.

    Al analizar el producto se detectó que lo que compró y estuvo consumiendo era aluminio.

    "Imagínate, estar consumiendo aluminio y aluminio. ¡Te mueres!", afirma Toscano. Pero 45 lo más grave, acepta, es que la gente no está consciente de esto.

    El funcionario de la Cofepris afirma que el mercado de medicamentos ofrecidos a través de la web ha crecido en los últimos años, aunque no 50 se ha podido determinar a cuánto ascienden las ventas anuales, y reconoce que el problema estriba en que en el tema de la regulación sanitaria no se ha hecho nada en México.

55 Por eso, adelanta que la Cofepris iniciará una investigación de todas las páginas que comercializan medicinas en internet, aunque no precisa el número de páginas que se dedican a esto, porque coincide con la senadora priísta en que se desconoce la cifra 60 exacta porque aparecen y desaparecen de la noche a la mañana.

Pero mientras eso sucede, el comisionado recomienda a los mexicanos no comprar ningún medicamento por internet, así se trate de 65 laboratorios reconocidos.

"Más vale que lo hagan en farmacias establecidas y autorizadas, que son más seguras", externa el funcionario de la Secretaría de Salud.

Y es que, explica, investigaciones realizadas en otros países advierten que muchas direcciones 70 electrónicas que ofrecen venta de medicinas tienen sus sedes en otras naciones.

"Es muy probable que aquí te pongan famaceuticaenmexico.com, y en realidad ese sitio de internet no existe en México, sino que procede 75 de China o de algún otro país asiático", ejemplifica.

Fuente n.º 2

Este gráfico representa datos sobre un estudio del crecimiento de servicios de telemedicina, publicado en enero de 2011.

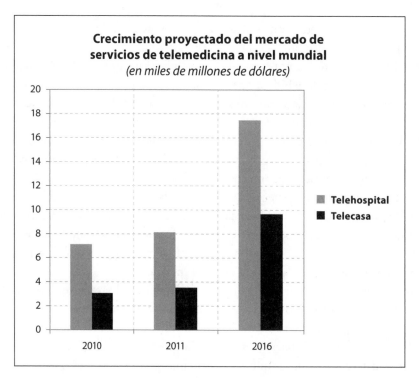

Crecimiento proyectado del mercado de servicios de telemedicina a nivel mundial
(en miles de millones de dólares)

- Telehospital
- Telecasa

Fuente: BBC Research Market Forecasting

Fuente n.º 3

Esta grabación, transmitida por el programa radial *Radio ONU* en octubre de 2012, es una entrevista con el gerente de una organización panamericana de la salud. (Duración: 3 minutos 7 segundos)

◀))

Audio
Write & Submit

Tema curricular: La ciencia y la tecnología
Contexto: Los efectos de la tecnología en el individuo y en la sociedad

Tema del ensayo:

¿Nos conectan o desconectan las tecnologías de comunicación?

Fuente n.º 1

Este artículo, publicado originalmente en el sitio web Frikimalismo.com en septiembre de 2012, es parte de una reseña del libro *Socionomía: ¿vas a perder la revolución social?*, por Dolors Reig, sobre las ventajas de las tecnologías de comunicación.

Socionomía: cuando la tecnología nos une para cambiar las cosas

Línea

Las redes sociales nos acercan, nos hacen estar más juntos que nunca antes en la historia, y eso nos empodera como ciudadanos, nos permite ser agentes de cambio. Es el momento del
5 protagonismo de un ciudadano conectado capaz de autoorganizarse (el tiempo de los estados y de las empresas se está agotando). Volvemos a la plaza del pueblo, pero de un pueblo mucho más grande, accesible, auténtico y comprometido.

10 Para aquellos que creen o defienden que las redes sociales disminuyen las relaciones cara a cara, existen investigaciones que demuestran que no solo no es así sino que aumentan las relaciones *offline,* generando también un mayor compromiso
15 cívico y político. Estamos ante una nueva sociedad aumentada, que tiene ganas de recuperar todo su potencial socializador y de ser responsable de los acontecimientos.

Internet está volviéndose contra su intención
20 inicial, puramente de mercado, para provocar un cambio social que va de una generación ME (centrada en el yo) hacia una generación WE (centrada en el nosotros), con valores que van más allá de lo meramente material. En contraposición
25 a lo que afirmara Thomas Hobbes, el hombre ya no tiene por qué seguir siendo más el lobo para el

hombre. Las nuevas tecnologías nos hacen mejores personas. Diferentes estudios demuestran que estas fomentan la empatía y, por tanto, nos hacen más tolerantes y solidarios. Las redes sociales   30 están potenciando una cultura global (2.0) donde priman la sencillez y la sinceridad, se comparte de manera natural (algo que está comprobado que se contagia), se buscan las relaciones justas y la paz, se colabora y coopera fácilmente (por   35 cierto, este es el tercer elemento fundamental de la evolución, tras la mutación y la selección natural) y donde se premia la transparencia. Las relaciones de confianza se apoyan ahora en una reputación basada en los méritos o deméritos   40 reconocidos por los demás, por otros ciudadanos. Las TIC [tecnologías de la información y la comunicación] (o como le gusta más decir a Dolors, TEP [tecnologías del empoderamiento y la participación] vienen a desintermediar y a   45 democratizarlo todo.

Estamos ante una importante disonancia cognitiva (un gran choque de valores) porque, mientras en el mundo *online* (sin fronteras) es normal y fácil participar e interactuar, el   50 mundo *offline* mantiene muchas estructuras y barreras que lo impiden. El mundo *online* es mejor mundo. Ahí se encuentran algunas de las causas de movimientos como Anonymous o las últimas protestas espontáneas de ciudadanos autoconvocados mediante los *social media* como la primavera árabe, el 15M, Occupy Wall Street o el reciente llamamiento para sitiar el Congreso de los Diputados el próximo 25 de septiembre. La nueva sociedad red acabará por imponer, más tarde o más temprano, su ética en el mundo físico también, ¿no creéis?

Fuente n.º 2

Esta tabla apareció originalmente en una publicación de junio de 2012, "Principales datos estadísticos en América Latina y el Caribe" por la Unión Internacional de Telecomunicación.

Cada 100 habitantes	Panamá	América Latina y el Caribe	Países en desarrollo	En el mundo
Abonados a la telefonía fija	15,2	18,2	11,6	17,3
Abonados al servicio móvil-celular	203,9	106,9	77,8	85,7
Abonados a la banda ancha fija (alámbrica)	7,9	7,3	4,9	8,5
Abonados a la banda ancha móvil activa	14,5	10,6	8,0	15,7
Usuarios de Internet (%)	42,7	38,8	24,4	32,5
Hogares con Internet (%)	20,7	28,6	20,5	34,1
Hogares con computadora(%)	29,0	34,9	24,8	38,4
Ancho de banda internacional de Internet (en bit/s) por usuario	44.121	8.009	3.531	10.976

Fuente: Unión Internacional de Telecomunicación.

Fuente n.º 3

En esta entrevista, trasmitida originalmente en el programa español "Para todos los 2" en mayo de 2012, el fundador de la asociación "Adicciones digitales" habla de los riesgos del abuso de la tecnología. (Duración: 2 minutos 19 segundos)

Audio
Write & Submit

Tema curricular: La belleza y la estética
Contexto: El lenguaje y la literatura

Tema del ensayo:

¿Es importante enseñar los idiomas minoritarios en la escuela para preservarlos?

Fuente n.º 1

Este artículo fue originalmente publicado en el blog Nueva América Central en julio de 2010. Lo escribió un colaborador anónimo de Guatemala para expresar su opinión sobre la enseñanza de los idiomas indígenas en las escuelas.

¿A quién le importa que se muera una lengua?

Línea

"Es hermosa, pero pesada". Esteban López, a punto de cumplir 81 años, se balancea con lentitud en la hamaca de una casita humilde y pulcra presidida por un altar a la Virgen de Guadalupe. Habla el *numte*
5 *oote,* o ayapaneco, que en Ayapa, esta comunidad de Jalpa de Méndez (Tabasco), algunos llaman sencillamente "la lengua" o "la palabra", pero que cada vez lo es menos. López forma parte de una comunidad indígena a la que se le está muriendo el
10 idioma. Sus descendientes, como mucho, entienden "la palabra". Pero no la usan. "Hermosa, pero pesada", dice en un español lento y cantarín Esteban López, rodeado de un enjambre de nietos de los que ha perdido la cuenta. Ninguno conoce la lengua del
15 abuelo. No parece importarles mucho. En realidad, parece importarle a poca gente.

Gilles Polian, lingüista en el Centro de Investigaciones y Estudios Superiores en Antropología (CIESAS Sureste) de Chiapas, subraya:
20 "El problema que yo he observado es que ciertos padres de familia perciben que la lengua indígena no ayuda. Les parece más prioritario que los hijos hablen español e incluso inglés. Por la misma discriminación que ellos viven, dejan de transmitir su lengua
25 materna, lo cual puede verse como cuestión práctica, de supervivencia. Ellos sienten que, si eso tiene como precio perder la lengua, es un precio menor.

Hay otro problema con los centros de enseñanza bilingües o multiculturales, aseguran los expertos. Se trata de las diferencias culturales 30 entre lo que se enseña en las aulas y lo que viven los niños indígenas. Un ejemplo: las pruebas Enlace, un sistema de evaluación educativa a nivel nacional, registraban siempre resultados bajos en las zonas indígenas. Un maestro de 35 Chiapas denunció en 2008 la "discriminación" que el examen supone para los niños indígenas. No se trataba solo de la lengua, sino del "contexto". Y los contenidos están estandarizados para contextos urbanos", agrega. 40

El orgullo por el pasado indígena no se ha trasladado a la actualidad

"Hay desprecio y hay ignorancia. No se puede apreciar lo que no se conoce. Y el Estado mexicano se avergonzó de sus lenguas", asegura 45 Mardonio Carballo, periodista y experto en lenguas indígenas, de habla materna náhuatl. Y llama la atención a la clase política, a los medios de comunicación y a los círculos de poder que "no toman en cuenta a los indígenas". 50

Fernando Nava, investigador del Instituto de Investigaciones Antropológicas de la Universidad Nacional Autónoma de México (UNAM), argumenta que la figura del indio es un orgullo en

55 México solo en el sentido histórico. "Construyeron pirámides, tuvieron conocimientos astronómicos admirables… Eso es el pasado, es la historia. Ahí acaba el orgullo por el indígena en el mexicano común. El indígena vivo, que convive con nosotros, no tiene ningún prestigio", reconoce. 60

Fuente n.º 2

Este gráfico apareció en el reportaje "Lenguas indígenas y políticas del lenguaje en América Latina" en la revista española *Espéculo* en 2010.

| Porcentaje de población indígena según países ||
Países latinoamericanos	Porcentaje de población indígena
Argentina	1,5
Bolivia	59,2
Brasil	0,2
Chile	5,7
Colombia	2,2
Costa Rica	0,8
Ecuador	33,9
El Salvador	2,3
Guatemala	59,7
Honduras	3,2
México	7,5
Nicaragua	8
Panamá	2,3
Paraguay	2,3
Perú	36,8
Venezuela	1,5

Fuente: Espéculo.

Fuente n.º 3

Esta grabación se transmitió en septiembre de 2012 en el programa *Hora América* de la emisora española Radio 5. Se examina el importante papel del guaraní, uno de los dos idiomas oficiales de Paraguay. (Duración: 2 minutos 42 segundos)

◀))　——————————————————————————————

Tema curricular: La belleza y la estética
Contexto: Definiciones de la belleza

Tema del ensayo:

¿Es la cirugía plástica una solución para el problema de la baja autoestima?

Fuente n.º 1

Este artículo, originalmente publicado en el *El Universal* (México) en abril de 2012, presenta datos sobre el aumento de intervenciones de cirugía plástica en los Estados Unidos.

Internet multiplica las cirugías de mentón en los Estados Unidos

Línea

De acuerdo con las cifras la Sociedad Estadounidense de Cirujanos Plásticos, el año pasado se realizaron 13.8 millones de prácticas quirúrgicas con fines cosméticos o plásticos, aparentemente
5 vinculadas con las tendencias que aparecen en la web.

Los estadounidenses gastaron en 2011 unos 10 mil 400 millones de dólares en cirugía plástica, y la más popular fue el aumento del mentón, aparentemente vinculado con las tendencias que
10 aparecen en internet, según un informe divulgado hoy por la Sociedad de Cirujanos Plásticos.

El estudio muestra que el año pasado se hicieron en Estados Unidos 13.8 millones de prácticas quirúrgicas con fines cosméticos o plásticos,
15 un 5 por ciento más que en 2010.

"Las personas están dispuestas a hacer esto como una inversión", dijo a EFE en conversación telefónica Darrick Antell, un miembro de la sociedad que trabaja en Nueva York y quien ha
20 hecho un estudio de los rasgos faciales de los ejecutivos principales de grandes compañías.

"Sabemos que los ejecutivos y las ejecutivas tienden a ser personas altas y atractivas", dijo Antell.

"Y también sabemos que tienden a tener un mentón
25 prominente, por lo cual, de manera subconsciente, la gente relaciona el mentón pronunciado con autoridad y confianza en sí mismo", afirmó.

Lo que Antell describió como inversión puede ir desde los 3 mil 500 a los 70 mil dólares, y entre esos precios también se ubican los diversos
30 grados de la liposucción, desde la microcirugía a procedimientos más extensos para retirar la grasa bajo la piel.

Pero en una era en la que con imágenes por internet se hace desde la búsqueda de empleo a
35 la de pareja, la primera impresión "es sumamente importante y las personas son muy conscientes de la imagen que desean comunicar", añadió.

De acuerdo con las cifras la Sociedad Estadounidense de Cirujanos Plásticos, las
40 intervenciones para el aumento del mentón, o mentoplastia, que Antell describió como un procedimiento que no requiere intervención y tras el cual el o la paciente puede retornar al trabajo en pocos días, se incrementaron un 71
45 por ciento de 2010 a 2011.

En 2011 se practicaron 20.680 mentoplastias, y el estudio mostró un incremento del 66 por ciento más en el número de mujeres que recurrieron a ese procedimiento y del 76 por ciento entre
50 los hombres.

El mayor aumento porcentual (77 por ciento) fue entre personas de 40 a 54 años de edad, seguido por el grupo de mayores de 55 años

55 (70 por ciento) y las de 30 a 39 años (69 por ciento).

Entre 2000 y 2011 disminuyó un 17 por ciento el número total de procedimientos quirúrgicos cosméticos mayores, pero han aumentado en un 123 por ciento los que requieren una intervención quirúrgica menor, sin internamiento del paciente. 60

Fuente n.º 2

Estas cifras vienen del reportaje *Cirugía plástica: Estadística mundial*, publicado en el sitio web de la cadena de televisión mexicana Televisa en agosto de 2010. Se tomaron de una encuesta realizada por la Sociedad Internacional de Cirugía Plástica Estética Global sobre los procedimientos en los principales 25 países y regiones, lo que representa el 75% de todos los procedimientos hechos en 2009.

Cirugía plástica: Estadística mundial	
Procedimientos quirúrgicos	**Procedimientos no quirúrgicos**
Aumento de senos 17%	Inyección de toxinas o neuromoduladores (Botox, Dysport) (32,7%)
Blefaroplastia (cirugía plástica del párpado superior o inferior) 13,5%	Inyección de ácido hialurónico (20,1%)
Rinoplastia (cirugía de la nariz) 9,4%	Depilación de vello con láser (13,1%)
Abdominoplastia 7,3%	Inyección de grasa autóloga (5,9%)
	Tratamiento IP Láser (4,4%)

Fuente: "Cirugía plástica: Estadística mundial", Televisa.

Fuente n.º 3

Esta grabación es un reportaje de Radio y Televisión Española sobre la cirugía estética entre los jóvenes españoles. (Duración: 2 minutos 27 segundos)

◀)) ————————————————————————————

Tema curricular: La vida contemporánea
Contexto: La educación y las carreras profesionales

Tema del ensayo:

¿La mejor alternativa para las científicas de América Latina, el Caribe y España es desarrollar su actividad profesional en el extranjero?

Fuente n.º 1

Este texto, que hace parte de un artículo publicado originalmente en el boletín del Banco Interamericano de Desarrollo (BID) en enero de 2007, presenta algunos aspectos de la situación de las mujeres científicas en América Latina y el Caribe.

El reto de ser mujer y científica en Latinoamérica y el Caribe

Línea Sin considerar las cuestiones de género, no es fácil ser científico en Latinoamérica o en el Caribe (LAC). Al igual que en cualquier región del mundo, son necesarios unos diez años de investigación y de
5 trabajo duro desde que se empieza la universidad hasta que se consigue el doctorado. Además, se requieren varios años de trabajos posdoctorales en puestos de investigación para formarse como científico. Esto hace que los científicos no
10 suelan estar cualificados para conseguir puestos permanentes como docentes en los centros de investigaciones superiores y universidades hasta que no están bien entrados en la treintena.

A esto hay que añadir que la inversión media
15 en investigación y desarrollo (I+D) en los países latinoamericanos y caribeños es tan solo del 0,6% de su PIB, según datos del Informe Científico de 2005 de la UNESCO, mientras que en los países desarrollados esta cifra oscila entre el 2 y el 3%. El resultado es que
20 aunque la región representa el 8.6% de la población mundial, solo el 2.5% de los científicos provienen de América Latina y el Caribe. Lo que sí es sorprendente es que, de acuerdo con las cifras del Instituto de Datos Estadísticos de la UNESCO, en 2003 el 46%
25 de los investigadores en LAC eran mujeres, cifra que sobrepasa ampliamente el 27% del resto del mundo.

Sin embargo, Gloria Bonder, presidenta regional de la UNESCO para mujeres, ciencia y tecnología en Latinoamérica, indica que fijarse únicamente en estos datos puede ser engañoso.
30 Bonder es autora de un artículo presentado en el 9.º Congreso Internacional Interdisciplinario de Mujeres en Seúl, Corea del Sur, en el que muestra que la mayoría de las científicas en Latinoamérica tienden a involucrarse más en tareas de
35 investigación y docencia en las universidades, mientras que mayores porcentajes de hombres optan por el sector privado, donde pueden conseguir salarios más elevados. El resultado final es que las mujeres ganan un 30% menos que
40 hombres con similares cualificaciones.

Bonder también señala que la remuneración de los científicos (de ambos sexos) que viven en Latinoamérica está significativamente devaluada en comparación con otras regiones. Su conclusión
45 es que este fenómeno, junto con la baja inversión en I+D, podría estar relacionado directamente con la "feminización" de la profesión.

La físico argentina Mariana Weissmann, investigadora superior en la Comisión de Energía
50 Atómica en Buenos Aires, la primera mujer miembro de la Academia de Ciencias Exactas

de Argentina y ganadora en el 2003 del premio L'Oreal-UNESCO para mujeres científicas en
55 América Latina —el premio más prestigioso para mujeres en las ciencias—, sugiere otro motivo para explicar el porcentaje relativamente alto de científicas en la región. "Los buenos científicos varones son rápidamente contratados por compañías internacionales de países desarrollados, 60 con lo que tienden a irse, mientras que las mujeres se quedan en la región. Esa es la razón por la que existe una tasa tan alta de profesoras en la universidad latinoamericana", anota.

Fuente n.º 2

Este cuadro estadístico muestra la participación proporcional de hombres y mujeres como profesores universitarios (catedráticos y titulares) en España, según su área de especialización. En el sistema universitario español, un catedrático es el profesor principal de un curso o un programa, y los profesores titulares trabajan bajo su dirección.

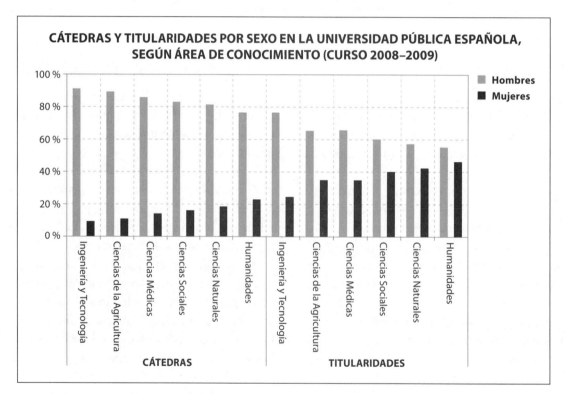

Fuente: Científicas en cifras 2011. Una publicación del Ministerio de Economía y Competitividad de España.

Fuente n.º 3

En esta grabación, transmitida por el programa radial *Mujeres en el mundo* de la Organización de las Naciones Unidas en febrero de 2012, dos científicas latinoamericanas relatan sus experiencias educativas y profesionales. (Duración: 2 minutos 17 segundos)

Audio
Write & Submit

Tema curricular: La vida contemporánea
Contexto: Los viajes y el ocio

Tema del ensayo:

¿Es el ecoturismo la mejor forma de apoyar las áreas rurales?

Fuente n.º 1

Este artículo, publicado originalmente en *El Universal* (México) en septiembre de 2012, describe una nueva actitud hacia el desarrollo en áreas rurales.

Se transforma cultura en el campo, asegura Procuraduría Agraria

por Julián Sánchez

Línea

Rocendo González Patiño, titular de la Procuraduría Agraria, dijo que se ha iniciado un cambio cultural en la forma de entender la tierra, en donde los hombres y mujeres del campo
5   pueden atraer inversión nacional y extranjera.

El territorio rural del país ha dejado de ser solo para sembrar. Se ha iniciado un cambio cultural en la forma de entender la tierra, en donde sin vender sus propiedades ejidales, los hombres y mujeres del
10   campo pueden atraer inversión nacional y extranjera.

Puede ser en rubros como la minería, producción de energía eólica, turismo y ecoturismo o para infraestructura, en el marco de lo cual se tienen destinados a través de los
15   cuales se han invertido hasta ahora casi 150 mil millones de pesos.

Los dueños, pueden rentar sus tierras y participar en proyectos productivos, generar empleos y atraer capital en sus regiones con la
20   diversificación de sus tierras a través del programa Fomento a la Inversión en la Propiedad Rural (FIPP), con el que se pretende frenar la pobreza existente en el medio rural, promoviendo el autoempleo y el aprovechamiento productivo,
25   resalta Rocendo González Patiño, titular de la Procuraduría Agraria (PA).

A través de esta institución desconcentrada de la Secretaría de la Reforma Agraria (SRA), los campesinos pueden tener acceso a talleres de diagnóstico en los que se identifica la vocación de   30 la tierra y por ende el proyecto de inversión idóneo, lo que representa un ingreso para los sujetos agrarios y el mejoramiento de su calidad de vida.

Por ejemplo, un campesino que renta sus tierras para que ahí se desarrolle un proyecto de generación   35 de energía eólica, de 30 hectáreas, recibe más de 500 mil pesos anuales, paralelamente al empleo que se genere y otros negocios paralelos.

"Cuando empezábamos en el 2008, era una aventura, ahora ya vemos resultados muy   40 importantes y muy buenos. También era atrevernos a cambiar la cultura de los mexicanos, de los campesinos y de los empresarios mexicanos, pero ahora nos da gusto que ahí vamos", expuso Rocendo González Patiño.   45

De acuerdo con información de la PA, en el marco del FIPP, se han logrado más de 3 mil 400 proyectos de inversión con cerca de 150 mil millones de pesos que se destinarán para el desarrollo de los mismos y se tiene establecido   50 en los contratos hasta ahora firmados que los campesinos estarán siendo beneficiados con más

---

de 14 mil 200 millones de pesos, de los cuales han recibido casi mil 800 millones de pesos.

55 Hasta ahora, se tienen negociadas para diferentes usos más de un millón de hectáreas y son cerca de 400 mil campesinos los que se están beneficiando de manera directa con inversiones, de las cuales el 63% son recursos de extranjeros y 37% nacionales.

60 Entre los países que están invirtiendo están, Canadá, España, Estados Unidos, Alemania, China, Corea, Italia, Suecia, Australia e Inglaterra. En donde más hay interés es en el sector agropecuario, son 2 mil 530 del total de los 3 mil 450.

"Nuestra política ha sido la de decirle al 65 empresario que será apto para el proyecto siempre y cuando beneficie al campesino, porque si vemos abuso de su parte o que tiene otro interés, decidimos que no participe. Hay quien quiere comprar la tierra y les decimos 70 que no, porque nosotros no vendemos tierra, no queremos que el campesino la venda, que sí se puede, pero no a través de nosotros. Lo que queremos hacer es que se quede con su propiedad y le saque mucho beneficio", subrayó Rocendo 75 González Patiño.

Fuente n.º 2

Este gráfico, publicado originalmente en 2010 en un reportaje, *Turismo para la naturaleza y el desarrollo: Guía de buenas prácticas*, por el Convenio Sobre la Diversidad Biológica, muestra los efectos del turismo en los países desarrollados y en los países en desarrollo.

Ingresos del turismo internacional (en miles de millones de dólares)				
	1990	**2000**	**2006**	**Tasa de crecimiento**
Mundo	264	474	733	177%
Países de ingresos altos	221	352	511	131%
Países en desarrollo	43	122	222	416%

Fuente: Turismo para la naturaleza y el desarrollo: Guía de buenas prácticas 2010. Una publicación del Convenio Sobre la Diversidad Biológica. Datos provenientes de Organización Mundial del Turismo (OMT).

Fuente n.º 3

Esta entrevista con una oficial forestal de la Organización de las Naciones Unidas para la Alimentación y la Agricultura (FAO) fue transmitida originalmente en Radio ONU, en septiembre de 2011. (Duración: 2 minutos 44 segundos)

◀))

Audio
Write & Submit

9 **Tema curricular:** Los desafíos mundiales
Contexto: La población y la demografía

Tema del ensayo:

¿A los jóvenes argentinos se les debe permitir votar desde la edad de 16 años?

Fuente n.º 1

Este artículo, publicado en *La Nación* (Argentina) en septiembre de 2012, describe una iniciativa argentina para reducir el límite de edad necesario para votar a los 16 años.

Un nuevo paradigma para la juventud

por Sergio Balardini

Línea A fines de mayo de este año, el Frente Amplio del Uruguay eligió a sus autoridades. Votaron todos los adherentes del Frente... mayores de 14 años. En Brasil, se puede votar al presidente a
5 partir de los 16. En la Argentina, en las ciudades de Córdoba, Colonia Caroya y Zapala, se puede votar desde los 16 para elegir autoridades municipales. En muchos municipios, a partir de los 16 años se puede participar y votar el
10 "Presupuesto participativo". Ejemplos de nuevas realidades, sin alejarnos de nuestra geografía ni mencionar regímenes diferentes al nuestro.

Existe un movimiento hacia la baja de edad en la adquisición de los derechos políticos. Los
15 argumentos se apoyan principalmente en un cambio de paradigma que interpreta que los jóvenes son sujetos de derecho, y a los evidentes cambios sociales y culturales asociados a la llamada "sociedad del conocimiento", las nuevas
20 tecnologías, la realidad de las nuevas familias y los roles que en ellas desempeñan tanto adultos como nuevas generaciones.

Un paradigma que se expresa en la Convención sobre los Derechos del Niño (Unicef; 1989)
25 suscripta por la Argentina en 1990, y en la Ley Integral de Protección de Derechos de las Niñas, Niños y Adolescentes, que consagra el derecho a

"participar y expresar libremente su opinión en los asuntos que les conciernan y en aquellos que tengan interés", y que "sus opiniones sean tenidas 30 en cuenta conforme a su madurez y desarrollo" en "el ámbito estatal, familiar, comunitario, social, escolar, científico, cultural, deportivo y recreativo". De allí a considerar que, en la franja de 16 a 18 años, haya jóvenes interesados en participar de la 35 vida política, a través del ejercicio del voto, hay un camino previsible.

Por supuesto, no todos los y las jóvenes manifiestan interés por la política ni tienen todos el mismo capital educativo y cultural, y muchos 40 sufren materias pendientes en términos de vulnerabilidad social. Claro que, en este punto, algo no muy diferente podría decirse de los adultos (y la incidencia en sus motivaciones al momento de votar). Por otra parte, hay que 45 reconocer que, entre los 16 y los 18 años, muchos jóvenes trabajan, se dedican al cuidado familiar y, además, estudian.

En cuanto al punto de vista que entiende cuestionable la oportunidad (no la cuestión 50 de fondo) porque supone podría favorecer al oficialismo, advertiría que la emergencia de una nueva sensibilidad política entre muchos jóvenes (que no significa necesariamente vocación

55 militante, sino un renovado interés en saber, informarse, opinar sobre cuestiones políticas), no se traduce automáticamente en favor del oficialismo. Y siempre habrá un oficialismo de turno. De lo que se trata, es de trabajar 60 políticamente para ganar el voto, trabajo que deben realizar las diferentes opciones partidarias.

Se trata de una ventana de oportunidad. Y si verdaderamente nos interesa alentar la participación y el compromiso en las y los 65 jóvenes, deberíamos acompañar tal iniciativa con dispositivos institucionales (transparentes, consensuados y con mecanismos de control) que doten de herramientas que estimulen el ejercicio de este derecho. El Estado en primer lugar, las organizaciones políticas (¡y sus 70 juventudes!), las organizaciones sociales y los medios de comunicación podrían adelantar campañas para que los jóvenes se apropien de este derecho. Como ejemplo, la juventud del Partido de los Trabajadores, en Brasil, definió 75 una campaña específica para este sector de jóvenes, con muy diversas herramientas de formación y comunicación.

Fuente n.º 2

Este gráfico, originalmente publicado en un reportaje encomendado por la Dirección Nacional de Juventud de Argentina, muestra las respuestas dadas por jóvenes en una encuesta en la cual fueron invitados a sugerir políticas al gobierno nacional. "Ns/nc" indica "No sabe/no contesta".

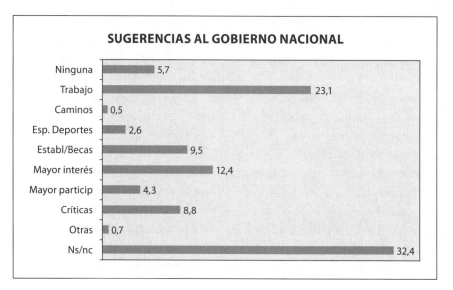

SUGERENCIAS AL GOBIERNO NACIONAL

Ninguna	5,7
Trabajo	23,1
Caminos	0,5
Esp. Deportes	2,6
Establ/Becas	9,5
Mayor interés	12,4
Mayor particip	4,3
Críticas	8,8
Otras	0,7
Ns/nc	32,4

Fuente: Dirección Nacional de Juventud de Argentina.

Fuente n.º 3

En esta grabación, transmitida por Radio ONU en octubre de 2012, un coordinador de las Naciones Unidas habla de la necesidad de fortalecer oportunidades para los jóvenes, para que puedan influir más en la política y el cambio social. (Duración: 2 minutos 35 segundos)

((●))

Tema curricular: Los desafíos mundiales
Contexto: La población y la demografía

Tema del ensayo:

¿A los jóvenes indocumentados les sirve verdaderamente el *Dream Act?*

Fuente n.º 1

Este reportaje, que apareció originalmente en el sitio web del programa *Telemundo Atlanta* en agosto de 2010, describe la ley *Dream Act,* una decisión de cesar la deportación de jóvenes indocumentados, y las preocupaciones de algunos hispanos que se oponen a la medida.

Hispanos en Illinois se pronuncian contra la opción militar del "Dream Act"

Línea   Chicago, 23 ago (EFE).- Varias organizaciones hispanas de Chicago se manifestaron hoy en contra del proyecto de ley "Dream Act" y en particular en contra de su opción militar.

5   El "Dream Act" permitiría regularizar a los estudiantes indocumentados que llegaron a EEUU antes de cumplir 16 años y han vivido en este país al menos cinco de forma consecutiva. Según el proyecto de ley, los estudiantes obtendrían una residencia
10   temporal durante seis años, tiempo durante el cual deben realizar estudios universitarios y obtener al menos un grado de dos años o prestar servicio militar por dos años, como requisito para recibir la ciudadanía posteriormente.

15   Sin embargo, para varias organizaciones la opción militar no es más que un "reclutamiento". "Esencialmente el 'Dream Act' va a crear un servicio militar obligatorio de facto para nuestros jóvenes indocumentados", dijo en conferencia de
20   prensa Jesús Palafox, vocero del American Friends Service Committee (AFSC). "No podemos estar dispuestos a sacrificar las vidas de tantos jóvenes para el beneficio de unos cuantos", añadió Palafox. "No debemos apoyar ninguna propuesta que
25   facilite el reclutamiento de la juventud hispana para mandarlos a la guerra, especialmente bajo la

mentira de ayudarlos a seguir una carrera".

En la conferencia de prensa también expresaron su rechazo el Comité Anti-Militarización (CAMI), El Frente Unido de Inmigrantes (FUI), La Otra y   30 Familias Estrella de Oro.

"El 'Dream Act' en su vigor simplemente va a dividir a las familias," dijo Ramiro Borja, miembro de FUI. "La persona que entra al 'Dream Act' por cualquier razón, ya sea estudiar o ir al servicio   35 militar, está diciendo 'me salvo yo pero ustedes pueden venir por mi mamá o mi papá y llevárselos porque ellos no tienen documentación'", añadió.

Juan Torres, miembro del grupo Familias Estrella de Oro, integrado por padres hispanos que   40 han perdido a un hijo o hija en la guerra, relató su experiencia. "Mi hijo sirvió por dos años y después recibimos una carta que mi hijo tenía que volver al ejército por dos años más y vimos en el contrato unas letras pequeñitas que los reclutan por ocho   45 años y mi hijo tuvo que volver al servicio y me lo regresaron en un ataúd", relató.

Ireri Unzueta, miembro de la Liga de Justicia de Jóvenes Inmigrantes y una de más de 20 jóvenes hispanos arrestados en julio en Washington D.C.   50 durante las manifestaciones a favor del "Dream Act", abogó por un diálogo sobre esta propuesta.

Fuente n.º 2

Este gráfico representa datos sobre los inmigrantes en los Estados Unidos.

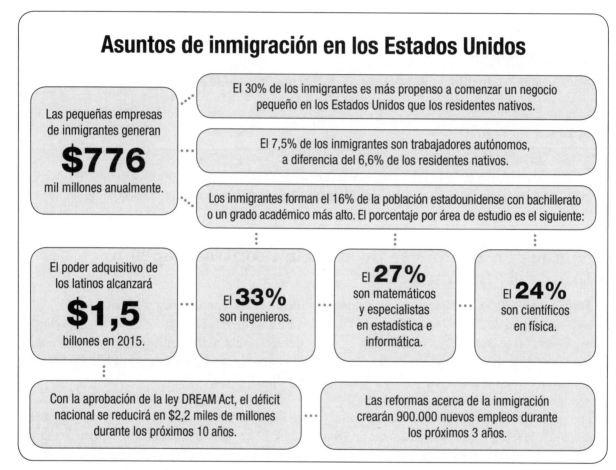

Asuntos de inmigración en los Estados Unidos

Las pequeñas empresas de inmigrantes generan **$776** mil millones anualmente.

El 30% de los inmigrantes es más propenso a comenzar un negocio pequeño en los Estados Unidos que los residentes nativos.

El 7,5% de los inmigrantes son trabajadores autónomos, a diferencia del 6,6% de los residentes nativos.

Los inmigrantes forman el 16% de la población estadounidense con bachillerato o un grado académico más alto. El porcentaje por área de estudio es el siguiente:

El poder adquisitivo de los latinos alcanzará **$1,5** billones en 2015.

El **33%** son ingenieros.

El **27%** son matemáticos y especialistas en estadística e informática.

El **24%** son científicos en física.

Con la aprobación de la ley DREAM Act, el déficit nacional se reducirá en $2,2 miles de millones durante los próximos 10 años.

Las reformas acerca de la inmigración crearán 900.000 nuevos empleos durante los próximos 3 años.

Fuente: White House Blog

Fuente n.º 3

En esta entrevista, de diciembre de 2009 en el programa de radio *Nuevos Horizontes* de la Universidad de Chicago, se escucha a un estudiante que, a pesar de sus altas calificaciones, está en proceso de deportación. (Duración: 3 minutos 4 segundos)

Tema curricular: Las identidades personales y públicas
Contexto: La identidad nacional y la identidad étnica

Tema del ensayo:

¿Representa una oportunidad perdida la Princesa Sofía?

Fuente n.º 1

Este artículo, publicado en *El Mundo* (España) en octubre de 2012, describe la controversia que causó la imagen de Sofía, la protagonista de una nueva película de Disney.

Sofía, la "presunta" princesa latina de Disney

Línea

La compañía Walt Disney ha salido en defensa de su nuevo personaje, la Princesa Sofía, quien en su presentación fue anunciada como una "princesa latina" pero **cuyos rasgos han levantado**

5 **la polémica** entre las asociaciones hispanas de Estados Unidos. Después de multitud de críticas sobre el personaje, Disney se ha retractado y ha explicado que desde un principio nunca pretendió que Sofía tuviera rasgos hispanos.

10 "Lo que es importante saber es que Sofía es una niña de cuento de hadas que vive en un mundo de cuento de hadas. Todos los personajes vienen de lugares de fantasía que pueden reflejar elementos de diversas culturas y etnias, pero no tienen el

15 propósito de representar específicamente las culturas del mundo real", ha aclarado Nancy Kanter, gerente general de Disney Junior Worldwide.

"Los escritores —insistió Kanter— han elegido sabiamente escribir historias que resultaran

20 familiares a niños de diferentes orígenes, entre ellos los procedentes de España y de América Latina. Por ejemplo, la mamá de Sofía viene de una tierra ficticia, Galdiz, que se inspiró en España [...] lo que crea un mundo de diversidad e inclusión".

25 Sin embargo, los rasgos del nuevo personaje de Disney, que verá la luz en Disney Channel el 18 de noviembre, corresponden a un cabello pelirrojo, ojos azules y piel muy blanca, características que no parecen coincidir demasiado con las latinas.

30 "Necesitamos más héroes en estos momentos que sean identificables", criticó Álex Nogales, presidente y director ejecutivo de la Coalición Nacional de Medios Hispanos, una organización sin fines de lucro que promueve la igualdad de los

35 latinos en la industria del entretenimiento.

"Estamos en un momento en el que los latinos están teniendo la culpa de todo lo que está mal en Estados Unidos. Si ustedes van a promover a la opinión pública, y a los latinos en particular,

40 hágannos el favor y conviertan (el personaje) en una verdadera latina", añadió Nogales.

Algunos medios estadounidenses llegaron a especular con que el personaje estuviera basado en la Reina Sofía de España, pero la compañía

45 también se apresuró a desmentirlo y a subrayar que su mundo es ficticio y no está inspirado en familia de la realeza actual alguna. "No es nuestro mundo, es un cuento de hadas y un mundo de cuento que esperamos ayude a estimular la

50 imaginación de los niños", añadió Kanter. La serie, titulada "Sofía The First: Once upon a princess", está creada para niños de entre 2 y 7 años.

Fuente n.º 2

Este gráfico, publicado en el periódico digital *El Universal* en julio de 2011, muestra el aumento en el número de niños de origen mexicano nacidos en Estados Unidos en años recientes.

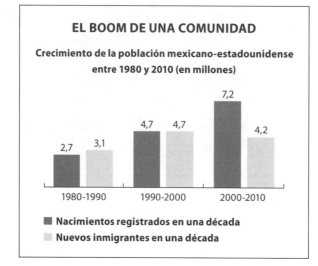

EL BOOM DE UNA COMUNIDAD

Crecimiento de la población mexicano-estadounidense entre 1980 y 2010 (en millones)

- 1980-1990: 2,7 / 3,1
- 1990-2000: 4,7 / 4,7
- 2000-2010: 7,2 / 4,2

■ **Nacimientos registrados en una década**
■ **Nuevos inmigrantes en una década**

Fuente: *El Universal*

Fuente n.º 3

Esta grabación fue transmitida originalmente en CNN México en octubre de 2012. En ella, varios comentaristas hispanos señalan que no se sienten excluidos por la falta de rasgos "latinos" de la princesa Sofía. (Duración: 2 minutos 57 segundos)

12

Tema curricular: Las identidades personales y públicas
Contexto: Los intereses personales

Tema del ensayo:

¿Es el grafiti arte o vandalismo?

Fuente n.º 1

En este artículo, publicado originalmente en el periódico digital español *El País* en noviembre de 2010, se explica la oposición del gobierno madrileño al grafiti en las calles de la ciudad.

Botella recrudece la guerra a las pintadas con multas de 3000 euros

Línea Una cosa está clara. Para la concejal de Medio Ambiente del Ayuntamiento, Ana Botella, el *graffiti* no es un arte. Y ayer lo dejó bien claro. Presentó el Plan de Limpieza General 2010

5 y anunció que la cuantía de las multas que actualmente reciben quienes pintan en paredes y muros (artistas urbanos, para unos; gamberros que ensucian la ciudad, según otros) aumentarán hasta cinco veces. Es decir, se acabó la sanción de

10 300 euros que hasta ahora pagaban los *grafiteros* cuando eran cogidos con las manos en la masa. La nueva multa mínima será de 1500 euros. Y la máxima pasa de 600 a 3000. Es decir, cinco veces más que hasta ahora.

15 La Concejalía de Medio Ambiente justifica este incremento con cifras. Según la edil, Madrid destinó entre enero y septiembre de 2009 unos 12 millones de euros a limpiar los dos millones de metros cuadrados de paredes que aparecieron

20 pintadas en la ciudad. La mayoría en el distrito Centro. El gasto casi se multiplicó por dos respecto a 2008, y lo recaudado en multas e indemnizaciones a los más de 120 sancionados en los dos años fueron unos míseros 66.200 euros,

25 según el Consistorio.

"Ahora, el que pinte en el casco histórico o zonas protegidas pagará 3000 euros, y para el resto, 1500", matiza una portavoz de Medio Ambiente. "Es la única forma que hay para frenar este tipo de suciedad". En realidad, lo que se hace es aplicar 30 a rajatabla la normativa que ya existía. Desde julio de 2007 se podían imponer sanciones de 300 a 3000 euros por pintar *graffitis* (6000 en caso de reincidencia), pero, en la práctica, las multas se quedaban en 300 y 600 euros." ¡Vaya con la 35 Botella!", dice César, un *grafitero* del sur de Madrid que ya solo pinta si tiene permiso del dueño de la pared. "¿A qué viene esto ahora?", se queja.

"Yo también he pintado por las calles", reconoce Mark, otro madrileño de 32 años, "y entiendo de 40 corazón a quien lo hace. Aunque comprendo que hay gente que solo hace gamberradas, y a lo mejor la única solución para evitarlo son las multas".

Dani, otro *grafitero* del distrito de Hortaleza, se queja de que el Ayuntamiento no da alternativas 45 para que puedan desarrollar su actividad. "Lo único que sucederá con el aumento de las multas es que la gente pintará más rápido para que no les pillen, y los dibujos persistirán, pero, claro, serán más feos", opina. 50

Fuente n.º 2

Este gráfico, de un reportaje publicado originalmente en el periódico digital español *El País* en noviembre de 2012, muestra el costo para los gobiernos españoles de quitar tantos *grafitis* pintados por pandillas como murales decorativos de las paredes de sus ciudades.

Dinero gastado (en euros) anualmente en la limpieza de las pintadas urbanas de España	
Alicante	360.000
Barcelona	4 millones
Bilbao	556.000
Madrid	6 millones
Málaga	500.000
Valencia	850.000
Valladolid	300.000
Zaragoza	1,3 millones

Fuente: El País

Fuente n.º 3

Esta grabación fue transmitida originalmente por el programa *Más gente* de Radio y Televisión Española en mayo de 2012. Trata sobre una capilla que será pintada por artistas al estilo *graffiti*. (Duración: 1 minuto 45 segundos)

PART C
Interpersonal Speaking: Conversation

Strategies   Conversation

1. **Understand the format** You will be asked to participate in a conversation. You will read a brief introduction and an outline of the conversation. You will then have 20 seconds to record your part in each conversational exchange.

2. **Get ready to speak** You will have 1 minute to preview the conversation. You will then have:
   - 5 opportunities to speak. You must respond to what the other person says.
   - 20 seconds per response. You must fill the whole 20 seconds.

3. **Read the *Tema curricular* and the introduction** Make sure you have a clear understanding of who will be talking and what the conversation will be about.
   - Underline or circle key words and jot down ideas to help guide and focus your thought process once the conversation begins.
   - Pay attention to cultural references and respond or comment as appropriate.

4. **Preview the outline** The outline will give you specific details about what your role in the conversation will be. As you read the prompts, start to visualize the conversation.
   - Where and when is the conversation taking place?
   - With whom are you speaking, and what is your relationship to him or her?

5. **Use prior knowledge** Your prior knowledge of the topic and of any vocabulary associated with it will help you speak with greater fluidity and accuracy.

6. **Determine the appropriate register** The introductory text will provide the key to which register you should use. Make sure you understand the context of the conversation and with whom you will be talking.
   - A conversation with a teacher, an unknown adult, or an authority figure will require a more formal register.
   - A conversation with a friend, classmate, or someone your own age allows for a more informal register.

7. Learn the prompts Become familiar with prompting verbs so you can respond as directed. Common terms are:

acepta	finaliza	pregunta
aconseja	haz	propón
cuenta	incluye	reacciona
describe	insiste	recomienda
despide de	menciona	saluda
explica	ofrece	sugiere
expresa	pide	trata de

8. Listen carefully As the conversation begins, listen carefully to each prompt, statement, or question. Even if you don't understand every word, make sure you get the general idea so you can formulate appropriate responses.

9. Speak for at least 20 seconds Make sure to fill the time allotted for each of your exchanges.

- Using "filler" phrases and words is normal in conversation in any language.
- You can repeat or rephrase something you have said before, if appropriate.
- In order to clarify your understanding, you can paraphrase, or repeat in different words, what the other person has said or asked.

10. Respond to every prompt Always say something when prompted. Do not allow long pauses in your responses or leave any "blanks."

11. Learn how to stall Make sure to memorize language to indicate you are thinking, such as *Déjeme pensarlo un momento*, or other language used for stalling.

12. Answer completely Respond as fully as possible in accordance with the prompt provided. Make sure to answer the question and to comment or react to what is said.

13. Vary your language Use a variety of words and expressions when responding to prompts, even if those expressions are equivalent or have similar meanings. Variety reflects fluency.

- Concentrate on using rich vocabulary and culturally-appropriate idiomatic expressions.
- Avoid overuse of elementary, common vocabulary. "Reach outside the box" to impress the listener or scorer.

14. Correct your errors If you notice you have made an error as you speak, correct it by rephrasing your response.

15. Clarify your meaning In a conversation, it is acceptable to repeat an idea in order to clarify its meaning. If you are trying to communicate a complex idea, you can express it more than once in different ways to ensure understanding.

16. Focus on language The purpose of this activity is to demonstrate your knowledge and command of the language, not your knowledge of a specific topic.

- In your responses, you are free to tell fictional stories or state as factual events that never happened. Be creative.
- Make sure that, whatever the content of your reply, you use proper grammar, an appropriate register, and adequate modes of address.

17. Stay on topic Do not push the conversation in a different direction or introduce unprompted topics. Staying on topic will demonstrate your understanding.

18. Use a loud and clear voice The point of participating in a conversation is to be heard and understood. Make sure to always enunciate clearly and to speak in an audible voice.

19. Practice recording yourself Don't be caught off-guard. Use activities in this book to practice recording your part in the conversations.

20. Memorize the direction lines!

Directions: You will participate in a conversation. First, you will have 1 minute to read a preview of the conversation, including an outline of each turn in the conversation. Afterward, the conversation will begin, following the outline. Each time it is your turn to speak, you will have 20 seconds to record your response. You should participate in the conversation as fully and appropriately as possible.

Instrucciones: Vas a participar en una conversación. Primero, vas a tener 1 minuto para leer la introducción y el esquema de la conversación. Después, comenzará la conversación, siguiendo el esquema. Cada vez que te corresponda participar en la conversación, vas a tener 20 segundos para grabar tu respuesta. Debes participar de la manera más completa y apropiada posible.

1

Tema curricular: Las familias y las comunidades
Contexto: Las tradiciones y los valores

Vas a participar en una conversación con Amparo, una amiga tuya. Ella y su madre están preparando una fiesta. Amparo viene a tu casa para hablar contigo.

🔊))

Amparo	Te saluda y te explica por qué viene a tu casa.
Tú	Responde al saludo y pide detalles.
Amparo	Continúa la conversación y te hace una pregunta.
Tú	Contesta la pregunta y hazle preguntas detalladas acerca del evento.
Amparo	Te responde y te hace una pregunta.
Tú	Responde negativamente y explica por qué con detalles.
Amparo	Continúa la conversación y te hace una pregunta.
Tú	Continúa la conversación y hazle una pregunta.
Amparo	Te responde y te hace una pregunta.
Tú	Contesta afirmativamente, agradece la invitación y despídete de ella.

2   **Tema curricular:** Las familias y las comunidades
Contexto: Las tradiciones y los valores

Esta es una conversación que tú tienes con tu amiga María José, una estudiante de intercambio de España. Ustedes están de compras en el centro comercial. Es el 23 de diciembre.

María José	Ofrece su opinión y te hace una pregunta.
Tú	Contesta la pregunta. Ofrece detalles.
María José	Continúa la conversación. Ofrece su opinión.
Tú	Responde negativamente. Ofrece detalles.
María José	Continúa la conversación. Te hace una pregunta.
Tú	Responde a la pregunta y ofrece detalles. Pide una explicación.
María José	Continúa la conversación. Ofrece detalles. Te hace una pregunta.
Tú	Contesta la pregunta. Invítala a tu casa y ofrece detalles.
María José	Continúa la conversación. Te hace unas preguntas.
Tú	Contesta con detalles y anímala a continuar con las compras.

3 **Tema curricular:** La ciencia y la tecnología
Contexto: El acceso a la tecnología

Esta es una conversación que tú tienes con tu prima Elena, quien vive en la Ciudad de México. Ella te llama por teléfono.

Elena	Te saluda y te hace unas preguntas.
Tú	Dile que utilice otro método para ponerse en contacto.
Elena	Continúa la conversación. Te pide sugerencias para comunicarse.
Tú	Sugiere un plan de comunicación.
Elena	Continúa la conversación. Te pregunta acerca del móvil que querías.
Tú	Contesta la pregunta. Ofrece detalles y hazle una pregunta sobre su móvil.
Elena	Continúa la conversación. Te hace una pregunta.
Tú	Responde negativamente. Hazle preguntas.
Elena	Se despide de prisa.
Tú	Sugiere otro día para llamarse y despídete.

4 **Tema curricular:** La ciencia y la tecnología
Contexto: El cuidado de la salud y la medicina

Esta es una conversación que tú tienes con Paula, una compañera, después de la clase de ciencias.

Paula	Te habla y te pide información.
Tú	Dale detalles y hazle una pregunta.
Paula	Te contesta y te da detalles.
Tú	Comenta sobre lo que te dice y hazle una pregunta.
Paula	Te contesta y te hace una pregunta.
Tú	Contesta negativamente. Ofrece más infomación sobre la medicina holística.
Paula	Continúa la conversación y te hace preguntas.
Tú	Contesta negativamente y ofrece otra opción.
Paula	Acepta tu sugerencia y continúa la conversación.
Tú	Dale las gracias y despídete.

5

Tema curricular: La belleza y la estética
Contexto: La arquitectura

Esta es una entrevista que tú tienes con el profesor Muñoz, tu maestro de español, como parte de tu examen final. Te presentará una lista de temas. Debes contestar sus preguntas y dar información detallada.

◀))

Profesor Muñoz	Te saluda y te hace una pregunta.
Tú	Responde afirmativamente y explica cómo te preparaste para la entrevista.
Profesor Muñoz	Continúa la conversación.
Tú	Ofrece detalles específicos.
Profesor Muñoz	Continúa la conversación y te pide detalles.
Tú	Continúa la conversación. Ofrece detalles.
Profesor Muñoz	Continúa la conversación. Te hace otra pregunta.
Tú	Continúa la conversación y ofrece detalles.
Profesor Muñoz	Continúa la conversación y te hace una pregunta.
Tú	Dile que no. Agradécele esta oportunidad y despídete de él.

6 **Tema curricular:** La belleza y la estética
Contexto: Las artes visuales y escénicas

Esta es una conversación que tú tienes con Rosa, una amiga de la escuela con quien te encontraste en el museo, en una exposición de arte latinoamericano.

Rosa	Te saluda con sorpresa y te hace una pregunta.
Tú	Responde al saludo y contesta su pregunta.
Rosa	Continúa la conversación haciéndote una pregunta.
Tú	Responde a su pregunta con comentarios generales y hazle otra pregunta.
Rosa	Te responde y te hace una pregunta más específica.
Tú	Responde a la pregunta con algunos detalles. Hazle una pregunta sobre un artista de la exposición.
Rosa	Te responde y te hace otra pregunta.
Tú	Respóndele expresando tu opinión sobre el tema planteado.
Rosa	Te invita a conversar en otra oportunidad y se despide de ti.
Tú	Responde a la invitación y despídete de ella.

7 **Tema curricular:** La vida contemporánea
Contexto: Los viajes y el ocio

Esta es una conversación que tú tienes con Carmen, tu compañera de clase, para preparar la presentación de un trabajo de investigación para la clase de español.

Carmen	Te hace unas preguntas y da su opinión.
Tú	Responde afirmativamente y ofrece ideas.
Carmen	Continúa la conversación y te hace una pregunta.
Tú	Contesta negativamente y ofrece otra posibilidad.
Carmen	Continúa la conversación y te hace unas preguntas.
Tú	Ofrece tu opinión y pregunta qué le parece la idea.
Carmen	Te contesta y da su opinión. Luego te hace una pregunta.
Tú	Contesta y ofrece opciones.
Carmen	Continúa la conversación y te hace una pregunta.
Tú	Contesta afirmativamente, expresa tu entusiasmo por el proyecto y despídete.

8 **Tema curricular:** La vida contemporánea
Contexto: La educación y las carreras profesionales

Esta es una conversación que tú tienes con Vicente, tu compañero de clase, para hablar de sus planes después de graduarse.

Vicente	Te hace preguntas acerca de tus planes después de la graduación.
Tú	Contesta las preguntas y da detalles.
Vicente	Continúa la conversación y te hace preguntas acerca de lo que opina tu familia.
Tú	Explica tus opciones y da detalles.
Vicente	Continúa la conversación. Te hace preguntas.
Tú	Contesta y ofrece opciones. Pídele su opinión.
Vicente	Continúa la conversación. Te ofrece detalles.
Tú	Contesta y ofrece algún consejo.
Vicente	Continúa la conversación. Ofrece su opinión.
Tú	Da tu opinión y expresa buenos deseos para su futuro.

9

Tema curricular: Los desafíos mundiales
Contexto: El bienestar social

Trabajas en un centro de ayuda que recibe donaciones para las víctimas de un terremoto en Perú. Al salir del centro, te encuentras con tu amigo José. Esta es una conversación que tú tienes con él.

José	Te saluda y te hace una pregunta.
Tú	Explica qué haces y cómo lo haces.
José	Expresa sorpresa y te hace preguntas.
Tú	Da detalles del proceso y dale sugerencias.
José	Continúa la conversación. Te hace una pregunta.
Tú	Contesta afirmativamente y da detalles de lo que harás.
José	Continúa la conversación y te hace una pregunta.
Tú	Contesta negativamente y explica la razón. Ofrece otra opción.
José	Continúa la conversación y te hace una pregunta.
Tú	Contesta su pregunta y despídete de él.

10

Tema curricular: Los desafíos mundiales
Contexto: La conciencia social

Esta es una entrevista que tú tienes con la señora Barbosa, la directora de un centro comunitario donde quieres trabajar como voluntario.

🔊))

Sra. Barbosa	Te saluda y te hace preguntas.
Tú	Contesta las preguntas y ofrece detalles.
Sra. Barbosa	Te pide más detalles.
Tú	Responde con detalles.
Sra. Barbosa	Sigue la conversación y te hace una pregunta.
Tú	Responde negativamente y ofrece otra opción.
Sra. Barbosa	Continúa la conversación y te hace una pregunta.
Tú	Responde afirmativamente y confirma lo que harás después.
Sra. Barbosa	Continúa la conversación. Se despide.
Tú	Expresa tu aceptación y despídete.

11

Tema curricular: Las identidades personales y públicas
Contexto: Los héroes y los personajes históricos

Esta es una conversación que tú tienes con Jaime, tu compañero de clase. Él quiere saber más sobre el tema que se presentó hoy en la clase de historia.

🔊))

Jaime	Te ofrece su opinión sobre el tema y te hace una pregunta.
Tú	Contesta su pregunta con detalles.
Jaime	Continúa la conversación y te hace una pregunta.
Tú	Responde a esa pregunta con detalles.
Jaime	Continúa la conversación con otra pregunta.
Tú	Contesta y da tu opinión.
Jaime	Continúa la conversación y te hace una pregunta más.
Tú	Contesta la pregunta y explica tu opinión.
Jaime	Te agradece la información y te invita a seguir la conversación otro día.
Tú	Responde afirmativamente y despídete de él.

12

Tema curricular: Las identidades personales y públicas
Contexto: La identidad nacional y la identidad étnica

Esta es una conversación que tú tienes con tu amiga Montserrat, de Cataluña. Tú quieres saber más sobre la lengua y la identidad de los catalanes.

Montserrat	Te saluda y te hace una pregunta.
Tú	Contesta la pregunta y pide información.
Montserrat	Te responde y te hace una pregunta.
Tú	Contesta la pregunta y pregúntale algo sobre Cataluña.
Montserrat	Te contesta y te hace más preguntas.
Tú	Contesta y ofrece información.
Montserrat	Continúa la conversación expresando su opinión y te hace más preguntas.
Tú	Contesta y ofrece información.
Montserrat	Te responde amigablemente. Te agradece el intercambio de información.
Tú	Agradece también la información proporcionada y despídete.

PART D
Presentational Speaking:
Cultural Comparison

Strategies   Cultural Comparison

1. Understand the format You will be required to give an oral presentation. In your presentation, you will make a cultural comparison between your own community and a specific area of the Spanish-speaking world.

2. Pace yourself You will have 4 minutes to prepare the presentation and 2 minutes to record it. Establish a process for completing the task within the time allotted by doing practice activities, and stick to your process when you take the exam.

3. Know the objectives You are expected to plan and produce a presentation in which you demonstrate an understanding of target culture communities. You are expected to compare your observations of those communities with your own experiences.

4. Use the prompt to formulate a response The prompt will describe the topic and give you a general framework for your presentation. Make use of the language provided in the prompt as you determine how to respond.

5. Jot down notes Once you understand the prompt, jot down notes about what you will say about the target culture and your own. Quickly writing down your ideas will help you focus, make connections, and call forth new ideas. You may want to make lists or use a Venn diagram to keep your ideas organized.

6. Use your personal knowledge Think about what you know about the topic from personal experience.
   • Determine how the topic relates to your own cultural experience. Write down a few ideas.
   • Determine with which area (country, region) of the Spanish-speaking world you have the greatest familiarity and how the topic relates to it. Write down a few notes.

7. Use your acquired knowledge You may want to refer to knowledge you have acquired through readings, films and videos, lectures, social networks, the Internet, and other resources.

- You do not need to cite specific sources, but the information you draw upon must be accurate.
- Use knowledge of which you are certain and can recall correctly.

8. **Choose your format** Your presentation should have a logical and coherent structure. Decide which of the following formats you will use:
   - Point-by-point comparison: Discuss one similarity and/or difference at a time and bring in examples from both the target culture and your own for each.
   - Subject-by-subject comparison: Speak about one cultural experience first, using supporting details from that culture only, then speak about the other cultural experience.

9. **Make an outline** Once you decide how to structure your presentation, outline:
   - The introduction: state your intended comparison
   - The 2–3 main points comparing Spanish-speaking and home cultures
   - The conclusion: wrap up the cultural comparison with an evaluative statement

10. **Be specific** Demonstrate knowledge of the area of the Spanish-speaking world on which you plan to focus by providing details about geographic, historical, artistic, or political aspects of the culture.

11. **Compare and contrast** Remember: the point of the presentation is to make a cultural comparison. Connect your ideas and your examples across the two cultures.
    - Look for common aspects between the two cultures. Write them down.
    - Look for differences between the two cultures. Write them down.

12. **Be concise** A cultural comparison should demonstrate your knowledge of the Spanish-speaking world, but does not require you to provide a great variety of information. Focus on fewer, but clearly compared or contrasted, aspects of the two cultures rather than providing extra information for each independently.

13. **Strive for conclusion** Your time is limited, so make sure you cover *both* cultures and bring your presentation to a logical conclusion.

14. **Speak coherently** Use transitional phrases and cohesive devices to add fluency to your presentation.
    - Think ahead to the comparison or contrasting vocabulary you will use as you present the information.
    - Words and phrases like *Por otro lado, Por otra parte, También, Al contrario, Al igual que*, etc., will help you connect the information across cultures.

15. **Vary your vocabulary** Use a variety of words and expressions when presenting information to your class.

16. Raise your level of communication

- Concentrate on using rich vocabulary and culturally-appropriate idiomatic expressions.
- Avoid overuse of elementary, common vocabulary. "Reach outside the box" to impress the listener or scorer.
- Use a variety of structures, including compound sentences, rather than sticking to only safe, elementary structures.

17. Correct your errors   If you notice you have made an error as you speak, correct it.

18. Use a loud and clear voice   Make sure to always enunciate clearly, speak in an audible voice, and pronounce each word as accurately as possible.

19. Memorize the direction lines!

Directions: You will make an oral presentation on a specific topic to your class. You will have 4 minutes to read the presentation topic and prepare your presentation. Then you will have 2 minutes to record your presentation. In your presentation, compare your own community to an area of the Spanish-speaking world with which you are familiar. You should demonstrate your understanding of cultural features of the Spanish-speaking world. You should also organize your presentation clearly.

Instrucciones: Vas a dar una presentación oral a tu clase sobre un tema cultural. Vas a tener 4 minutos para leer el tema de la presentación y prepararla. Después vas a tener 2 minutos para grabar tu presentación. En tu presentación, compara tu propia comunidad con una región del mundo hispanohablante que te sea familiar. Debes demostrar tu comprensión de aspectos culturales en el mundo hispanohablante y organizar tu presentación de una manera clara.

Tema curricular: Las familias y las comunidades
Contexto: La estructura de la familia

¿Cuál es el papel de los abuelos en la vida cotidiana de las familias contemporáneas y cómo ha cambiado en las últimas décadas?

Compara tus observaciones acerca de las comunidades en las que has vivido con tus observaciones de una región del mundo hispanohablante que te sea familiar. En tu presentación, puedes referirte a lo que has estudiado, vivido, observado, etc.

Tema curricular: Las familias y las comunidades
Contexto: La ciudadanía global

¿Qué importancia tienen las acciones individuales para mejorar el mundo, ya sea local o globalmente?

Compara tus observaciones acerca de las comunidades en las que has vivido con tus observaciones de una región del mundo hispanohablante que te sea familiar. En tu presentación, puedes referirte a lo que has estudiado, vivido, observado, etc.

Tema curricular: Las familias y las comunidades
Contexto: Las tradiciones y los valores

¿Cuál es el papel de la familia en la formación de los valores de los jóvenes?

Compara tus observaciones acerca de las comunidades en las que has vivido con tus observaciones de una región del mundo hispanohablante que te sea familiar. En tu presentación, puedes referirte a lo que has estudiado, vivido, observado, etc.

4 **Tema curricular:** La ciencia y la tecnología
Contexto: La ciencia y la ética

¿Qué problemas éticos enfrentan los investigadores científicos en su trabajo?

Compara tus observaciones acerca de las comunidades en las que has vivido con tus observaciones de una región del mundo hispanohablante que te sea familiar. En tu presentación, puedes referirte a lo que has estudiado, vivido, observado, etc.

5 **Tema curricular:** La ciencia y la tecnología
Contexto: Los fenómenos naturales

¿Qué hechos y acontecimientos son considerados manifestaciones del impacto humano sobre el medioambiente?

Compara tus observaciones acerca de las comunidades en las que has vivido con tus observaciones de una región del mundo hispanohablante que te sea familiar. En tu presentación, puedes referirte a lo que has estudiado, vivido, observado, etc.

6 **Tema curricular:** La ciencia y la tecnología
Contexto: Las innovaciones tecnológicas

¿Cuál es la actitud de las personas respecto de los avances tecnológicos en la comunicación humana?

Compara tus observaciones acerca de las comunidades en las que has vivido con tus observaciones de una región del mundo hispanohablante que te sea familiar. En tu presentación, puedes referirte a lo que has estudiado, vivido, observado, etc.

7 **Tema curricular:** La belleza y la estética
Contexto: Definiciones de la creatividad

¿Cuál es la importancia de las bellas artes en la sociedad moderna?

Compara tus observaciones acerca de las comunidades en las que has vivido con tus observaciones de una región del mundo hispanohablante que te sea familiar. En tu presentación, puedes referirte a lo que has estudiado, vivido, observado, etc.

8 **Tema curricular:** La belleza y la estética
Contexto: La moda y el diseño

¿Qué problemas puedes identificar con respecto a la industria de la belleza, y cuáles son sus efectos sobre los jóvenes?

Compara tus observaciones acerca de las comunidades en las que has vivido con tus observaciones de una región del mundo hispanohablante que te sea familiar. En tu presentación, puedes referirte a lo que has estudiado, vivido, observado, etc.

9 **Tema curricular:** La belleza y la estética
Contexto: Las artes visuales y escénicas

¿Cuál es el papel del cine, los programas de televisión y el teatro al reflejar y comentar los valores de la sociedad?

Compara tus observaciones acerca de las comunidades en las que has vivido con tus observaciones de una región del mundo hispanohablante que te sea familiar. En tu presentación, puedes referirte a lo que has estudiado, vivido, observado, etc.

10 **Tema curricular:** La vida contemporánea
Contexto: El entretenimiento y la diversión

¿Cuáles son los acontecimientos y actividades que se consideran manifestaciones de un peligroso fanatismo deportivo y por qué les debemos prestar atención?

Compara tus observaciones acerca de las comunidades en las que has vivido con tus observaciones de una región del mundo hispanohablante que te sea familiar. En tu presentación, puedes referirte a lo que has estudiado, vivido, observado, etc.

11 **Tema curricular:** La vida contemporánea
Contexto: Los estilos de vida

¿Cuál es la actitud de las personas respecto de una vida activa versus una vida sedentaria en el mundo de hoy?

Compara tus observaciones acerca de las comunidades en las que has vivido con tus observaciones de una región del mundo hispanohablante que te sea familiar. En tu presentación, puedes referirte a lo que has estudiado, vivido, observado, etc.

12 **Tema curricular:** La vida contemporánea
Contexto: Los viajes y el ocio

¿Cuál es la importancia del ocio en la vida de los jóvenes?

Compara tus observaciones acerca de las comunidades en las que has vivido con tus observaciones de una región del mundo hispanohablante que te sea familiar. En tu presentación, puedes referirte a lo que has estudiado, vivido, observado, etc.

13 **Tema curricular:** Los desafíos mundiales
Contexto: El bienestar social

¿Cuál es el papel del gobierno en el bienestar social de una sociedad?

Compara tus observaciones acerca de las comunidades en las que has vivido con tus observaciones de una región del mundo hispanohablante que te sea familiar. En tu presentación, puedes referirte a lo que has estudiado, vivido, observado, etc.

14 **Tema curricular:** Los desafíos mundiales
Contexto: Los temas del medioambiente

Muchas comunidades en vías de desarrollo viven con una escasez permanente de agua potable. ¿Qué problemas causa esta situación?

Compara tus observaciones acerca de las comunidades en las que has vivido con tus observaciones de una región del mundo hispanohablante que te sea familiar. En tu presentación, puedes referirte a lo que has estudiado, vivido, observado, etc.

15 **Tema curricular:** Los desafíos mundiales
Contexto: Los temas económicos

¿Cuál es la importancia de los recursos naturales en la economía de un país?

Compara tus observaciones acerca de las comunidades en las que has vivido con tus observaciones de una región del mundo hispanohablante que te sea familiar. En tu presentación, puedes referirte a lo que has estudiado, vivido, observado, etc.

16 **Tema curricular:** Las identidades personales y públicas
Contexto: La autoestima

¿Cuál es el papel de los medios de comunicación en promover o impedir la autoestima de los adolescentes?

Compara tus observaciones acerca de las comunidades en las que has vivido con tus observaciones de una región del mundo hispanohablante que te sea familiar. En tu presentación, puedes referirte a lo que has estudiado, vivido, observado, etc.

17 **Tema curricular:** Las identidades personales y públicas
Contexto: Las creencias personales

¿Cuál es la actitud de las personas respecto a la responsabilidad del individuo en la protección de los derechos humanos?

Compara tus observaciones acerca de las comunidades en las que has vivido con tus observaciones de una región del mundo hispanohablante que te sea familiar. En tu presentación, puedes referirte a lo que has estudiado, vivido, observado, etc.

18 **Tema curricular:** Las identidades personales y públicas
Contexto: Los héroes y los personajes históricos

¿Por qué es importante que los líderes nacionales tengan altos estándares éticos?

Compara tus observaciones acerca de las comunidades en las que has vivido con tus observaciones de una región del mundo hispanohablante que te sea familiar. En tu presentación, puedes referirte a lo que has estudiado, vivido, observado, etc.

Apéndice A   AP® Exam Scoring Guidelines

The following scoring guidelines from the College Board are used to evaluate exam responses on the AP® Spanish Language and Culture Exam.

Interpersonal Writing: E-mail Reply

5: STRONG performance in Interpersonal Writing
- Maintains the exchange with a response that is clearly appropriate within the context of the task
- Provides required information (e.g., responses to questions, request for details) with frequent elaboration
- Fully understandable, with ease and clarity of expression; occasional errors do not impede comprehensibility
- Varied and appropriate vocabulary and idiomatic language
- Accuracy and variety in grammar, syntax, and usage, with few errors
- Mostly consistent use of register appropriate for the situation; control of cultural conventions appropriate for formal correspondence (e.g., greeting, closing), despite occasional errors
- Variety of simple and compound sentences, and some complex sentences

4: GOOD performance in Interpersonal Writing
- Maintains the exchange with a response that is generally appropriate within the context of the task
- Provides required information (e.g., responses to questions, request for details) with some elaboration
- Fully understandable, with some errors which do not impede comprehensibility
- Varied and generally appropriate vocabulary and idiomatic language
- General control of grammar, syntax, and usage
- Generally consistent use of register appropriate for the situation, except for occasional shifts; basic control of cultural conventions appropriate for formal correspondence (e.g., greeting, closing)
- Simple, compound, and a few complex sentences

3: FAIR performance in Interpersonal Writing
- Maintains the exchange with a response that is somewhat appropriate but basic within the context of the task
- Provides required information (e.g., responses to questions, request for details)
- Generally understandable, with errors that may impede comprehensibility
- Appropriate but basic vocabulary and idiomatic language
- Some control of grammar, syntax, and usage
- Use of register may be inappropriate for the situation with several shifts; partial control of conventions for formal correspondence (e.g., greeting, closing) although these may lack cultural appropriateness
- Simple and a few compound sentences

2: WEAK performance in Interpersonal Writing
- Partially maintains the exchange with a response that is minimally appropriate within the context of the task
- Provides some required information (e.g., responses to questions, request for details)
- Partially understandable, with errors that force interpretation and cause confusion for the reader
- Limited vocabulary and idiomatic language
- Limited control of grammar, syntax, and usage
- Use of register is generally inappropriate for the situation; includes some conventions for formal correspondence (e.g., greeting, closing) with inaccuracies
- Simple sentences and phrases

1: POOR performance in Interpersonal Writing
- Unsuccessfully attempts to maintain the exchange by providing a response that is inappropriate within the context of the task
- Provides little required information (e.g., responses to questions, request for details)
- Barely understandable, with frequent or significant errors that impede comprehensibility
- Very few vocabulary resources
- Little or no control of grammar, syntax, and usage
- Minimal or no attention to register; includes significantly inaccurate or no conventions for formal correspondence (e.g., greeting, closing)
- Very simple sentences or fragments

0: UNACCEPTABLE performance in Interpersonal Writing
- Mere restatement of language from the stimulus
- Completely irrelevant to the stimulus
- "I don't know," "I don't understand," or equivalent in any language
- Not in the language of the exam
- Blank (no response)

Presentational Writing: Persuasive Essay

5: STRONG performance in Presentational Writing
- Effective treatment of topic within the context of the task
- Demonstrates a high degree of comprehension of the sources' viewpoints, with very few minor inaccuracies
- Integrates content from all three sources in support of the essay
- Presents and defends the student's own viewpoint on the topic with a high degree of clarity; develops a persuasive argument with coherence and detail
- Organized essay; effective use of transitional elements or cohesive devices
- Fully understandable, with ease and clarity of expression; occasional errors do not impede comprehensibility
- Varied and appropriate vocabulary and idiomatic language
- Accuracy and variety in grammar, syntax, and usage, with few errors
- Develops paragraph-length discourse with a variety of simple and compound sentences, and some complex sentences

4: GOOD performance in Presentational Writing
- Generally effective treatment of topic within the context of the task
- Demonstrates comprehension of the sources' viewpoints; may include a few inaccuracies
- Summarizes, with limited integration, content from all three sources in support of the essay
- Presents and defends the student's own viewpoint on the topic with clarity; develops a persuasive argument with coherence
- Organized essay; some effective use of transitional elements or cohesive devices
- Fully understandable, with some errors which do not impede comprehensibility
- Varied and generally appropriate vocabulary and idiomatic language
- General control of grammar, syntax, and usage
- Develops mostly paragraph-length discourse with simple, compound and a few complex sentences

3: FAIR performance in Presentational Writing
- Suitable treatment of topic within the context of the task
- Demonstrates a moderate degree of comprehension of the sources' viewpoints; includes some inaccuracies
- Summarizes content from at least two sources in support of the essay
- Presents and defends the student's own viewpoint on the topic; develops a somewhat persuasive argument with some coherence
- Some organization; limited use of transitional elements or cohesive devices
- Generally understandable, with errors that may impede comprehensibility
- Appropriate but basic vocabulary and idiomatic language
- Some control of grammar, syntax, and usage
- Uses strings of mostly simple sentences, with a few compound sentences

2: WEAK performance in Presentational Writing
- Unsuitable treatment of topic within the context of the task
- Demonstrates a low degree of comprehension of the sources' viewpoints; information may be limited or inaccurate
- Summarizes content from one or two sources; may not support the essay
- Presents, or at least suggests, the student's own viewpoint on the topic; develops an unpersuasive argument somewhat incoherently
- Limited organization; ineffective use of transitional elements or cohesive devices
- Partially understandable, with errors that force interpretation and cause confusion for the reader
- Limited vocabulary and idiomatic language
- Limited control of grammar, syntax, and usage
- Uses strings of simple sentences and phrases

1: POOR performance in Presentational Writing
- Almost no treatment of topic within the context of the task
- Demonstrates poor comprehension of the sources' viewpoints; includes frequent and significant inaccuracies
- Mostly repeats statements from sources or may not refer to any sources
- Minimally suggests the student's own viewpoint on the topic; argument is undeveloped or incoherent
- Little or no organization; absence of transitional elements and cohesive devices
- Barely understandable, with frequent or significant errors that impede comprehensibility
- Very few vocabulary resources
- Little or no control of grammar, syntax, and usage
- Very simple sentences or fragments

0: UNACCEPTABLE performance in Presentational Writing
- Mere restatement of language from the prompt
- Clearly does not respond to the prompt; completely irrelevant to the topic
- "I don't know," "I don't understand," or equivalent in any language
- Not in the language of the exam
- Blank (no response)

Interpersonal Speaking: Conversation

5: STRONG performance in Interpersonal Speaking
- Maintains the exchange with a series of responses that is clearly appropriate within the context of the task
- Provides required information (e.g., responses to questions, statement, and support of opinion) with frequent elaboration
- Fully understandable, with ease and clarity of expression; occasional errors do not impede comprehensibility
- Varied and appropriate vocabulary and idiomatic language
- Accuracy and variety in grammar, syntax, and usage, with few errors
- Mostly consistent use of register appropriate for the conversation
- Pronunciation, intonation, and pacing make the response comprehensible; errors do not impede comprehensibility
- Clarification or self-correction (if present) improves comprehensibility

4: GOOD performance in Interpersonal Speaking
- Maintains the exchange with a series of responses that is generally appropriate within the context of the task
- Provides required information (e.g., responses to questions, statement, and support of opinion) with some elaboration
- Fully understandable, with some errors which do not impede comprehensibility
- Varied and generally appropriate vocabulary and idiomatic language
- General control of grammar, syntax, and usage
- Generally consistent use of register appropriate for the conversation, except for occasional shifts
- Pronunciation, intonation, and pacing make the response mostly comprehensible; errors do not impede comprehensibility
- Clarification or self-correction (if present) usually improves comprehensibility

3: FAIR performance in Interpersonal Speaking
- Maintains the exchange with a series of responses that is somewhat appropriate within the context of the task
- Provides required information (e.g., responses to questions, statement, and support of opinion)
- Generally understandable, with errors that may impede comprehensibility
- Appropriate but basic vocabulary and idiomatic language
- Some control of grammar, syntax, and usage
- Use of register may be inappropriate for the conversation with several shifts
- Pronunciation, intonation, and pacing make the response generally comprehensible; errors occasionally impede comprehensibility
- Clarification or self-correction (if present) sometimes improves comprehensibility

2: WEAK performance in Interpersonal Speaking
- Partially maintains the exchange with a series of responses that is minimally appropriate within the context of the task
- Provides some required information (e.g., responses to questions, statement, and support of opinion)
- Partially understandable, with errors that force interpretation and cause confusion for the listener
- Limited vocabulary and idiomatic language
- Limited control of grammar, syntax, and usage
- Use of register is generally inappropriate for the conversation
- Pronunciation, intonation, and pacing make the response difficult to comprehend at times; errors impede comprehensibility
- Clarification or self-correction (if present) usually does not improve comprehensibility

1: POOR performance in Interpersonal Speaking
- Unsuccessfully attempts to maintain the exchange by providing a series of responses that is inappropriate within the context of the task
- Provides little required information (e.g., responses to questions, statement, and support of opinion)
- Barely understandable, with frequent or significant errors that impede comprehensibility
- Very few vocabulary resources
- Little or no control of grammar, syntax, and usage
- Minimal or no attention to register
- Pronunciation, intonation, and pacing make the response difficult to comprehend; errors impede comprehensibility
- Clarification or self-correction (if present) does not improve comprehensibility

0: UNACCEPTABLE performance in Interpersonal Speaking
- Mere restatement of language from the prompts
- Clearly does not respond to the prompts
- "I don't know," "I don't understand," or equivalent in any language
- Not in the language of the exam
- Blank (no response although recording equipment is functioning)

Presentational Speaking: Cultural Comparison

5: STRONG performance in Presentational Speaking

- Effective treatment of topic within the context of the task
- Clearly compares the student's own community with the target culture, including supporting details and relevant examples
- Demonstrates understanding of the target culture, despite a few minor inaccuracies
- Organized presentation; effective use of transitional elements or cohesive devices
- Fully understandable, with ease and clarity of expression; occasional errors do not impede comprehensibility
- Varied and appropriate vocabulary and idiomatic language
- Accuracy and variety in grammar, syntax, and usage, with few errors
- Mostly consistent use of register appropriate for the presentation
- Pronunciation, intonation, and pacing make the response comprehensible; errors do not impede comprehensibility
- Clarification or self-correction (if present) improves comprehensibility

4: GOOD performance in Presentational Speaking

- Generally effective treatment of topic within the context of the task
- Compares the student's own community with the target culture, including some supporting details and mostly relevant examples
- Demonstrates some understanding of the target culture, despite minor inaccuracies
- Organized presentation; some effective use of transitional elements or cohesive devices
- Fully understandable, with some errors which do not impede comprehensibility
- Varied and generally appropriate vocabulary and idiomatic language
- General control of grammar, syntax, and usage
- Generally consistent use of register appropriate for the presentation, except for occasional shifts
- Pronunciation, intonation, and pacing make the response mostly comprehensible; errors do not impede comprehensibility
- Clarification or self-correction (if present) usually improves comprehensibility

3: FAIR performance in Presentational Speaking

- Suitable treatment of topic within the context of the task
- Compares the student's own community with the target culture, including a few supporting details and examples
- Demonstrates a basic understanding of the target culture, despite inaccuracies
- Some organization; limited use of transitional elements or cohesive devices
- Generally understandable, with errors that may impede comprehensibility
- Appropriate but basic vocabulary and idiomatic language
- Some control of grammar, syntax, and usage
- Use of register may be inappropriate for the presentation with several shifts
- Pronunciation, intonation, and pacing make the response generally comprehensible; errors occasionally impede comprehensibility
- Clarification or self-correction (if present) sometimes improves comprehensibility

2: WEAK performance in Presentational Speaking

- Unsuitable treatment of topic within the context of the task
- Presents information about the student's own community and the target culture, but may not compare them; consists mostly of statements with no development
- Demonstrates a limited understanding of the target culture; may include several inaccuracies
- Limited organization; ineffective use of transitional elements or cohesive devices
- Partially understandable, with errors that force interpretation and cause confusion for the listener
- Limited vocabulary and idiomatic language
- Limited control of grammar, syntax, and usage
- Use of register is generally inappropriate for the presentation
- Pronunciation, intonation, and pacing make the response difficult to comprehend at times; errors impede comprehensibility
- Clarification or self-correction (if present) usually does not improve comprehensibility

1: POOR performance in Presentational Speaking

- Almost no treatment of topic within the context of the task
- Presents information only about the student's own community or only about the target culture, and may not include examples
- Demonstrates minimal understanding of the target culture; generally inaccurate
- Little or no organization; absence of transitional elements and cohesive devices
- Barely understandable, with frequent or significant errors that impede comprehensibility
- Very few vocabulary resources
- Little or no control of grammar, syntax, and usage
- Minimal or no attention to register
- Pronunciation, intonation, and pacing make the response difficult to comprehend; errors impede comprehensibility
- Clarification or self-correction (if present) does not improve comprehensibility

0: UNACCEPTABLE performance in Presentational Speaking

- Mere restatement of language from the prompt
- Clearly does not respond to the prompt; completely irrelevant to the topic
- "I don't know," "I don't understand," or equivalent in any language
- Not in the language of the exam
- Blank (no response although recording equipment is functioning)

La gramática es esencial en cualquier idioma. Sin embargo, también hay expresiones y frases lingüísticas que ayudan a precisar y ampliar los mensajes. Estudia las sugerencias de las listas que se presentan a continuación.

Para presentar un tema

al principio	*at the beginning*
a partir de	*beginning with*
como punto de partida	*as a starting point*
en primer lugar	*in the first place*
en segundo, tercer lugar	*in the second, third place*
para empezar/comenzar	*to begin*
primero	*first*

Para expresar una idea

a causa de	*on account of, because of*
actualmente	*presently*
ahora mismo	*right now*
al considerar	*upon consideration of*
a mi parecer	*in my opinion*
a pesar de todo	*in spite of everything*
claro	*of course*
como	*as in, as much as, since*
de ninguna manera	*by no means*
de todos modos	*at any rate*
en cuanto a	*regarding, with respect to*
en la actualidad	*presently*
en realidad	*actually*
en vista de que	*considering that*
es cierto que	*it is true that, it is certain that*
es seguro que	*it is certain that*
hace poco	*a short while ago*
hasta el momento hasta la fecha	*until now*
hay que tomar en cuenta que	*one must realize that*
hoy día	*nowadays*
la verdad es	*the truth is*
lo esencial es	*what is essential is*
lo importante es	*what is important is*
lo que importa es	*what matters is*
sin duda	*without a doubt*
sobre todo	*above all*

Para elaborar o clarificar

además (de)	*furthermore, in addition*
a la (misma) vez	*at the same time*
al mismo tiempo	*at the same time*
asimismo	*likewise*
con respecto a	*with respect to*
conforme a	*according to*
constar que	*to make known that, to certify that*
de aquí (ahora, hoy) en adelante	*from now on*
de hecho	*in fact*
el caso es	*the fact is*
el hecho de que	*the fact that*
en otras palabras	*in other words*
entonces	*then*
es decir (que)	*that is to say, in other words*
específicamente	*specifically*
igualmente	*equally*
las razones por las que	*the reasons for which*
mientras	*while*
mientras tanto	*meanwhile, in the meantime*
o sea	*that is to say, in other words*
para continuar	*to continue*
para ejemplificar	*to exemplify*
para ilustrar	*to illustrate*
por añadidura	*as well, besides, in addition*
por eso	*therefore*
por ejemplo	*for example*
principalmente	*firstly, especially*
también	*also*
tampoco	*neither, nor either*

Para comparar y contrastar ideas

al contrario de	in contrast to
ambos	both
a pesar de que	in spite of, despite
aunque	although
como	as, given that
dado que	given that
de la misma manera	in the same way
de lo contrario	otherwise
de otro modo	on the other hand
en cambio	on the other hand
en vez de	instead of
es cada vez más	it is increasingly, every time it is more
igualmente	similarly
no obstante	however, nevertheless
pero	but
por la mayor parte	for the most part
por motivo que	for the reason that
por otro lado	on the other hand
por un lado	on one hand
sin embargo	however, nevertheless
sino	but
sino que	but rather
tanto mejor	al the better, even better
tanto X como Y	just as X..., Y

Para demostrar causa y efecto

a causa de (que)	because of
al considerar	upon consideration of
al parecer	seemingly, apparently
ante esto	in light of this
ante tal hecho	considering such a fact
así que	thus, so, therefore
como	as, inasmuch as
como consecuencia	as a consequence, as a result
como resultado de	as a result of
debido a	owed to, because of
de manera que	so that
después de (que)	after
en todo caso	in any case
por	because of
por consiguiente	accordingly, consequently
por ese motivo	for this reason, that's why
por lo mismo	for the same reason
por lo tanto	therefore, hence
porque	because
puesto que	as
resulta que	it turns out that
se debe tomar en cuenta	one must take into account
sigue que	it follows that
ya que	now that, because, seeing that

Para concluir un tema

a fin de cuentas	in the end, after all	en fin	finally, in short
al fin	finally, at last, in the end	en resumen	in summary
al fin y al cabo	in the end, when all is said and done	en resumidas cuentas	in short
ante todo	first, first of all	en todo caso	in any case, anyway
de lo anterior, se ve que	from the above, it is clear that	finalmente	finally
de todas formas	in any case, anyway	lo esencial es	what is essential is
de todo esto se deduce que	from the above, we can deduce that	mejor dicho	rather, indeed, to put it another way
de todos modos	at any rate	para concluir	to conclude
en breve	shortly, briefly, in short	para resumir	to summarize
en conclusión	in conclusion	para terminar	to end, to close
en definitiva	in conclusion, definitely	por fin	finally
		por último	lastly
		por siguiente	consequently, thus

226

Apéndice C   Expresiones para la conversación

Existen expresiones que puedes aprovechar para relacionar las ideas, o para hacer una pausa para pensar tu respuesta durante una conversación. Te pueden servir para hacer una transición más fluida o para pedir que te aclaren una idea. *Nota:* conjuga los verbos con el pronombre *usted* cuando te encuentres en una conversación formal.

Expresiones para relacionar ideas o para hacer una pausa

Así que…	So, therefore…
A ver…	Let's see…
Bueno…	Well…
Creo que…	I think that…
Entonces…	Then/So…
Pienso que…	I think that…
Pues…	Well…
Y bueno…	And well…

Expresiones para manifestar acuerdo

Claro…	Of course…
Comprendo…	I understand…
Creo que sí…	I think/believe so…
Es obvio que…	Obviously…
Sí…	Yes…
Vale…	OK…

Expresiones para manifestar sorpresa o incredulidad

¡No puede ser!	No way!
¿En serio?	Seriously?
No es cierto./No es verdad.	That's not true.
¡No es posible!	It isn't possible! It can't be!
¡No me digas!	No way! You're kidding!
Parece mentira.	It's hard to believe.

Expresiones para clarificar o explicar

En otras palabras…	In other words…
Es que…	It's that…
¿Me entiendes?	You know?
O sea…	I mean…
Por eso…	That's why…
Quiero decir que…	I would like to say…
¿Sabes?	You know?
¿Entiendes lo que quiero decir?	Do you know what I mean?

El *registro*, según la Real Academia Española, es el "modo de expresarse que se adopta en función a las circunstancias", es decir, indica si el modo de expresarse es *formal* o *informal*. En el examen de AP®:

• Es preciso que uses el *registro formal* en la sección de *Interpersonal Communication: E-mail Reply.*

• En la sección de *Interpersonal Communication: Conversation*, lee la introducción y el texto para decidir si debes emplear el *registro formal* o *informal*.

	Tú	Usted
Tema	*Con amigos íntimos y familiares*	*En situaciones más formales, en los negocios, en la oficina*
Saludos	**Por escrito**	
	Hola, amigo/a Querido/a Queridísimo/a Mi querido/a	Muy Señor mío Muy Señora mía Estimado Señor Estimada Señora Estimado Señor Pérez Estimada Señora González
	Conversación	
	Hola. ¿Qué tal? ¿Qué hay de nuevo? ¿Cómo estás?	Buenos días, Señor/Señora Pérez. Buenas tardes/noches, Señor/ Señora González. ¿Cómo está usted? Mucho gusto en verlo/la.
Despedidas	**Por escrito**	
	Un afectuoso saludo Un cordial saludo Mis mejores saludos Mis recuerdos a tu familia Afectuosamente Un beso Besos Un fuerte abrazo Abrazos Besos y abrazos Con todo mi cariño Con todo mi afecto Tu amigo/a	Le saluda atentamente Atentamente A usted atentamente Un cordial saludo Cordialmente Mis recuerdos a su familia
	Conversación	
	Adiós. Hasta luego. Hasta pronto. Hasta mañana.	Adiós, señor/señora/señorita. Muchas gracias por su tiempo. Le agradezco mucho su tiempo.
Adjetivos y pronombres posesivos	tu, tus, tuyo, tuya, tuyos, tuyas	su, sus, suyo, suya, suyos, suyas
Pronombres de objeto directo e indirecto	te	lo, la, le
Pronombres que requieren preposición	(a, por, para, etc.) ti	(a, por, para, etc.) usted

Enriquece tu repertorio de expresiones para hacer referencia a las fuentes de información. Esto le dará variedad a tu escrito o presentación y te ayudará a captar el interés del lector o del oyente.

Para indicar comprensión

Según…
Como afirma…
    comenta…
    comunica…
    dice…
    escribe…
    explica…
    indica…
    informa…
    menciona…
    muestra…
    relata…
    reporta…

Para interpretar

Como cree o piensa…
    enfatiza…
    expresa…
    insiste…
    interpreta…
    opina…
    sostiene…

Para analizar o evaluar

Como afirma…
    apoya…
    argumenta…
    concluye…
    destaca…
    distingue…
    enfatiza…
    formula…
    justifica…
    resume…

Fuente de información

la primera (segunda, tercera) fuente,
la fuente auditiva,
el audio de *BBC Mundo*,
el artículo de *El País*,
la entrevista con
el gráfico (la tabla),
el locutor de la fuente auditiva,
las tres fuentes,

Ejemplos

Como muestra la tabla, los efectos de…
El locutor defiende la perspectiva de…
Como resume la fuente escrita, el problema tiene…
El periodista reporta que…
Tanto el gráfico como la entrevista justifican
    la necesidad de…
Como enfatiza el artículo de *El País*…

Para revisar tu ensayo, léelo como si lo hubiera escrito otra persona. ¿Te convence? ¿Se presentan las ideas claramente? ¿Hay aspectos que te parecen aburridos? ¿Qué cambiarías? La práctica constante de revisión y corrección te ayudará a adquirir un buen ojo crítico.

Los pasos que se presentan en las tablas siguientes te ayudarán a revisar y corregir tu ensayo, desde sus características generales hasta los detalles.

Primer paso: una visión panorámica

Tema	¿Responde el ensayo a la pregunta o al tema asignado?
Tesis	¿Has comunicado claramente tu tesis? • La tesis no es lo mismo que el tema: es un argumento específico que determina la estructura del ensayo. • La tesis debe presentarse en el primer párrafo, se desarrolla durante el ensayo y debe resumirse en la conclusión, evitando la repetición.
Lógica y estructura	Lee el ensayo del principio al final, concentrándote en la organización de las ideas. • ¿Se relaciona cada idea con la siguiente? Elimina cualquier brecha lógica. • ¿Hay secciones irrelevantes o que debas cambiar de posición? • ¿Has respaldado tu tesis con suficientes argumentos o faltan ejemplos?
Audiencia	El ensayo debe adecuarse al tipo de lector. • Si el lector no está informado sobre el tema, asegúrate de incluir suficiente **contexto** para que pueda seguir tu razonamiento. Explica los términos que puedan confundirlo. • Adapta el **tono** y el **vocabulario** de acuerdo a la audiencia. Siempre ten en mente a un lector inteligente y escéptico que no aceptará tus ideas a menos que lo convenzas. El tono nunca debe ser demasiado coloquial, pretencioso o frívolo.
Intención	Si quieres informar sobre un tema, o explicarlo, debes ser preciso y meticuloso. Un ensayo argumentativo debe caracterizarse por la objetividad; evita las opiniones personales subjetivas. Si buscas persuadir al lector, puedes expresar opiniones personales o juicios de valor, siempre y cuando los defiendas con argumentos lógicos.

Segundo paso: el párrafo

Luego, revisa cada párrafo con estas preguntas en mente.

Párrafos	
	• ¿Hay una oración central en cada párrafo? La idea central no solo debe darle coherencia y unidad al párrafo, sino también vincularlo a la tesis principal del ensayo.
	• ¿Cómo es la transición entre un párrafo y otro? Si es clara, el ensayo tendrá fluidez. Si es demasiado abrupta, puede confundir o irritar al lector.
	• ¿Cómo empieza y cómo termina el ensayo? La introducción debe ser interesante y debe identificar la tesis. La conclusión no debe limitarse a repetir lo que ya dijiste: como cualquier otro párrafo, debe presentar una idea original.
	• Lee cada párrafo en voz alta y presta atención al ritmo del lenguaje. Si todas las oraciones son iguales, la lectura se vuelve monótona y aburrida. Trata de variar la longitud y el ritmo de las oraciones.

Tercer paso: la oración

Por último, lee detalladamente cada oración.

Oraciones	
	• Busca la palabra ideal para cada situación. Considera el uso de sinónimos para dar variedad a tu escrito. Usa siempre un lenguaje directo, preciso y concreto.
	• Evita la redundancia. Elimina toda oración o palabra que sea una distracción o repita algo que ya dijiste.
	• Revisa la gramática. Asegúrate de que haya concordancia entre el sujeto y el verbo, entre los sustantivos y los adjetivos, y entre los pronombres y sus antecedentes. Asegúrate de usar correctamente las preposiciones.
	• Revisa la ortografía. Fíjate que hayas escrito correctamente los acentos.

Evaluación y progreso

Revisión	Si es posible, intercambia tu ensayo con el de un(a) compañero/a y háganse sugerencias para mejorar su trabajo. Menciona lo que cambiarías pero también lo que te gusta.
Correcciones	Cuando tu profesor(a) te devuelva un ensayo, lee sus comentarios y correcciones. En una hoja aparte, escribe el título "Notas para mejorar la escritura" y haz una lista de tus errores más comunes. Guárdala junto con el ensayo en una carpeta de trabajos y consúltala regularmente. Así podrás evaluar tu progreso y evitar caer en los mismos errores.

Créditos

Photography and Art Credits

All images © Vista Higher Learning unless otherwise noted.

Cover (l) Janet Dracksdorf; (ml) © Fuse/Getty Images; (mml) © Angel Villalba/Getty Images; (mmr) © Jetta Productions, Inc/Getty Images; (mr) © Neale Cousland/Shutterstock.com; (r) © 2010 Ara Aire/Getty Images; **iv** (l) © Petr Z/Shutterstock.com; (r) © DVARG/Shutterstock.com; **11** © stillfx/123RF; **12** © stillfx/123RF; **33** © Vividz Foto/Shutterstock.com; *42* © Andresr/Shutterstock.com; **51** (t) © Honza1/Dreamstime.com; **51** (b) © Hapinessey/Dreamstime.com; **52** © Hapinessey/Dreamstime.com.

Text Credits

vi Copyright © 2012 The College Board. Reproduced with permission. http://apcentral.collegeboard.com. Instances of the Theme and Context names, Learning Objectives, Exam Format charts, Scoring Guidelines from the AP® Spanish Language and Culture Course and Exam Description, and Direction Lines for exam question types appear on the following pages: vii, 2, 5, 89, 157, 172, 199, 214, and 221–224.

Section IA

6 By permission of Santillana Ediciones Generales.
8 By permission of Andina, Agencia Peruana de Noticias.
9 Source: Instituto para la Educación Internacional.
11 © UNICEF.
15 By permission of Área de Familia e Infancia, Ayuntamiento de Burgos.
17 © Herederos de Ernesto Sabato c/o Guillermo Schavelzon & Asociados, Agencia Literaria. www.schavelzon.com.
19 Mario Alegre - *El Nuevo Día* / GDA.
20 Source: Instituto de Estadísticas de la UNESCO.
24 By permission of UNESCO.
26 Miguel Delibes - "Sobre ruedas", *USA Y YO* © Herederos de Miguel Delibes, 2013.
28 José Crettaz / *La Nación* / Argentina / GDA.
29 Source: Cronista.com.
33 © Arturo Soto Gálvez / *El Universal,* Compañía Periodística Nacional.
35 © Augusto Monterroso.
37 *La Nación* / Argentina / GDA.
38 Source: Prefectura de la ciudad de Curitiba.
42 By permission of UNESCO.
44 By permission of the author.
46 Alessandra Calleja A., periódico *La Nación*, Costa Rica.
47 Source: Instituto Costarricense del Turismo.
51 By permission of Instituto Guatemalteco de Turismo, INGUAT.
53 Carlos Fuentes - "Libros", *En esto creo.* © Herederos de Carlos Fuentes, 2012.
55 By permission of the author.
56 Source: RICYT, Red de Indicadores de Ciencia y Tecnología Iberoamericana e Interamericana.
62 © Sergio Ramírez / *El País S.L.*
64 © Rafael Méndez / *El País S.L.*
65 Source: Pan Arctic Ice Ocean Modeling and Assimilation System.
69 By permission of Amovens.
71 Juan Goytisolo - "La ciudad y los cerros", © Juan Goytisolo, 2012.
73 © Saúl Hernández / *El Universal,* Compañía Periodística Nacional.
74 Source: Instituto Nacional de Estadística y Geografía de México.
78 By permission of Museo Bolivariano de Arte Contemporáneo.
80 © Laura Esquivel.
82 By Cynthia Campos. Published in LaRepublica.pe on October 17, 2011. By permission of *La República*.
83 Source: INEI, Instituto Nacional de Estadística e Informática (Perú).

Section IB

90 Andrés Oppenheimer, columnista de *The Miami Herald* y autor de "Cuentos Chinos" y "Basta de Historias".
91 By permission of UN Radio. "Fuga de cerebros", *Puntos Cardinales* 24 - 2012. Produced on June 28, 2012.
93 "¿Cómo es la nueva familia colombiana?" Publicado en la edición 306 de mayo de 2012 y basado en la encuesta desarrollada por el Centro Nacional de Consultoría, estudio de la propiedad de Magazines Culturales Ltda - *Revista Credencial*. Todos los derechos reservados.
95 By permission of the author.

96   By permission of RNE (Radio Nacional de España).
98   Diana Plasencia/Blog La Oveja Verde/*El Comercio PE*/GDA.
99   By permission of UN Radio. "La quinua, un alimento muy nutritivo", *Puntos Cardinales* 28 - 2012. Produced on July 27, 2012.
101   Source: The Weather Channel (Español).
103   © Miguel Ángel Asturias / *El Universal*, Compañía Periodística Nacional.
104   Source: UNESCO TV.
106   "10 edificios que hay que conocer antes de morir", publicado en la edición 312 de noviembre de 2012 de la *Revista Credencial*. Todos los derechos reservados.
108   © Adrián Roa / *EL UNIVERSAL*, Compañía Periodística Nacional.
109   By permission of UN Radio. "El Mariachi, patrimonio de la humanidad." Produced on November 29, 2011.
111   © Rosa Jiménez Cano / *El País S.L.*
112   Source: Radio Caracol, *Programa Nuevo Mundo*, Norberto Vallejo (director), aired on July 5, 2003.
114   Source: Proyectosfindecarrera.com.
116   Source: *RPP Noticias*, "Conozca las siete nuevas maravillas naturales del mundo", diciembre de 2012.
118   © Daniel Alandete / *El País S.L.*
119   By permission of RNE (Radio Nacional de España).
121   Sources: *Diccionario de la Real Academia Española*; Boff, Leonardo. *Ética y moral*. Editorial Sal Terrae: Bilbao, España, 2003.
123   *El Tiempo* / Colombia / GDA.
124   By permission of UN Radio. "Remesas: la crisis del euro afecta los envíos a la región." Produced on August 21, 2012.
126   By permission of Parque Nacional Galápagos.
128   Source: Fondo de Población de las Naciones Unidas (UNFPA), *Estado de la población mundial 2012*.
130   © Luis Prados / *El País S.L.*
131   By permission of RNE (Radio Nacional de España).
133   Source: José Lugo Hubp. Los hombres que cambiaron el mundo.

Section IC

136   By permission of RNE (Radio Nacional de España).
137   By permission of RNE (Radio Nacional de España).
138   By permission of Diximedia Digital - Practicopedia.com. http://practicopedia.lainformacion.com.
139   By permission of Elena Poniatowska Amor.
140   By permission of RNE (Radio Nacional de España).
141   By permission of RNE (Radio Nacional de España).
142   By permission of Instituto Mexicano de la Radio (IMER).
143   Source: UNESCO TV.
144   By permission of RNE (Radio Nacional de España).
145   By permission of RNE (Radio Nacional de España).
146   By permission of RNE (Radio Nacional de España).
147   By permission of RNE (Radio Nacional de España).
148   By permission of RNE (Radio Nacional de España).
149   By permission of UN Radio. "Como han hecho afros e indígenas en Colombia para recuperar sus tradiciones de cultivo," *Puntos Cardinales* 03 - 2012. Produced on February 2, 2012.
150   By permission of Radio Canelo CB 149 AM.
151   By permission of RNE (Radio Nacional de España).
152   By permission of RNE (Radio Nacional de España).
153   By permission of Diximedia Digital - Practicopedia.com. http://practicopedia.lainformacion.com.

Section IIB

173   "Principales desafíos de las cooperativas en Venezuela." *Cayapa: Revista de Economía Social Venezolana* (ISSN 1317-5734), Año 8, No. 15, Enero-Junio 2008, Mérida, Venezuela, pp. 37-60. <http://www.saber.ula.ve/bitstream/123456789/27081/1/articulo2.pdf.> By permission of the author.
174   (chart) Source: Guerrero, et al. *Revista U.D.C.A. Actualidad y Divulgación Científica*, v.11, n.1.; (audio) Informe sobre Desarrollo Humano del Programa de las Naciones Unidas para el Desarrollo de Bolivia.
175   By Gloria Lucía García Valencia. *Revista Digital Bitácora*, Universidad EAFIT. By permission of Revista Digital Bitácora.
176   (chart) Source: Aplausos.es, según una Estadística del Ministerio de Cultura; (audio) Radio Caracol, *Programa Nuevo Mundo*, Norberto Vallejo (director), aired on July 5, 2003.
177   © Ruth Rodríguez / *El Universal*, Compañía Periodística Nacional.
178   (chart) Source: BBC Research Market Forecasting; (audio) By permission of UN Radio. "Los hospitales virtuales no son ciencia ficción". Produced on October 26, 2012.
179   By permission of Frikimalismo.com and Jorge Bronet.
180   (chart) By permission of ITU (International Telecommunication Union); (audio) By permission of RTVE (Radio Televisión Española).

181 © Raquel Seco / *El País S.L.*
182 (chart) Source: Espéculo; (audio) By permission of RTVE (Radio Televisión Española).
183 By permission of Efe News Services.
184 (chart) Source: "Cirugía plástica: Estadística mundial," Televisa; (audio) By permission of RTVE (Radio Televisión Española).
185 By permission of the Inter-American Development Bank.
186 (chart) By permission of the Unidad de Mujeres y Ciencia of the Spanish Ministerio de Economía y Competitividad. The chart originally appeared in the publication *Científicas en Cifras*; (audio) By permission of UN Radio. *Mujeres en el mundo* 02 - 2012. Produced on March 13, 2012.
187 © Julián Sánchez / *El Universal*, Compañía Periodística Nacional.
188 (chart) Source: *Turismo para la naturaleza y el desarrollo: Guía de buenas prácticas 2010.* Una publicación del Convenio Sobre la Diversidad Biológica. Datos provenientes de la Organización Mundial del Turismo (OMT); (audio) By permission of UN Radio. "Haz turismo conservando la naturaleza". Produced on September 28, 2011.
189 By permission of the author.
190 (chart) Source: Dirección Nacional de Juventud de Argentina; (audio) By permission of UN Radio. "Buscan impulsar más participación de jóvenes latinoamericanos en política". Produced on October 18, 2012.
191 By permission of Efe News Services.
192 (chart) Source: White House; (audio) By permission of Radio Nuevos Horizontes.
193 By permission of Efe News Services.
194 (chart) Source: *El Universal*; (audio) Courtesy CNN.
195 By permission of Jaled Abdelrahim Aranda.
196 © Fietta Jarque / *El País S.L.*
195 By permission of RTVE (Radio Televisión Española).

Note: Every effort has been made to locate the copyright owner of material reproduced in this component. Omissions brought to our attention will be corrected in subsequent editions.